미래를 여는 나침반

4차 산업혁명 보고서

미래를 여는 나침반
4차 산업혁명 보고서

1판 1쇄 인쇄 2019년 1월 11일
1판 1쇄 발행 2019년 1월 18일

지은이 | 박종구
펴낸이 | 김승기
펴낸곳 | (주)생능출판사
등록 | 제406-2005-000002호(2005년 1월 21일)
주소 | 10881 경기도 파주시 광인사길 143
전화 | (031)955-0761
팩스 | (031)955-0768
홈페이지 | http://www.booksr.co.kr

책임편집 | 최일연
편집 | 신성민, 김민보, 손정희
디자인 | 유준범
마케팅 | 최복락, 심수경, 차종필, 백수정, 최태웅, 김범용
인쇄 | 성광인쇄(주)
제본 | 은정문화사

ISBN 978-89-7050-964-8 03300
값 16,800원

● 이 책의 국립중앙도서관 출판예정도서목록(CIP)은 서지정보유통지원시스템 홈페이지(http://seoji.nl.go.kr)와 국가자료공동 목록시스템(http://www.nl.go.kr/kolisnet)에서 이용하실 수 있습니다.(CIP제어번호: CIP2018034857)
● 이 책의 저작권은 (주)생능출판사와 지은이에게 있습니다. 무단 복제 및 전재를 금합니다.
● 잘못된 책은 구입한 서점에서 교환해 드립니다.

미래를 여는 나침반

4차 산업혁명 보고서

박종구 지음

생능출판

추 천 사   한국과학기술단체총연합회 회장(전 환경부 장관) 김명자

《4차 산업혁명 보고서》를 추천하며

박종구 박사의 '4차 산업혁명 보고서'는 재미있다. 1차 산업혁명에서 3차 산업혁명까지의 경로를 에피소드 중심으로 개관한 서두가 먼저 재미있게 들어온다. 이후의 4차 산업혁명에 대한 논의는 인공지능, 빅데이터 등 핵심 분야의 전개에 초점을 맞추기보다는 그 배경과 전개 방향, 메커니즘에 주목하고 있어 더 관심이 증폭된다. 산업혁명과 기술혁명 그리고 경기변동을 연결하여 '산업혁명의 구조'에 대한 분석으로 구성된 책의 스토리라인이 새롭다. 무엇보다도 본격적으로 전개되는 4차 산업혁명에서, 특히 제조업 혁신의 중요성과 추진 전략을 강조한 대목은 이 글을 쓰고 있는 필자의 견해와 딱 들어맞아서 너무 반갑다. 우리나라가 돌파해야 할 경쟁력 제고의 고비인 이 시점에서, 제조업 혁신을 이루어야 할 이유를 조목조목 설득력 있게 제시하고 있는 점이 이 책을 돋보이게 한다.

2016년 세계경제포럼의 클라우스 슈밥의 표현대로, 최근 일어나고 있는 기술혁신의 진화는 거대한 '쓰나미'에 다름 아니다. 세계 유수의 컨설팅 기업과 연구 기관이 앞다투어 미래 사회 변동을 예측하면서, 기술과 산업구조, 노동시장, 직무 역량, 거버넌스 등 온통 세상이 다 바뀔 것이라 진단하고 있지만, 사실 어떻게 바뀔지는 누구도 알 수 없다. 4차 산업혁명의 실체가 무엇인지, 그 핵심 산업과 기술이 미래를 어떻게 바꿀 것인지, 노동시장에 어떤 지각변동을 몰고 올 것인지, 인간의 가치관은 어떻게 바뀔 것인지 알 수 없다. 이런저런 예측은 할 수 있으나, 유발 하라리 교수의 통찰력대로 불확실성과 불가측성이 매우 크기 때문이다. 다만 인간 사회가 어떤 선택을 할지에 따라서 앞날이 달라질 것은 확실하다.

이 책에서도 다루고 있듯이, 산업혁명의 의미는 무엇인가. 아놀드 토인비(Arnold Toynbee, 1852~1883)는 1884년에 쓴 그의 유고(遺稿) 《18세기 영국 산업혁명 강의》(Lectures on the Industrial Revolution of the Eighteenth Century in England)에서 최초로 '산업혁명'이란 용어를 썼다. 17세기 라틴 유럽의 '과학혁명' 이후 18세기 중반 영국에서 일어난 기술혁명의 물결이 바로 산업혁명이다. 단순히 기술혁명과 생산혁명에 그친 것이 아니라, 경제·사회·문화적인 충격은 물론 가치관까지 바꾸는 대전환이 일어났다. 18세기 프랑스 혁명과 미국 혁명이 총칼에 의해 피를 흘린 데 비해, 영국의 산업혁명은 평

화로운 방식으로 인류 문명의 대전환을 이루었다.

저자도 말하고 있듯이, 산업혁명에 대한 해석은 시기 구분부터 기술적 내용, 사회적 충격 등에서 단일하지 않다. 그리고 산업혁명의 효시인 1차 산업혁명, 현대 산업사회를 탄생시킨 2차 산업혁명은 그것이 다 진행된 지 수십 년 뒤에 산업혁명으로 불리는 역사적 기록을 남겼다. 이런 연유로 4차 산업혁명이 과연 혁명의 지위를 획득했는지에 대한 논란이 일고 있다.

필자의 견해로는 이러한 논란은 역사학이나 미래학적 관점의 차이일 수도 있고, 경제적 또는 기술적 관점의 차이일 수도 있다. 어쨌거나 2016년 1월 세계경제포럼에서 비롯된 4차 산업혁명 논의는 대한민국에서 특히 뜨거웠다. 그해 3월 광화문 한복판에서 진행된 이세돌 구단과 알파고의 대국에서 바둑의 고수인 이세돌이 다섯 번의 대국에서 네 번을 패한 것이 한몫했을 터이다. 인공지능 알파고는 69번의 대국 중 인간 고수 이세돌에게 유일하게 한 번 패하는 기록을 남기고 바둑계를 유유히 은퇴하였다.

4차 산업혁명은 과연 실체인가. 이 물음에 대한 과학기술 현장의 반응을 2017년 5월 필자가 회장으로 있는 한국과학기술단체총연합회(과총)에서 설문 조사하였다. 그 결과 '4차 산업혁명에 대한 과학기술계 인식 조사'에서 응답자 2,350명 가운데 89%가 "4차 산업혁명이 진행되고 있다."고 답했다. 1년이 지난 시점에서 다시 동일한 설문 조사를 하였더니 응답자 2,761명 가운데 81%가 "4차 산업혁명이 진행되고 있다."고 답했다. 한국의 과학기술계는 4차 산업혁명을 진행형으로 보고 있음을 확인할 수 있었다.

그렇다면 현재 진행형이라 할 수 있는 4차 산업혁명은 어떤 모습인가. 3차 산업혁명의 연장선상이라는 주장도 있으나, 그것과 차별화되는 조짐이 뚜렷하다. 기술혁명의 규모와 범위, 융합이 역사상 유례없이 가장 빠르고 폭넓은 파장을 몰고 오고 있다. 바야흐로 과학기술의 모든 영역, 즉 물리적 과학기술, 생물학적 과학기술, 디지털 과학기술의 융합으로 그 경계가 무너지는 파괴적 혁신(disruptive innovation)이 진행되고 있다. 사상 최초로 초연결·초지능·초융합의 새로운 시대가 열리고 있는 것이다.

《4차 산업혁명 보고서》에서 저자는 산업혁명이 거듭될수록 여러 가지 범용 기술(General Purpose Technology) 간 융합의 다양화로 융합 패턴이 복잡해지고 있다고 하면서, 현재 진행되고 있는 대전환에 대한 보편적인 질문에 답하고 있다. 4차 산업혁명은 어떤 배경에서 일어나고 있는지, 각 부문에서 어떤 양상으로 전개되고 있는지, 일자리를 비롯해 세상을 어떻게 바꿀 것인지 등을 상세히 설명하고 있다. 물론 예측의 불확실성을 전제로 하고 있다. 저자도 인용했듯이, "미래를 예측하는 가장 좋은 길은 미래를 창조하는 것이다"(The best way to predict the future is to create it.)라는 피터 드러커(Peter

Drucker)의 말대로, 이제 4차 산업혁명의 플레이북에 따라 새로운 미래를 창조해야 하는 것은 분명해 보인다.

산업혁명에는 기술적 동인과 함께 경제·사회·문화적 동인이 작동한다. 4차 산업혁명의 사회경제적 동인은 글로벌화, 인구통계학적 변화, 신흥 경제국의 부상, 에너지 위기, 기후변화, 일하는 방식과 업무 성격의 변화 등이다. 이들 동인으로부터 야기된 산업혁명은 기존의 생산 방식과 관리, 거버넌스에 총체적 전환을 일으키고 있어, 모든 국가와 산업의 파괴적 재구성 과정에서 불확실성과 사회적 갈등이 증폭될 가능성이 크다. 그로 인해 인간의 정체성, 도덕성, 윤리, 인간관계에 혼돈을 초래할 것으로 전망된다.

해외 설문조사에 의하면 4차 산업혁명의 전개에 대한 낙관적 기대는 70%에 가깝지만 우려하는 시각도 있다. 스티븐 호킹(Stephen Hawking)은 인공지능은 인류라는 종의 종언을 예고하는 것일 수 있으며, AI 장착의 킬러 로봇은 막아야 한다고 강조했다. 일론 머스크(Elon Musk)는 AI가 우리 시대 최대의 실체적 위협(existential threat)이고, 적절한 국가적·국제적 규제 논의가 있어야 한다고 말했다. 빌 게이츠(Bill Gates)도 AI는 인간이 잘 관리하는 한 유용할 것이나 수십 년 뒤 초지능 단계가 되면 우려로 바뀔 것이라 경고했다. 2016년 12월에 발표한 미국 백악관 보고서(Artificial Intelligence, Automation, and the Economy)는 "미국인 10명 중 4명은 AI로 인해 생계 위협에 처할 것이다."라고 예측하면서, AI 시대의 부작용에 대한 대비책을 강조했다.

《4차 산업혁명 보고서》에서 저자는 전반적으로 기술혁명, 경제변동을 근간으로 산업혁명의 구조를 해석하는 시도를 한다. 특히 사회적, 경제적 관점에서 기술혁신을 바라보고, GPT(기반 기술) 간의 융합, 창업가의 도전 등의 사례를 분석해 4차 산업혁명의 현장에서 무슨 일이 일어나고 있는지를 보여준다. 그런 작업을 통해 4차 산업혁명을 어떤 시각에서 보아야 할 것인지, 유례없는 진폭의 경제변동과 일자리에서 개인은 어떻게 적응해야 할 것인지, 사회는 그 혁신에 어떻게 대응할 것인지, 그리고 이 중요한 전환기에서 국가 경쟁력은 어떻게 강화할 수 있을 것인지 등의 핵심적 질문에 대한 답안을 제시한다.

4차 산업혁명이 화두가 되기 전부터 주목을 받은 독일의 인더스트리(Industry) 4.0은 제조업 혁신에 사활이 걸린 우리 산업계에 벤치마킹 대상이 되고 있다. 서비스 산업의 발전에 못지않게 제조업의 개념이 광범위하게 확장되어 모든 기술과 산업에 파괴적 혁신을 일으키고, 사회 문화 전반의 대변혁으로 대전환을 이룰 것이기 때문이다. 그 거대한 물결에서 낙오하지 않으려면 현재 진행되고 있는 4차 산업혁명의 본질을 이해하고 참여하고 대응할 수 있어야 한다. 그런 관점에서 이 책은 정책 차원에서는 물론 기업, 개인 등 모든 경제 주체가 자신의 위치를 생각하게 만들 것이다.

저자의 말대로 정답이 주어져 있지 않은 새로운 길을 가기 위해서는 인식의 전환이 필요하다. 치밀하고도 유연한 종합 계획, 기술혁신과 산업혁신을 이룰 수 있는 합리적인 규제, 다양한 이해 당사자의 공감을 끌어내고 동참케 할 수 있는 시스템, 포용적 사회 구현을 향한 실질적인 정책, 새 시대를 이끌어갈 수 있는 리더십, 융합과 협력의 생태계 조성, 리더십을 실행할 수 있는 신뢰받는 조직 등 새로운 기반이 구축되어야 한다. 1차, 2차 산업혁명의 사각지대에 있다가 3차 산업혁명 후반에 편승하여 기적이라 할 만한 압축 경제성장을 일군 대한민국이 오늘의 만성적 위기 국면에서 벗어나 4차 산업혁명의 선두에 서려면, '이미 와 있는 미래'에 대해 능동적으로 대응하는 정책과 국민 의식의 전환이 필요하다. 기존의 산업혁명이 기계화와 자동화로 요약된다면, 현재 진행되는 산업혁명은 인간 지능에 맞먹는 인공지능이 인간다움에 도전하는 초유의 혁명이다. 이러한 유례없는 기술혁신의 시기이고보니 보다 철학적인 질문이 제기된다.

> "기술은 인간의 선택에 따라 사용할 수 있는 도구인가, 인간의 조종을 벗어나버린 체계인가?"
> "기술 진보는 인간의 삶을 바람직한 방향으로 인도하는가, 오히려 훼손시키고 있는가?"

이런 격동기에 인간의 내면세계에 대한 감지력과 해석력 등 문화 현상의 주체로서의 정체성을 바로 세우는 것은 더욱 절실하다. 기술의 전파와 수용 과정에서의 사회 문화적 충격을 이해하고 대비할 필요가 있고, 이를 위해서는 기존 방식과는 다른 학제적, 융합적 접근에 의해 실효성 있게 대비해야 할 것이다.

이런 시점에 발간되는 《4차 산업혁명 보고서》는 대전환기 속에서 우리가 가야 할 길을 다시 생각하게 한다. 이 책이 우리가 가야 할 길을 안내하는 지침서가 되기를 바라고, 또한 희망의 대한민국 만들기의 공감대 형성에 기여하기를 기대한다.

2018년 12월

시작하며

**자유로운 상상 속에 퍼즐 조각을 맞추듯
4차 산업혁명의 스토리를 만들어 가자**

　우리는 눈이 핑핑 돌 정도로 혁명적인 변화가 일상화된 세상을 살고 있다. 굳이 4차 산업혁명을 이야기하지 않아도 말이다. 도리어 4차 산업혁명이 회자되면서 급변하는 세상을 돌아보는 기회를 가지게 된 것 같다. 1차 산업혁명으로부터 3차 산업혁명까지 산업 발전이 가속되면서 세계를 지배해온 선진 산업국들은 마치 달리는 호랑이 등에 올라탄 것처럼 발전을 멈출 수 없는 형국이다. 이렇게 내달리는 선진국을 따라가야 하는 국가들은 안절부절 어쩔 줄 모르는 형편이다. 속도 경쟁에서 뒤처지는 것이 바로 국가 안정을 위협하는 요소가 된다는 것을 역사를 통해서 알고 있기 때문이다.

　선진국들은 선진국대로, 개발도상국들은 그들 나름의 입장에서 4차 산업혁명으로부터 자유로울 수 없다. 민간 부문도 마찬가지이다. 대기업은 대기업대로, 중소기업은 중소기업대로 새로운 패러다임에서 살아남는 지혜가 필요하다. 개인 역시 스스로 결정해야 할 부분에서 어떤 선택을 할지 고민할 수밖에 없다. 지금까지 본 적이 없는 넓은 범위에 걸쳐 매우 강력한 4차 산업혁명의 파도가 몰아칠 것이 예상되기 때문이다.

　많은 사람들이 나름대로 4차 산업혁명을 진단하고 대안을 제시해왔다. 하나씩 들여다볼 때는 의미 있는 견해들이지만, 여러 의견을 모아놓고 보면 전체 그림이 완성되기보다는 오히려 혼란스럽기까지 하다. 저자는 나노기술이 국가나 산업 발전에 어떻게 기여할 수 있을지를 오랫동안 생각해왔다. 인공지능, 로봇, 3D 프린팅, 빅데이터 등의 기술과 함께 나노기술 역시 4차 산업혁명에서 중요한 부분을 담당할 기술 중의 하나이기 때문이다. 나노기술이 사회 발전에 기여할 부분을 분석하고 예측하는 과정에서, 4차 산업혁명이 거론되는 배경이나 향후 전개 과정, 4차 산업혁명의 최종 모습에 관심을 가지게 되었다. 혼란스럽기까지 한 4차 산업혁명에 대한 여러 의견을 관통하는 '그 무엇'에 대한 생각과 '그 무엇'을 찾는 데 필요한 자료들을 정리해왔다. 몇 가지 작업을 통하여 4차 산업혁명에 대한 생각의 틀을 짤 수 있었으며, 그 틀을 공유할 생각으로 이 책을 준비하였다. 조금이나마 혼란을 줄일 수 있기를 바라는 마음이지만 더욱 혼란스럽게 할지도 모르겠다는 걱정도 있다.

이 책에서는 회자되는 인공지능이나 로봇 등 개별 기술에 대해서 상세하게 다루지 않았다. 그런 기술들이 중요하지 않아서가 아니라, 개별 기술에 대한 각론이 넓은 영역에서 복잡다단하게 진행될 4차 산업혁명의 큰 그림을 이해하는 데 오히려 방해가 될지도 모른다는 생각 때문이다. 수많은 새로운 기술이 등장하여 융·복합되는 과정을 거치겠지만 지금으로서는 그 과정과 결과를 예측하기 어렵다. 이 책이 의도하는 것은 독자에게 지식을 제공하거나 독자를 한정된 지식의 틀에 가두는 것이 아니라, 독자로 하여금 정답이 없는 4차 산업혁명의 전개 과정과 결과에 대하여 자유로운 상상을 할 수 있도록 도움을 주는 것이다. 독자 스스로 곳곳에 흩어져 있는 4차 산업혁명의 퍼즐 조각들을 맞추어 스토리를 완성하기를 바란다. 그 과정 속에 산업혁명을 바라보는 창을 가지고 4차 산업혁명을 이끌어 가는 사람이 되기를 바란다.

이 책은 4차 산업혁명 초반의 시나리오와 이어지는 두 부분으로 구성되어 있다. 두 부분 중 전반부(1~5장)에서는 산업혁명이 일어나는 구조와 산업혁명의 바탕이 되는 기술혁명과의 관계, 그리고 경제순환과는 어떤 관련성이 있는지를 살펴보았다. 아울러 선진국들이 왜 이 시기에 산업혁명을 추진하는지와 그 출발점이 무엇인지를 살펴보았다. 후반부(6~9장)에서는 4차 산업혁명 시대의 대응 전략에 관하여 기술하였다. 4차 산업혁명 시대에 대두될 이슈를 포함하여 국가나 기업, 개인이 생각해야 할 점들을 간략히 정리하였다. 사실 개인이나 기업, 국가가 어떤 대응을 할 것인가는 이 책의 전반부에서 제시하는 내용들을 어떻게 받아들이느냐에 따라 달라질 것이므로 장황하게 설명할 필요는 없어 보인다.

이 책이 출간될 수 있도록 도움을 주신 많은 분들에게 큰 감사를 드린다. 출판 경험이 없는 저자의 졸고가 출판될 수 있도록 흔쾌히 수락하고 출판에 많은 도움을 주신 생능출판사에 감사드린다. 바쁘신 중에도 졸고를 읽으시고 기꺼이 추천사를 써주신 한국과학기술단체총연합회 김명자 회장님께도 진심의 감사를 드린다. 또한 4차 산업혁명을 이해하기 위해 한 조각씩 맞추어가던 퍼즐 게임에 속도를 낼 수 있게 도움을 주신 과학기술정보통신부의 최미정 과장님과 장태은 사무관님께 감사드린다.

'지능정보사회 시대에 필요한 나노기술 도출을 위한 기획 연구'를 수행하면서 4차 산업혁명과 관련이 있는 넓은 범위의 이슈들을 정리할 수 있었다. 이 책의 내용 중 많은 부분이 기획 연구에서 다루어졌던 것임을 밝혀둔다.

기획 연구를 하는 동안 수많은 토론과 자료 작성에 도움을 주신 임채성 한국인더스터리4.0협회 전임 회장님, 박효덕 구미전자기술원 원장님, 송용설 아모그린텍 부사장님, 이정수 LG전자 소재기술원 원장님, 이광렬 KIST 기술정책연구소장님, 정은미 산업연구원 실장님, 이광호 과학기술정책연구원 연구위원님, 박문수 한국생산기술연구원 책임연구원님, 최영진 세종대학교 교수님, 강상규 한국과학기술정보연구원 박사님, 이천무 나노종합기술원 팀장님, 정종일 나노융합기술연구조합 본부장님께 심심한 감사를 드린다. 기획 연구와 그 이후 책자로 만드는 과정에서 큰 도움을 주신 나노융합2020사업단 정은정 PM님께 진심으로 큰 감사를 드린다. 마지막으로 조금이라도 종이를 낭비하는 일이 되지 않도록 더욱 집중할 수 있게 채찍을 들어준 가족에게 큰 감사를 드린다.

넓은 범위에 걸친 내용을 다루다보니 정리된 내용 중 부족함을 느끼는 부분이 많다. 또한 일부 내용은 저자가 잘못 이해하고 있을 수도 있으니 독자들의 넓은 양해를 구한다. 4차 산업혁명이 '만들어 가는 산업혁명'이라면, 독자 한분 한분의 생각으로 만들어 가는 것이 4차 산업혁명이다. 이 책을 읽는 독자들이 4차 산업혁명을 선도하는 주인공, 4차 산업혁명을 즐기며 지켜보는 주인공이 되길 기원한다.

2018년 11월

박종구 씀

차례
CONTENTS

추천사 4
시작하며 8

4차 산업혁명 시나리오 — 17
새로운 패러다임으로 가는 길목   20
뒤집히는 99 대 1 / 지각한 미래 / 국가 조직의 위기 / 아날로그와 디지털 / 사이언토피아는 환상인가
대한민국에 울리는 경종   36

1장 | 산업혁명의 구조 — 41
산업혁명 들여다보기   42
산업혁명 / 기술혁명 / 경기변동
산업혁명의 구조   54
산업혁명의 이해   57

2장 | 만들어 가는 4차 산업혁명 — 95
4차 산업혁명을 말하는 사람은 누구인가?   97
4차 산업혁명은 예측 가능한가?   99
선진 산업국들이 4차 산업혁명을 추진하는 이유   103
4차 산업혁명에의 접근 방법   112

3장 | 4차 산업혁명의 시작 ──────── **131**

　생산혁명이 필요한 배경　133
　제조업 혁신에 주목해야 하는 이유　134
　제조업 부문의 동향　141
　미래 제조업의 모습　153
　제조 혁신과 4차 산업혁명　157
　미리 보는 생산혁명　163

4장 | 4차 산업혁명의 현재와 미래 ──────── **177**

　유럽의 대응　179
　미국의 대응: 산업 인터넷 컨소시엄　186
　일본의 대응　189
　중국의 대응: 중국 제조 2025　192
　우리나라의 대응　194
　외국 기업의 대응　199
　우리나라 기업의 대응　206

5장 | 4차 산업혁명의 전망 ──────── **217**

　혼란스러운 전망　219
　4차 산업혁명 전망　225

생산혁명으로서의 4차 산업혁명 234
대두되고 있는 이슈들 241

6장 | 4차 산업혁명의 대응 전략 설계에 필요한 퍼즐 조각들 251
4차 산업혁명의 미래는? 253
4차 산업혁명의 핵심, 플랫폼 255
제도의 유연성과 투명성 257
4차 산업혁명의 불가측성 258
잠재 위험 축소 전략 259
새로운 지식과 기술 수요에의 대응 261
기업가 정신과 창업 263
산업과 유리되는 개인과 달라지는 직업 개념 264
국가 역할의 재정립 265
중소기업 정책의 딜레마 267
불평등 축소 268
승자와 패자 269

7장 | 개인의 4차 산업혁명 대응 전략 275
능동적인 인간 277
4차 산업혁명 시대를 사는 개인 279
4차 산업혁명 시대의 변화하는 직업 285

8장 | 기업의 4차 산업혁명 대응 전략 295
디지털 문화 정착 298
플랫폼화 299

네트워크 구축　300
하드웨어 요소와 소프트웨어 요소의 융합　302
가치 중심 경영으로의 혁신　304
기업군별 대응 전략　306

9장 | 국가의 4차 산업혁명 대응 전략 ───── 317

유럽 국가들이 추진하고 있는 4차 산업혁명에서 얻는 교훈　320
주요 영역별 대응 전략　322
지속 가능한 발전을 위하여　344

마치며　355

4차 산업혁명 시대의 미래를 예측하기는 어렵지만, 몇 가지 시나리오를 통해 미래를 들여다볼 수 있다. 우리가 바라는 미래는 그냥 오지 않는다. 공짜로 아름다운 미래를 가질 수도 없다. 불안한 시나리오는 미래에 대한 경고이다. 이제 시작이다. 여러분은 이미 4차 산업혁명이라는 새로운 패러다임으로 가는 길목에 서 있다. 어떤 시나리오를 그리고 쓸 것인가?

미래를 여는 나침반 **4차 산업혁명 보고서**

4차 산업혁명 시나리오

4차 산업혁명 시나리오
새로운 패러다임으로 가는 길목
대한민국에 울리는 경종

향후 몇 년 안에 벌어질 변화를 예측하는 것은 대단히 어렵다. 오히려 장기적으로 일어날 변화를 예측하는 것이 쉬울 수 있다. 가까운 기간 내에 일어날 큰 변화들은 갑자기 일어나지 않고 이미 오래전에 시작되어 현재의 발전 단계를 거치고 있기 때문이다. 반면에 먼 미래의 예측은 지금 시작되고 있는 새로운 변화를 바탕으로 하므로 하나의 시나리오를 구성하는 데 큰 어려움이 없다. 물론 새로운 변화가 장기간에 걸쳐 진행되는 동안 예측하지 못했던 많은 변수가 개입되어 시나리오와 전혀 다른 상황이 전개될 여지가 충분히 있다.

4차 산업혁명 시대의 미래를 모두 예측할 수 없지만 몇 가지 시나리오를 통해 미래를 들여다본다. 가까운 미래는 현재의 연장선상에 있고, 본격적인 4차 산업혁명의 변화는 그 이후에 나타날 것이다. 가까운 미래, 2030년까지의 미래는 4차 산업혁명 패러다임으로 전환되는 과도기에 나타날 수 있는 상황을 요약하는 것으로 간단히 정리하고자 한다. 2030년 이후 4차 산업혁명 패러다임에서 나타날 변화는 몇 가지 시나리오를 통해 예측해본다. 이들 시나리오들은 4차 산업혁명에 관한 여러 가지 내용들을 정리하는 과정에서 얻은 지식을 토대로 작성한 것이다. 부정적인 미래를 담고 있는 몇몇 시나리오들이 잘못된 예측으로 남기를 간절히 바란다. 그럼에도 불구하고 시나리오를 제시하는 것은, 현재의 산업이나 인류가 안고 있는 문제를 해결하기 위하여 4차 산업혁명을 추진하고 있지만, 4차 산업혁명이 자칫 불러올지도 모르는 불행한 미래를 방지하는 데 경종을 울리는 자그마한 효과라도 있기를 바라기 때문이다.

새로운 패러다임으로 가는 길목

2023년이 지나면서 4차 산업혁명의 밑그림이 서서히 드러난다. 세계 경제는 북미권, 유럽권, 중국권 등 세 개의 세력권으로 재편되고 세력권 간의 경쟁이 점점 심화된다. 북미권과 유럽권은 세계를 양분하기 위하여 전략적으로 협력을 강화한다. 북미권과 유럽권은 여전히 과학기술 기반이 상대적으로 취약한 중국권에 대한 견제를 강화한다. 인도는 세계 경제에서 중국을 견제할 세력으로 부상하지만 선진국들이 제조업을 국내로 불러들이는 회귀 정책과 함께 기술 보호를 강하게 추진하면서 경제가 크게 성장하지 못한다. 남미, 아프리카, 서남아시아 등은 3대 세력권 간의 경쟁으로 전반적인 경제 수준은 높아지지만, 선진국 제품을 소비하는 시장과 선진국들이 필요로 하는 천연자원을 제공하는 것 이상의 의미를 갖는 단계로는 발전하지 못한다.

한편, 각 세력권 내에서는 높은 효율을 가진 자율 생산이 확대되면서 실업이 증가하고 자체 소비할 수 있는 한계를 넘어선다. 세력권에 속한 국가(지역) 간, 계층 간 불평등이 개선되지 않아 사회 불안은 여전히 지속된다. 여러 세력권에 걸쳐 있는 시장을 가진 다국적기업들의 이익이 세력권 또는 국가의 이익과 충돌되는 일이 빈발하면서 세력권 간의 경쟁이 복잡한 양상을 띤다. 영향력이 큰 다국적기업이 국가 권력과 결탁하여 국가 이익을 앞세운 통상 전쟁이 자주 일어난다. 또한 에너지와 광물 자원을 무기화함으로써 세력권 사이의 긴장이 고조되고 무역 전쟁이 잦아진다. 특히, 3대 세력권 사이의 힘겨루기와 제3세계로 세력을 확대하려는 이들의 시도는 큰 반발을 불러와 제3세계 자원 보유국들이 자원 무기화를 본격화한다.

중국권은 동남아시아에서 상당한 영향력을 확보하지만 다른 지역으로 세력을 확대하는 데 어려움을 겪는다. 인도나 러시아와 연대하여 세력 확대를 시도하지만 큰 진전을 보지는 못한다. 독자적인 기술 체계를 정착시키지 못하고 서방의 기술 플랫폼에 바탕을 두고 4차 산업혁명을 추진해오다 북미권과 유럽권에 밀려 2030년대 중반에 이르러서야 4차 산업혁명의 패러다임에 접어든다. 중국권의 발전이 늦어지면서 세계를 양분하게 된 북미권과 유럽권 간의 타협으로 약소국을 지탱하는 힘이 되었던 자원 무기화도 힘을 잃게 되고 두 진영이 세계를 경영하는 신제국주의가 탄생한다. 전세계에 걸쳐 거미줄처럼 얽힌 데이터 망과 지능화된 생산 시스템을 장악한 다국적기업을 앞세운 제국은 이후의 세계를 사이언토피아scientopia*로 만들 것인지 아니면 반이상향이 되게 할 것인지를 결정해야 하는 시점에 도달한다.

새로운 패러다임에서는 다음과 같은 몇 가지 시나리오가 나타날 수 있다.

---

* 과학(science)과 이상향(utopia)을 합성한 용어이다.

시나리오 ❶

뒤집히는 99 대 1

월가를 점령하라Occupy Wall Street.

우리는 99%이다We are the 99%.

2011년 9월에 불거진 월가 점령 운동에서의 시위대 슬로건이다. 크게 벌어진 소득 불균형이 원인이 되어 시작된 이 시위에서 계층 간 소득 불균형이 사회 불안을 불러오는 큰 요인 중의 하나라는 것이 분명해졌다. 절대 다수의 사람들이 창출한 부를 극소수의 사람들이 독차지하는 것은 문제가 아닐 수 없다. 언제까지 이런 상황이 이어질 것인가?

무인 운전이 가능한 수준의 생산 자동화를 넘어 스스로 판단하여 원료를 수급하는 단계부터 생산된 제품을 최종 소비자에게 전달하는 것까지 자율적으로 제어하는 단계로 진전되면, 생산 효율은 극대화되는 반면 고용은 거의 '0(제로)' 수준으로 낮아진다. 자율 생산 체계를 개선하고 제어하는 능력을 가진 극소수의 인력만이 고용 상태를 유지한다. 극소수의 인력이 생산에 참여하는 것만으로도 생산에 참여하지 않는 대다수를 부양하고도 남는 수준의 경제가 달성된다. 1%에 훨씬 못 미치는 인력이 나머지 사람들을 부양하는 상황이 되는 것이다.

굳이 노력하지 않아도 국가의 재정으로 전체 국민이 일상생활을 영위하는 데 큰 문제가 없으므로 처음에는 대다수가 새로운 환경에 호감을 보인다. 시간이 지남에 따라 국가가 경제적인 지원을 제공하기 위하여 설정한 가이드라인에 점차 불만을 가지는 비율이 늘어난다. 언제 무엇에 어떻게 쓰일지도 모르는 교육을 왜 받아야 하는지, 제공받은 혜택이 나쁜 목적에 쓰이지 않는다는 것을 확인하기 위해 누군가가 내 정보에 왜 접근해야 하는지에 대한 의문을 품는 사람들과 보수는 얼마가 되어도 좋으니 즐겁게 일할 수 있는 직장을 달라고 주장하는 사람들이 늘어날 것이다.

한편, 최첨단 통합 생산 시스템을 운영하는 최고의 엘리트 그룹 내에서도 회의와 불만이 점점 더 커져간다. 우리 같은 극소수의 사람들이 노력하여 창출한 부로 혜택을 보는 사람들이 불만을 가진다는 것이 말이 되느냐, 우리가 아무런 노력 없이 직장을 가지게 된 줄 아느냐 등 급기야는 이러한 혼란스러운 상황이 정리되지 않으면 모든 생산 시스템의 운전을 중지시킬 계획이라고 발표한다. 그리고 극소수인 자신들이 무책임한 99%가 차지하고 있는 세상을 책임질 이유가 없다는 성명을 낸다.

국가는 고민에 빠진다. 99% 대중에게 직장을 마련해주기 위해 고도로 효율화된 생산 시스템을 인위적으로 퇴보시키거나 포기할 수 없다. 1% 엘리트가 주장하는 것처럼 극소수의 생산 활동으로 만들어진 물질적 풍요가 세상을 어지럽히는 원인을 제공한 것인가에 대한 답을 낼 수도 없다.

필요한 것은 다 줄 테니 (무엇인지도 모르는) 공부를 열심히 하고 무엇을 하고 있는지 상세히 보고하라. 그렇지 않으면 생존에 필요한 최소한의 지원만을 받게 될 것이다.

이런 상황이 평생 동안 계속된다면 어떤 삶이 될지를 생각해보라. 상상에 맡기겠다.

 시나리오 ❷

지각한 미래

1932년 영국의 소설가 올더스 헉슬리Aldous Leonard Huxley(1894~1963)는 《멋진 신세계Brave New World》*라는 소설을 발표하였다.

경제적인 무정부 상태와 실업을 틈타 영국에서 국제적으로 조직된 과학 왕국이 생식 기술을 이용하여 우생학적으로 우수한 유전자를 가진 인간을 공업적으로 제조한다. 수면 학습을 이용하여 인공적으로 만든 인간에게 지식을 불어넣고 심리적으로 훈련시킨다. 미국에서 자란 지도자의 사생아 아들이 왕국 밖에 있는 원시적인 인간 문화와 접촉하면서 경험하게 되는 문화적 충격을 겪으면서 왕국이 안고 있는 문제점을 깨닫는다.

인간성을 회복하는 것으로 끝나는 이 소설에 4차 산업혁명에 대한 우려의 일부를 투영해볼 수 있다. 글로벌 영향력을 가진 다국적기업들의 세력 확장으로 국가가 경제 상황을 주체적으로 제어할 수 없는 상태가 만들어지고, 인공지능을 기반으로 하는 완전 자율화된 생산 시스템으로 대량 실업이 발생한다면, 이에 대한 반작용으로 여러 가지 상황이 발생할 수 있다. 절대 우위의 경쟁력

---

* 1932년 출간된 과학기술의 반이상향을 다룬 소설이다.

을 가지고 첨단 기술을 보유하고 있는 집단들이 그들만의 영역을 구축하고 배타적인 새로운 문화를 만들려고 할 가능성이 있다. 4차 산업혁명의 결과로 첨단 기술을 이용하는 것이 용이해지고 비용이 크게 낮아지는 점이 이러한 가능성을 높이는 방향으로 작용할 수 있다.

세계는 사활을 건 오랜 기간 동안의 전쟁을 거쳐 세 개의 세력이 지배하는 판도로 굳어졌다. 각 세력권은 거미줄처럼 촘촘히 얽힌 양방향 네트워크를 장악하고 있는 조직이 통제하고 있으며, 서로 통용되지 않는 체제를 운용하고 있다. 세력권 내에는 장기간의 전쟁을 거치며 조직에 순응해온 조직 구성원들이 살고 있다. 그들은 조직이 지시하는 대로 행동하고 사고한다. 그들은 잠시도 조직과 연결된 네트워크에서 떨어지지 못하며 네트워크에서 이탈할 자유가 없다. 어떤 방법으로든 네트워크와 연결되어 있으며, 설령 차단되었을 경우에도 불안해하며 스스로 네트워크와 연결되려 한다. 그들은 네트워크 안에 있을 때 평온함을 느끼며, 네트워크를 통해 받아들이는 정보를 당연하게 받아들인다. 심지어 며칠 전에 받은 정보와 전혀 다른 정보가 들어와도 이상하게 받아들이지 않는다.

이상한 만화를 보고 있는 것처럼 느끼는 독자가 있을지 모르겠다. 스마트폰 배터리가 얼마 남지 않아 스마트폰이 멈출까봐 초조해하는 여러분을 생각해보라. 단 몇 분 동안 먹통이 된 인터넷 때문에 방안을 서성이거나 어찌해야 할지 모르는 여러분을 보라. 방금 화면에 올라온 점멸하는 정보를 보고 흥분하고 있는 여러분의 모습을 떠올려보라.* iOS와 안드로이드 진영 간의 관계를 보

---

* 이미 공개된 것들이거나 근거가 미약함에도 화면상에서 눈에 잘 띄는 위치에 올리거나 주의를 끌기 위해 점멸하게 하는 것을 말한다.

라. Predix*와 MindSphere** 간의 경쟁을 보라. 광속의 SNS를 통해 쏟아지는 확인되지 않은 정보가 남기는 폐해를 보라. '나는 인터넷을 사랑했지I loved the Internet.'***라고 모든 사람이 얘기할 수 있기를.

1949년 조지 오웰George Orwell(1903~1950)이 발표한 소설 《1984》****와 무엇이 다른가?

오세아니아를 지배하는 조직인 당Party이 인터넷을 장악한 기업이라면, 당을 지배하는 빅 브라더Big Brother가 영향력이 큰 포털에 지배권을 행사할 수 있는 불건전한 의도*****를 가진 소유주라면, 아닌 것을 알면서도 진실이라고 굳게 믿는 이중사고Doublethink가 가짜 뉴스로 사실을 조작******하는 초연결 네트워크라면, 텔레스크린Telescreen이 하루에도 수없이 여러분이 노출되는 사방에 널려 있는 사물인터넷이라면, 빅 브라더가 탄생한다고 해도 전혀 이상할 것이 없다.

첨단화된 정보통신 기술이 세상을 투명하게 만들기도 하지만 네트워크를 장악한 '조직'이 지배력을 강화하는 수단으로 사용할 가능성도 충분히 있다. 국가의 지배력을 능가하는 초대기업이 조직이라고 한들 조금도 이상할 것이 없다.

---

* 미국 GE의 디지털 쌍둥이(Digital Twin) 기술이 적용된 Predix는 컴퓨터에 현실 속 사물의 쌍둥이(Twin)를 만들고, 현실에서 일어날 수 있는 상황을 시뮬레이션함으로써 결과를 예측한다.
** 독일 지멘스(Siemens)가 제공하는 클라우드 기반의 개방형 IoT 운영 시스템 MindSphere는 각 작업장에서 수집된 정보를 빅데이터로 분석해 최적화된 공장을 만들고 관리한다.
*** 소설 《1984》에서 주인공인 윈스턴 스미스(Winston Smith)가 빅 브라더에 저항하다 죽으면서 말한 'I loved Big Brother.'의 패러디이다. 인간의 사고를 마비시키는 것이 어떠한지를 나타내는 역설적인 말이다.
**** 영국 소설가 조지 오웰이 발표한 반이상향 소설이다.
***** 소설 《1984》에 등장하는 용어인 thoughtcrime에 대응하는 말이다.
****** 소설 《1984》에 등장하는 용어인 newspeak에 대응하는 말이다.

 시나리오 ❸

국가 조직의 위기

국가는 통일된 정치 체계를 가진 하나의 정부가 통치하는 조직화된 정치 공동체를 말한다. 국가의 권력이 강대할 때는 정부가 국가를 통치하는 데 큰 문제가 없다. 하지만 공동체를 구성하는 일부 구성 요소의 세력이 정부의 영향력보다 커질 경우는 상황이 달라진다.

세계를 자신의 시장으로 하는 다국적기업들이 갖는 영향력이 웬만한 국가의 영향력을 넘어선 것은 오래전의 일이다. 다만 지금까지는 그들의 관심이 경제적 이익을 얻는 데 한정되어 있었기 때문에 정치 체계와 적절한 협력 관계를 유지해왔을 뿐이다. 그들이 추구하는 이익을 얻는 방식이 이전과 달라지면 그들은 장기적으로 자신의 이익과 연결될 수 있는 비영리 부문에까지 영향력의 범위를 확대하려 할 것이다. 그들의 사고방식, 경영 방식을 확대하는 과정에서 국가 체제와의 마찰이 불가피할 수 있다. 지금은 국가가 얻을 수 있는 이익과 다국적기업이 얻을 수 있는 이익이 타협하는 선에서 공존하고 있지만, 국가로부터 아무런 이익을 얻을 수 없는 상황이 되면 다국적기업이 국가와 타협할 이유는 없다. 국가 권력을 무력화시켜 장악하거나 그곳을 떠남으로써 국가를 어려움에 빠지게 할 수 있다.

정부를 움직이는 뇌와 신경조직에 해당하는 네트워크를 관리하던 다국적기업이 더 이상 정부에 협조하지 않겠다고 선언하는 상황을 상상해보자. 네트워크를 운영하는 데 필요한 기술을 가진 사람들은 모두 그 다국적기업에 고용되어 있다. 다국적기업은 정부가 구축해놓은 네트워크 외에도 자신들이 보유하고 있는 네트워크가 있어 정부가 소유한 네트워크를 차단하여도 기본적인 운영을 하는 데 아무 문제가 없다. 다국적기업은 이 일이 터지기 전 협력 관계에 있는 다른 다국적기업들과 공동 보조를 취하기로 비밀리에 협약을 체결한 바 있다. 국민들로부터 오는 온갖 불편함에 대한 항의와 행정이 마비되어 국가 체계가 작동하지 않는 상태를 정부가 얼마나 견딜 수 있을까?

다국적기업이 정부 권력을 뛰어넘어 할 수 있는 일이 어디 네트워크를 장악하는 것뿐이겠는가. 100% 자율 기능을 가진 로봇으로 생산 라인의 모든 인력을 대체하고 종사하던 인원을 모두 해고할 수도 있다. 정부가 하는 교육이 효과가 없다며 자신들이 원하는 교육을 스스로 시키겠다고 주장하며 '멋진 신세계'를 꿈꿀 수도 있다. 여러 국가들이 국제적인 공동 노력을 통하여 다국적기업의 횡포로부터 벗어나고자 하지만 강대국들과 다국적기업들 사이에 맺어진 카르텔을 깨기는 어렵다.

 시나리오 ❹

아날로그와 디지털

자연은 원래 아날로그이다. 시간이 흘러감에 따라 끊임없이 연속으로 변하는 것이 자연이다. 자연의 일부에 지나지 않는 인간의 삶 역시 아날로그일 수밖에 없다. 반면에 디지털은 다분히 작위적이다. 3극 진공관에 이어 반도체 소자가 개발되면서 '0'과 '1'의 2진법 숫자 체계가 자리를 잡았다. 하나의 현상이 연속으로 변하는 것이 아니라 있거나(1) 없는 것(0)으로 표현되고, 0과 1 사이에는 아무것도 존재하지 않는 단절된 디지털의 체계가 구축되었다. 이 디지털 체계는 자연과는 매우 동떨어진 것이긴 하나 도구로는 매우 유용하여 정보통신 시대의 문을 여는 열쇠가 되었다. 디지털 기술은 정보통신혁명을 넘어 4차 산업혁명의 골격인 디지털 세상으로 나아가고 있다. 아날로그 인간의 생각마저도 디지털화되어 가고 있는 것처럼 느껴진다. 디지털 세상이 만들어 내는 가상의 현실을 실제보다도 더욱 현실적으로 느끼고 가상과 현실을 혼동하는 조짐도 나타나고 있다.

이제 이런 질문을 할 시점이 되었다.

완전한 디지털화는 가능한가?
디지털 세상은 가능한가?

이 질문은 '아날로그 인간이 디지털화될 수 있는가?'와 '기술적으로 완전한 디지털화는 가능한가?'라는 질문과 닿아 있다. 궁극적으로는 '4차 산업혁명의 끝, 최종 모습은 어떤 것일까?'라는 의문과 닿아 있다. 답은 모른다. 그래서 시나리오가 필요하고 중요하다. 완벽한 디지털 세상을 꿈꾸지만 결국은 인간일 것이다. 편함과 유용함을 쫓아가는 기술 발전이라는 폭주 기관차는 인간 본연의 모습을 뒤로 밀치며 한동안 앞으로만 달려갈 것이다. 자연적인 모습에서 점점 멀어짐에 따라 인간은 점점 더 깨지기 쉬운 존재가 되어갈 것이다. 불안정해진 인간을 도구(디지털)로 통제하려는 시도가 늘어나지만 디지털의 영향으로 인간은 더욱 불안정해질 것이다. 인간으로서의 편안함을 찾는, 아날로그에 대한 향수를 떨치지 못하고 아날로그로의 복귀를 꿈꾸는 경향이 늘어날 것이다. 서머셋 모엄W. Somerset Maugham(1874~1965)의 말처럼 태어나야 할 곳에 태어나지 못한 인간은 태어났어야 할 곳을 그리워하게 될 것이고 동경하게 될 것이다.*

　아날로그를 그리워하는 경향은 벌써부터 나타나고 있다. 사람들이 실생활에서 디지털을 직접 맞닥뜨린 것은 LP Longer Player 앨범이나 테이프 레코드가 CD 플레이어로 바뀐 것이 아니었나 싶다. 아날로그 음원이 디지털 음원으로 처리되면서 이루 말할 수 없는 간편성과 유용성을 누리게 되었다. 그런데 사라질 듯하던 LP 앨범을 수집하는 사람들이 늘어나고 제작하는 업체도 늘어나고 있다. 종이가 사라질 것이라던 출판문화에서 여전히 종이책은 전자책보다 더 큰 시장을 차지하고 있다. 전형적인 아날로그 문화의 산물인 명품들은 점점 더

---

* 모엄은 영국의 극작가이다. 인용한 말은 작가의 인생 이야기를 담은 《서밍업(Summing Up)》(1938)에 들어 있다.

가치가 치솟고 있다. 디지털 문화가 빠르게 확대되면서 아날로그 문화가 차지했던 영역이 급격히 축소되어왔지만 여전히 인간의 감성을 자극하는 한 부분으로 남아 있다.

4차 산업혁명이 진전되어 디지털화가 이루어질수록 디지털 문화에 식상한 사람들이 아날로그 문화에 더욱 많은 관심을 가지게 될 것이다. 기계에 의존하지 않고 손으로 직접 만들어보고 싶은 욕구가 늘어나고, 아날로그 제품에 큰 가치를 부여하게 될 것이다. 극도의 디지털화는 역설적으로 아날로그의 가치를 높이는 계기가 될 것이다. 하지만 디지털을 거부하는 아날로그는 살아남기 힘들다. 아날로그가 가진 고유한 가치는 유지하면서 디지털의 장점을 받아들임으로써 아날로그 문화의 영역을 확대하고 비즈니스 기회를 만들어 낼 수 있다.

기술적으로 완전한 디지털화는 어렵다. 혹 시간과 장소에 따라 변화가 없는 세상이라면 가능할지도 모른다. 어떤 신호든 시간(또는 이동하는 거리)에 따라 세기가 줄어들지 않는 신호는 없다. 손실이 없는 신호는 없다. 따라서 한 곳에서 다른 곳으로 전달되는 신호가 넘어가는 경계는 언제나 아날로그일 수밖에 없다. 디지털화가 중요하지 않다는 것이 아니라, 디지털화를 너무 과신하거나 디지털화에 과도하게 집착할 이유가 없다는 점을 말하는 것이다. 자연은 아날로그이다.

 시나리오 ❺

사이언토피아는 환상인가

지금 꿈꾸고 있는 이상적인 4차 산업혁명은 과학기술을 바탕으로 자연과 공존하는 순환 경제가 실현되고, 경제적인 제약 없이 인간다운 삶을 누리는 것이다. 즉, 과학기술이 만들어 내는 이상향에 사는 것이다. 고도로 발달한 과학기술의 도움으로 자급자족 도시, 자원의 완전한 순환, 무병장수, 위협과 공포가 없는 안전한 삶, 보람을 찾을 수 있는 개인 생활 등 이상향에 점점 다가갈 수 있게 되었다. 모든 과학기술을 효과적이고 바람직한 방향으로 사용하기만 한다면 이상향이 전혀 불가능하지 않아 보인다.

인간이 설정한 로봇의 윤리를 충실히 따르는 자율 로봇들로 채워진 생산 시설들이 세계 전역에 세워진다. 모든 생산 시설과 물류 체계를 인공지능이 제어하고 자율 로봇이 실행하므로 자원 소비가 최소화되며, 자원의 재활용 비율이 거의 100%에 가까운 선순환 체계가 구축된다. 모든 생산 시설이 무인 체제로 24시간 가동되며, 최소 에너지 수요 상태를 유지하도록 공장 간, 기계 간 운전이 실시간 조정된다. 생산과 직접 관련된 것 이외의 장비나 시설을 운용할 필요가 없어진다. 적외선 센서로 물건이나 움직임을 감지하는 로봇이 운전하는 공장은 조명이 거의 필요 없고 공조 시스템을 매우 단순화할 수 있으므로 에너지 사용을 최소화할 수 있다. 소비처와 가까운 현지에서 생산하므로 물류에 소모되는 에너지도 절약이 가능하다. 에너지 소모량이 최소 수준으로 축소됨에 따라 신재생 에너지만으로 유지된다.

일상생활에 필요한 물품은 사용하기 1시간 전에 필요한 위치에 놓이게 된다. 가끔 필요하거나 특별히 필요한 물품은 5일 전에만 주문하면 사용하기 1시간 전까지 주문자에게 배달된다. 극단적으로 효율화된 생산으로 제품 가격이 최저 수준으로 떨어지므로 영리를 추구할 목적으로 생산 시설을 소유할 욕구가 줄어든다. 심지어 생산 시설을 보유하고 있지 못한 저개발국에서도 선진국과 유사한 수준의 삶을 누릴 수 있다. 국가 간 실시간 협의로 과학기술을 남용하는 일이 사전에 차단되며 반인륜적인 국제 범죄를 예방한다.

사람들은 삶을 영위하는 데 필요한 재화를 근로를 통하여 얻을 필요가 줄어들므로 전혀 다른 생활 방식이 자리 잡는다. 사람들은 행복한 삶, 풍요로운 삶, 건강한 삶, 흥미로운 삶, 보람 있는 삶 등 국가가 지원하는 여러 프로그램에 참여하여 스스로의 삶을 설계하고 살아간다. 국가는 모든 구성원들이 인간다운 삶을 살 수 있도록 체계적으로 관리한다. 국민은 세계 어느 곳에 있든 국가의 보호를 받으며 재정적인 지원을 받는다. 국가 간 개인의 이동이 자유로워짐에 따라 국적을 옮기는 것이 훨씬 쉬워지기 때문에 각국은 국민의 수를 늘리기 위하여 다양한 서비스를 제공하는 경쟁을 한다. 국가가 국민의 수를 늘리는 목적은 효율화된 생산 체계를 운용하는 데 필요한 최저 수준 이상의 규모를 달성하기 위해서이다. 국민의 수가 최저 수준 미만으로 줄어들면 순환 경제 체제를 유지할 수 없다. 그 때문에 경제적인 부담이 늘어나 국민의 이탈이 가속되어 결국 국가로서의 지위를 잃게 된다.

이 시나리오가 비현실적이라고 느끼는 사람들이 많을 것이다. 어쩌면 대부분의 사람들이 현실과는 동떨어진 것으로 받아들일 것이다. 사람이 생각할 수 있는 거의 모든 선한 요소들이 바람직한 방향으로 조합되었을 때만 가능할 수 있는 시나리오이기 때문이다. 소유 욕구, 지배 욕구, 파괴 본능, 피해 의식 등 몇 가지 부정적인 요소들만으로도 이 사이언토피아는 얼마든지 깨질 수 있다. 중요한 점은 이상향이든 반이상향이든 그것을 만들어 가는 것은 사람이라는 사실이다. 따라서 대단히 어렵게 보일 수 있지만 사이언토피아를 만들 수 있는 것도 사람이다. 앞서 소개한 부정적인 시나리오가 더욱 현실처럼 보이더라도 사이언토피아가 올 것이라고 믿을 수는 없을까.

대한민국에 울리는 경종

2023년* 이후의 대한민국은 어떠할까? 우리나라는 우리 경제를 30년 이상 굳건히 지탱해온 주력 산업들이 빠르게 쇠퇴하는 동안 4차 산업혁명 패러다임으로 전환하는 데 실패한다. 이전과는 전혀 다른 사회변혁이 진행되고 있음에도 20세기 후반 성공적으로 달성한 산업화의 달콤한 경험에서 벗어나지 못하고 그 연장선상에서 4차 산업혁명을 이해하는 실수를 범한다. 4차 산업혁명을 사회변혁으로 보는 것이 아니라 도구적인 혁신으로 이해함으로써 사회구조를 유연한 체제로 변화시키는 데 실패한다. 그 결과 국가적으로 준비가 미흡한 상황에서 자율 생산, 맞춤 생산, 현지 생산이 세계적으로 빠르게 확산됨에 따라 국내 기업들이 대응하는 데 어려움을 겪는다. 글로벌 다국적기업들과 가치사슬을 공유하고 있는 일부 대기업을 제외한 많은 기업들이 한계 상황에 직면한다. 1인 기업 또는 소규모 기업들이 생겨나지만 선진업체들이 관심을 보이지 않는 현지 생산과 맞춤 생산 부문의 단기 수요에 대응하는 정도이며, 고급 일자리로 자리 잡거나 성장성이 높은 기업으로 발전하는 경우는 많지 않다. 늘어나는 실업 인구를 부양하고 재교육시키는 데 필요한 재정을 확보하는 것이 점차 어려워진다.

    여러 가지 경고음이 들려왔음에도 경직된 사회 체제가 이를 무시하다가 2023년에 이르러서야 새로 형성되고 있는 패러다임에서 소외되고 있음을 깨닫는다. 4차 산업혁명을 선도하는 국가가 되겠다고 부르짖어온 구호가 얼마

---

* 2023년은 4차 산업혁명을 추진하고 있는 선진국들이 새로운 패러다임을 본격화하는 시기로 예측하고 대비해온 시점이다.

나 무모한 것이었는지를 깨닫는다. 집중 투자해온 인공지능 등 몇몇 전략 분야도 선진국들의 견제를 벗어나지 못하고, 기술 발전 속도를 따라잡지 못하여 성공하지 못한다. 이미 고령 사회로 접어들어 재정적인 여유가 없어 예전처럼 전략 분야를 선정하여 집중 투자할 수도 없고, 설령 투자를 결정한다고 하더라도 가속이 붙은 선진국을 따라잡을 수 있을지 확신할 수 없다. 대한민국이 선택할 수 있는 폭은 좁아지고, 선진국이나 선진 다국적기업의 압박은 점점 거세어진다. 북미권과 유럽권이 경쟁을 벌이는 2030년경 어느 진영에 속할 것인지 선택을 강요받는다. 진영별로 다른 기술 표준 중 어느 것을 수용할지를 선택할지에 따라 우리의 산업구조와 사회구조가 달라질 것이므로 고민에 빠지게 된다. 정부가 전략적인 선택을 하지 못하고 기업의 선택에만 맡기면 두 진영 간 각축장으로 머물다가 단순 시장으로 전락하게 되는 것이 눈에 보이기 때문이다. 이러는 사이 2030년대 중반 제3의 세력권으로 부상하는 중국권에 합류할지를 결정해야 할 수도 있다. 이미 세계를 양분해온 북미권과 유럽권 사이에서 중요한 위치를 차지하지 못한 우리가 선택할 수 있는 여지는 많지 않지만 중국권에 합류하는 결정을 하는 것도 쉽지 않다.

우리가 바라는 미래는 그냥 오지 않는다. 공짜로 아름다운 미래를 가질 수도 없다. 불안한 시나리오는 미래에 대한 경고이다. 우리가 원하는 것을 얻기 위해서는 나쁜 영향을 미칠지 모르는 요소들을 하나씩 지워가야 한다. 이전의 경험과 방법으로 지울 수 없는 부정적인 요소들은 4차 산업혁명 시대에 걸맞는 방법으로 떨쳐내고 긍정적인 부분을 늘려가야 한다. 앞선 암울한 시나리오가 경종을 울리는 것으로 역할을 다하도록 해야 한다. 경종이 조종이 되어 울리지 않도록 해야 한다.

이제 시작이다. 파스퇴르의 말처럼 미래는 준비된 사람의 것이다. 여러분은 이미 4차 산업혁명에 관심을 가지고 그 모습을 상상하는 것으로 준비된 사람이며, 꿈을 가진 사람이며, 4차 산업혁명을 이끌고 갈 사람이다. 스스로 4차 산업혁명의 모습을 그려보고 그 속에 서 있는 자신의 모습을 상상해보자. 곳곳에 흩어진 4차 산업혁명의 퍼즐 조각들을 모아, 4차 산업혁명을 주도할 기반 기술 중심으로 퍼즐을 맞추어가며, 4차 산업혁명을 이해하고 스토리를 완성해보자.

4차 산업혁명 말말말

미래학자 토머스 프레이(Thomas Frey)는 "2030년에 세계 대학의 절반이 사라질 것이다."라고 말했다. 인공지능과 디지털 기술의 유례없는 발전으로 인간이 기계에게 직업을 빼앗기는 것은 물론이고, 대학의 기능이 불필요해 대학마저도 필요 없는 시대가 온다는 예상이다. 즉, 지식의 반감기가 매우 짧아져 대학이 산업의 수요를 따라갈 수 없다는 이야기이기도 하다.

1차 산업혁명, 2차 산업혁명, 3차 산업혁명이 일어나는 동안 다섯 차례의 기술혁명과 다섯 주기의 경기변동이 있었다.

The Fourth Industrial Revolution

미래를 여는 나침반 4차 산업혁명 보고서

1장

산업혁명의 구조

산업혁명 들여다보기
산업혁명 / 기술혁명 / 경기변동

● 산업혁명

혁명은 당연시되는 하나의 패러다임이 짧은 기간 동안에 다른 패러다임으로 급격히 전환되는 현상(패러다임 전환)을 말한다. 패러다임이란 용어를 일반화시킨 토마스 쿤Thomas S. Kuhn, (1922~1966)은 《과학혁명의 구조The Structure of Scientific Revolution》(1962)에서 패러다임을 다음과 같이 정의하였다.

> 어떤 과학 공동체의 구성원이 공유하고 있는 기술, 특허, 가치 전체를 공통으로 가지고 있는 것 혹은 전체를 나타내는 공통 모델이나 사례와 같은 역할을 하는 단일의 요소이다.[1]

이러한 쿤의 표현을 빌리면, 패러다임이 전환된다는 의미는 어떤 공동체가 공유하고 있던 그 공동체 전체를 대표하던 요소가 다른 요소로 바뀌는 것을 말한다고 할 수 있다. 급격한 패러다임 전환의 대표적인 예는 정치혁명이고, 문화혁명 · 제도혁명 · 기술혁명 등 많은 영역에서 다양한 형태의 패러다임 전환이 일어났다.

산업에서도 몇 차례의 급격한 패러다임 변화가 있어 왔다. 아놀드 토인비Arnold Toynbee (1852~1883)*가 18세기 영국에서 일어난 급격한 산업 변화를 산업혁명으로 부른 이후, 산업혁명이란 용어가 보편적으로 쓰이고 있다. 오늘날까지도 산업에서 패러다임의 변화가 계속되고 있기 때문에 영국에서 일어난 산업혁명을 '1차 산업혁명'이라 부르고, '2차 산업혁명'을 거쳐 현재는 '3차 산업혁명'이 진행되고 있으며, '4차 산업혁명'을 꿈꾸고 있다.

1차 산업혁명은 농업 위주의 산업이 공업 중심의 산업으로, 자연의 에너지(수차 동력, 인간 또는 동물의 노동)에서 열에너지(석탄의 연소 에너지)로 바뀌는 크고 분명한 변화였기에 쉽게 받아들여졌고 역사의 한 부분이 되었다. 1차 산업혁명과 달리 2차 산업혁명, 3차 산업혁명을 연구한 내용은 많지 않다. 아직도 1차 산업혁명에 대한 연구가 진행되고 있다. 전기 사용, 철도 보급, 대량생산으로 대표되는 2차 산업혁명은 아직 1차 산업혁명만큼 연구되지 않고

---

* 경제학자 토인비를 말한다. 잘 알려진 역사학자 아놀드 J. 토인비(Arnold Joseph Toynbee, 1889~1975)의 숙부이다.

있다. 디지털혁명, 자동화혁명, 반도체혁명으로 부르기도 하는 3차 산업혁명은 현재도 진행 중이라고 말하는 학자들이 많다. 따라서 4차 산업혁명의 도래에 대해서 다양한 의견이 있을 수밖에 없다.

해마다 스위스 다보스에서 열리고 있는 세계경제포럼World Economic Forum, WEF에서는 2016년 1월 4차 산업혁명을 주제로 다루었다. 4차 산업혁명은 그로부터 경제 영역은 물론이고, 사회 전반에 걸친 다양한 이슈들을 집어삼키는 블랙홀 이슈가 되었다. 이날 세계경제포럼이 던진 화두는 스마트 공장이라는 다소 축소된 의미로 받아들여지던 독일의 인더스트리 4.0 Industry 4.0*을 제대로 이해하는 계기가 되었다. 2016년 3~4월 사이에는 구글의 인공지능 알파고와 이세돌 구단의 바둑 대결이 있었다. 이 대결에서 사람들은 적어도 바둑에서만은 인간이 우세할 것이라는 믿음이 한순간에 무너지는 심리적 충격을 겪었다. 이제 사람들은 4차 산업혁명이 산업이나 기술 영역에 국한된 이슈가 아니라 미래 사회, 그것도 아주 가까운 미래에 다가올 사회 전반에 관한 이슈라는 점을 깨달았다.

'혁명'이라고 부를 만큼 급격한 변화가 산업에서 일어나는 이유는 무엇일까? 한 번도 아니고 여러 차례의 산업혁명이 일어났다면 반드시 이유가 있어야 한다. 경제학자들이 주기적으로 일어나는 경기변동의 원인을 찾고 있는 것처럼 산업혁명이 일어나는 이유를 찾아볼 필요가 있다. 앞서 언급한 것처럼 1차 산업혁명에 관한 연구가 아직도 진행 중이며, 2차 산업혁명에 관한 연구는 1차 산업혁명에 훨씬 못 미치는 수준이다. 현재로는 산업혁명이 일어나는 이유를 꼭 집어서 제시하기는 어렵다. 여러 가지 요인이 복잡하게 얽혀 있으므로 정확히 설명하는 것 자체가 무리일 수 있다. 다만 나타난 거시 현상들을 통하여 산업혁명이 일어나는 이유를 몇 가지로 설명할 수 있다.

자연이나 사회에서 나타나는 다양한 변화들 간에는 상당한 유사성이 있는 경우가 많다. 예를 들어, 어떤 반응이나 변화, 특히 눈에 띄는 큰 변화를 나타내는 현상은 저절로 일어나지 않는

---

* 4차 산업혁명을 말한다. 독일은 영국에서 일어난 산업혁명을 인더스트리 1.0, 전기 및 대량생산 혁명을 인더스트리 2.0, 자동화혁명을 인더스트리 3.0으로 구분한다.

다. 기존 질서에 대한 누적된 불만이 폭발하여 나타나는 정치혁명, 서로 다른 지층 혹은 지각판이 닿아 있는 부분에 누적되고 있던 응력이 한꺼번에 풀리면서 나타나는 지진, 갑자기 불어닥친 한파에 순식간에 얼어붙는 호수 등에는 반드시 변화를 일으키는 원인이 있고 변화로 인해 나타나는 새로운 결과가 있다. 학문 영역에서도 기존 이론으로 더 이상 설명할 수 없는 현상(들)이 관찰되어 혼란에 빠지게 되면, 이러한 현상(들)을 설명할 수 있는 전혀 다른 새로운 학문이 나타난다. 쿤은 과학혁명이 진행되는 과정을 설명하는 《과학혁명의 구조》에서 기존 이론으로 설명되는 영역(한계에 부딪히기 전까지의 시기)을 정상 과학, 기존 이론으로 더 이상 설명할 수 없는 상황을 위기, 새로운 설명이 가능한 새로운 이론을 특이 과학이라 하며, 이러한 새로운 이론의 탄생 과정을 과학혁명*이라 불렀다.

    산업혁명 역시 일어나기 이전과 이후 사이의 큰 변화의 과정이므로 유사성의 관점에서 설명할 수 있다. 산업혁명은 생산수단이나 방법의 혁신적인 발명으로부터 출발하며 궁극적으로는 사회변혁으로 이어진다. 사회경제적 요구를 충족시키는 안정된 상태에 있는 사회(첫 단계), 사회경제 환경이 변함에 따라 나타난 새로운 요구를 충족시키기 어려운 또는 충족시킬 수 없는 불안정한 사회(둘째 단계), 새로운 사회경제적 요구를 충족시킬 수 있는 기술(산업)의 출현(성장)(셋째 단계), 안정한 새로운 사회경제 체제의 구축(넷째 단계)의 단계를 생각해볼 수 있다. 첫 단계는 산업혁명이 잉태되기 전 기술 발전이 지속되는 기간이며, 둘째 단계는 인구 증가(또는 인구 이동)나 생산성 정체 등의 이유로 산업 혁신이 요구되는 기간이며, 셋째 단계는 새로운 직업 창출이 가능하고 생산 혁신이 가능한 신기술(신발명)이 등장하는 시기이며, 넷째 단계는 신기술이 계속해서 개선되고 확산되면서 사회경제적 요구를 충족시키는 기간에 해당한다. 이 네 단계는 다음 그림과 같이 도식화할 수 있으며 그림이 나타내는 영역은 산업혁명 간 전환기 또는 경계면에 해당한다.

---

* 쿤은 과학혁명의 구조를 정상 과학(normal science) — 위기(crisis) — 특이 과학(extraordinary science) — 정상 과학(normal science)의 단계로 보았고, 기존 패러다임에서 설명할 수 없었던 현상을 설명할 수 있는 새로운 이론(extraordinary sciecne)이 탄생하는 것을 과학혁명(scientific revolution)으로 불렀다.

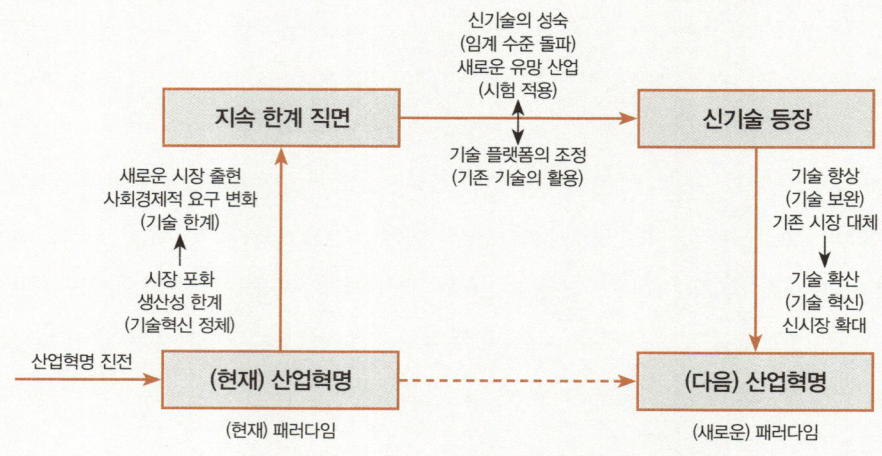

현재의 산업혁명으로부터 다음 산업혁명으로 옮아가는 과정

다음은 1차, 2차, 3차 산업혁명의 주요 내용을 요약하여 정리한 것이다.

1차, 2차, 3차 산업혁명의 주요 내용

산업혁명	1차 산업혁명	2차 산업혁명	3차 산업혁명
기간	1770~1850년	1870~1914년(1차 세계대전)	1970년~현재
주도국	영국	미국, 독일	미국
주도 기술 범용 기술 (GPT)	증기기관(노동력 대체) 제철 기술 수송 기술(기차/선박) 도로·철도 기술 통신·인쇄 기술	내연기관(자동차·비행기) 제강 기술 석유화학 기술 분업의 체계화 (공장 시스템(표준화)/대량 생산)	고집적 반도체 기술 인터넷 및 정보통신 기술 수송 기술(고속화/대형화) 에너지·바이오 기술
대표 산업	섬유	철강, 철도, 자동차	자동차, 전자
산업 변화 중심어	기계화/공장 체제	전기화/분업화	전자화/자동화
기술 변화 (수단)	수차/증기기관 인위적 동력	대량생산 및 소비 전기 및 모터	자동화 초정밀 제조 기술
에너지 형태	증기기관	전기(집중형)	전기(집중형)

(계속)

산업혁명	1차 산업혁명	2차 산업혁명	3차 산업혁명
에너지원	석탄	석탄, 석유	석탄, 석유, 가스, 원자력
연결	지역(거점) 간 연결 (철도)	지점 간 연결 (도로, 철도)	사람 간 연결 (인터넷, 실시간)
연결 속도	시속 150km(철도)	시속 350km(철도)	시속 780km(철도)
의미	자원 제약 극복/물류 확산	공간 제약 극복/물류 보편화	공간 제약 탈피/실시간 연결
커뮤니케이션	활자(책, 신문) 등	전화, TV 등	인터넷, 모바일 기기
사회 변화	도시화	산업화	네트워크화/글로벌화

산업혁명 간에는 산업혁명을 주도한 기술, 산업 변화를 상징하는 중심어, 사용한 에너지 형태, 사회 변화 등에서 큰 차이가 있다. 산업혁명이 시작된 시기와 끝난 시기는 문헌마다 약간씩 차이가 있다. 특히, 산업혁명을 주도한 기술의 성숙된 시기(산업에 활용된 시기)를 판단하는 기준(적용 제품)에 따라 시작 시기가 달라진다. 반도체 기술이 주도한 3차 산업혁명을 예로 들어보자. 반도체 발명을 기준으로 하면 1947년에 트랜지스터가 발명되었으므로 대략 1950년을 3차 산업혁명의 출발점으로 볼 수 있다. 관점을 달리하여 반도체 기술이 세상을 본격적으로 바꾸기 시작한 시기를 집적회로Integrated Circuit, IC* 개발 이후로 잡으면 마이크로프로세서(Microprocessor 또는 Microprocessing Unit, MPU)** 가 개발된 1970년 또는 1971년을 3차 산업혁명의 시작 시점으로 볼 수 있다. 1차 산업혁명을 선도한 증기기관의 경우도 마찬가지이다. 그 이전부터 증기기관이 사용되어왔으나 증기기관의 열효율을 획기적으로 향상시킨 제임스 와트James Watt(1736~1819)*** 의 증기 응축 챔버 기술이 발명된 1769년 또는 와트의 증기기관이 처음으로

---

* 여러 개의 트랜지스터를 통합(회로)한 작은 칩을 말한다. IC로 약칭한다. 예를 들어, DRAM이 있다. 1958년 Texas Instruments(TI)의 잭 킬비(Jack Kilby, 1923~2005)가 발명하였으며, 1959년에 특허를 출원하였다.

** 인텔이 1971년 최초 개발한 Intel 4004로 주기억장치(CPU)를 제외한 연산장치, 제어장치 및 각종 레지스터들을 단지 1개의 IC 소자에 집적한 논리회로이다.(출처: Wikipedia)

*** 스코틀랜드 출신의 발명가로 기계 공학자, 화학자이다. 글래스고 대학에서 기기 제작자로 일하던 중 증기기관의 실린더를 반복하여 냉각-가열함으로써 에너지 손실이 큰 것을 발견하고, 증기를 응축할 수 있는 챔버를 부착하여 에너지 효율을 크게 향상시킨 증기기관을 발명하였다.

사용된 1775년을 1차 산업혁명의 출발 시기로 보고 있다.

산업의 패러다임이 바뀌는 과정에서 중요한 요소는 정체되고 있는 성장의 한계를 돌파할 수 있는 신기술의 등장이다. 기존 패러다임을 대표하는 기술(들)이 더 이상 생산성 향상에 기여할 수 없을 때 지속 성장은 한계에 부딪힐 수밖에 없다. 이제까지의 산업혁명에 관한 논의가 대부분 신기술의 등장에 초점을 두고 이루어진 것도 같은 맥락이다. 따라서 기술혁명(또는 기술혁신)을 산업혁명의 중요 인자로 생각해도 무방하다. 특히, 산업혁명 초기에는 생산성 한계를 돌파하는 것이 큰 이슈였으므로 제조혁신, 제조혁명으로 연결되는 기술혁명에 주목할 수밖에 없다.

● 기술혁명

산업혁명의 근간이 되는 기술혁명*은 문명의 발전과 함께 계속 이어져왔다. 역사 시대 이전에는 철기혁명, 농업혁명 등의 기술혁명이 있었으며, 산업시대 이후인 1770년대부터 현재까지 1차 기계혁명에서 5차 정보통신혁명까지 대략 다섯 차례의 기술혁명이 있었다.

기술혁명은 그 정도가 크든 적든 늘 인간의 기본적인 창조 활동을 통해 일어났다. 기술혁명은 어느 날 갑자기 일어나는 것이 아니라, 그 이전 오랫동안 축적된 기술의 바탕 위에 새로운 발명(혹은 지식)이 더해질 때 일어난다. 사회·경제적 요구를 해결하는 데 필요한 결정적인 기술**의 발명(등장)으로 일어나는 기술혁명은 사회 전반에 걸쳐 큰 변화를 가져오고 괄목할 만한 산업 발전으로 이어진다.

다섯 차례의 기술혁명에는 증기기관, 철도(증기기관차), 전기·철강, 석유화학·자동차, 정보통신 기술 등 기술혁명을 선도한 기술들이 있었다. 이러한 기술혁명 모두는 이전의 기술혁명을 통하여 축적된 기술을 바탕으로 하고 있다. 경제학에서는 기술혁명과 같은 큰 변화(혁신)를

---

* 기술혁신이라 부르기도 하는데, 일반적 의미에서의 혁신은 비즈니스 활동, 작업장 조직, 외부와의 관계에서 새롭거나 상당히 개선된 상품이나 서비스, 프로세스, 새로운 마케팅 방법이나 새로운 조직 범위의 적용을 말한다. 피터 드러커(Peter Ferdinand Drucker, 1909~2005)는 혁신은 자원이 부를 창출하는 새로운 능력을 갖도록 하는 활동이라고 하였다.

** 1차 산업혁명의 원동력인 '증기기관' 같은 것을 말한다. 증기기관이 발명된 자체로서 결정적인 기술이 된 것이 아니고, 여러 단계의 발전을 거쳐 제임스 와트에 이르러 산업적인 효율성을 갖춘 기술이 되었다.

다섯 차례의 기술혁명(1770년대 이후부터 현재까지)

기술혁명	시대	촉발 기술(장소)	핵심 요소	새로운 기술과 수단	새로운 인프라
1차 (1771년)	증기기관, 기계화의 시대	아크라이트의 방적기(크롬포드, 영국)	철, 원면, 석탄	기계화, 공장, 단조기계(철강)	운하, 유료(고속) 도로, 범선, 수차
2차 (1829년)	증기 및 철도의 시대	로켓 증기기관 (맨체스터·리버풀, 영국)	철, 석탄	집적(단지), 표준 부품, 건설, 증기기관 및 기계류	증기력, 증기선, 철도, 전보, 항구
3차 (1875년)	철강, 전기, 공학의 시대	카네기 베세머 강철 공장 (피츠버그, 미국)	전기, 강철, 구리, 합금	철강, 구리, 화학, 전기장치, 과학(R&D), 전기 장비	철강 건설(증기선, 철도, 교량, 대형 구조물), 전화, 표준화
4차 (1908년)	석유, 자동차 (동력 장치), 대량생산의 시대	포드 T 모델 컨베이어시스템 (디트로이트, 미국)	석유, 가스, 합성 소재	대량생산(규모의 경제), 제품 표준화, 정제, 합성, 가전	항공기, 공항, 자동차(전용) 도로, 전기 보급, 저유가, 무선 및 아날로그 통신
5차 (1971년)	반도체, 전자, 정보·통신의 시대	인텔 마이크로프로세서 (산타클라라, 미국)	집적회로	정보통신 기술, 컴퓨터, 소프트웨어, 제어 기기	디지털 통신 (인터넷, 웹), 고속 여행

유발하는 기술을 범용 기술General Purpose Technology, GPT*로 분류한다.[2] 최근에는 기하급수 기술Exponential Technology, ET**로 분류하기도 한다. 다음은 리처드 립시Richard G. Lipsey가 분류한 GPT인데, 이밖에도 마이크로프로세서, 빅데이터, 블록체인, 3D 프린팅, RNA 등 많은 기술들이

---

* 처음에는 단순하고 조악한 기술로 출발하지만 스스로 진화 과정을 거쳐 여러 (산업) 분야로 확산·보급되면서 새로운 혁신을 창출하고 지속적으로 비용(가격)을 낮추는 기술이다.
** 기술을 만들어 내거나 사용하는 기업들에게 그 기술의 발전으로 긍정적이고 비선형적이며 경제적인 혜택을 적지 않게 창출해줄 것으로 기대되는 기술을 말한다. 일상생활에 연속적(seamlessly)으로 통합되어 삶의 방식이나 일하는 방식을 변화시킴으로써 사회에 폭넓은 파급효과를 주어 투자자들에게 중요한 경제적 기회를 제공하는 기술이다. ET의 예로는 빅데이터 및 분석, 나노기술, 네트워크 및 컴퓨터 시스템, 에너지 및 환경 시스템, 의학 및 신경과학, 로봇, 3D 프린팅, 바이오인포매틱스, 금융 서비스 혁신을 들 수 있다.

GPT로 거론되고 있다. GPT가 가지고 있는 특성을 이해하면 6차 기술혁명의 핵심이 될 기술이 무엇일지를 가늠해볼 수 있으며, 산업혁명 동안의 기술 흐름이나 새로운 산업혁명의 모습을 예측하는 데 도움이 된다.

립시의 범용 기술 분류

GPT	파급 효과	시기	분류
철	도구, 무기	기원전 1200년	제품
수차	무생물 동력, 기계 시스템	중세 초기	제품
삼각돛	신대륙 발견, 해상무역, 식민지 개척	15세기	제품
인쇄술	지식 경제, 과학교육, 금융 신용	16세기	프로세서
공장 시스템	산업혁명, 교체 가능 부품	18세기 후반	조직
증기기관	산업혁명, 기계 수단	18세기 후반	제품
철도	도시 확대, 교통, 공장입지 완화	19세기 중반	제품
증기선(철선)	글로벌 농업 무역, 외국 여행, 전함	19세기 중반	제품
내연기관	자동차, 비행기, 석유산업, 기동전	19세기 후반	제품
전기(화)	중앙 집중식 발전, 공장 전기화, 전신 통신	19세기 후반	제품
자동차	도시 확대, 교통, 쇼핑센터, 장거리 국내 여행	20세기	제품
비행기	외국 여행, 국제 스포츠 경기, 기동전	20세기	제품
대량생산	소비주의, 미국 경제의 성장	20세기	조직
컴퓨터	디지털혁명	20세기	제품
린 생산(방식)	일본 경제의 성장	20세기	조직
인터넷	전자 업무, 크라우드소싱, 소셜 네트워킹, 정보전	20세기	제품
바이오 기술	유전자 변형 식품, 바이오 엔지니어링, 유전자 치료	20세기	프로세스
사무 가상화	종이 없는 사무(실), 재택근무, 소프트웨어 제공업	21세기	프로세스
나노기술	나노소재, 나노의학, 양자점 태양전지, 목표 지향 암 치료	21세기	제품
인공지능(AI)	자율주행 자동차, 창고 로봇, 산업 로봇	21세기	프로세스

기술혁명을 주도했던 기술들과 GPT를 비교해보면 상당수가 겹쳐 있다는 것을 알 수 있다. 우리는 이를 통해 GPT가 기술혁명 혹은 산업혁명이 진행(발전)되는 동안에 중요한 역할을 하였다는 것을 알 수 있다. 우리는 이에 주목하여 1차, 2차, 3차 산업혁명이 진전되는 동안 주요 기술들, 특히 GPT로 분류되는 기술의 흐름을 살펴볼 것이다. 만약 기술 분야와 거리가 있어 GPT를 이해하는 데 어려움을 느낀다면, 뒤에서 설명하는 1차, 2차, 3차 산업혁명 동안 주요 기술들의 진화 과정을 읽은 다음 GPT가 가지고 있는 특성을 다시 들여다보면 이해하는 데 도움이 될 것이다. 다음은 GPT가 가지고 있는 특성이다.[3]

- 하나 또는 극소수의 목적을 위한 조악한 형태로 출발한다.
- 경제활동 전반으로 확산됨에 따라 복잡성과 효율성이 증가한다.
- 기술이 성숙됨에 따라 경제 전반에 걸쳐 다양한 용도로 사용되며, 다양한 형태의 파급 효과와 다른 기술들과 상호 보완적인 관계를 갖게 된다.
- 조악한 형태로부터 출발하여 완전히 자리 잡기까지 수십 년 혹은 수백 년이 걸린다.
- GPT마다 발전 경로가 다르기 때문에 이전의 GPT에 의해서 만들어진 가격 변화의 결과로부터 새로운 GPT에 적용 가능한 대응 모델을 만들 수 없다.
- 새로운 GPT의 가능성은 주어진 하나의 기술이 가격 변화에 어떻게 대응할 수 있는가에 의존하는 것이 아니라, 다른 기술들과 어떻게 연관되느냐에 의존한다. 즉, GPT는 다른 기술과의 결합 또는 융합을 통하여 큰 효과를 발휘한다.

GPT의 이러한 특성 때문에 연구 개발 과정에서 GPT의 가능성을 가진 기술이 가치 없는 기술로 사장되기도 한다. 우연히 중요한 성과로 인정받는 사례*가 드물게 있긴 하지만 체계적인 연구 개발 프로세스에서 벗어난 의외의 결과로 취급되는 경우가 많다. GPT가 기술혁명 또는 산

---

* 우연한 성과(serendipity)라고 한다. 연구 과정에서 (연구의 당초 목적이 아닌) 우연히 얻게 된 성과로, 당초 목적을 훨씬 능가하는 위대한 발명으로 이어지는 경우가 많다. 예를 들어, 녹슬지 않는 스테인리스강, 메모지의 대명사가 된 3M의 포스트잇(post-it), 인공감미료 아스파탐 등이다. 하지만 우연한 성과도 어느 날 저절로 얻어진 것이 아니라, 체계적인 연구(또는 기술 개발) 과정에서 얻어진다는 점을 간과해서는 안 된다.

업혁명으로 이어지는 것을 염두에 둔다면 연구 개발에서 GPT 관련 부분을 어떻게 다룰 것인가는 중요한 정책 이슈이다.

● 경기변동

경기변동은 경제활동이 활발한 호경기와 그렇지 못한 불경기가 주기를 가지고 반복되는 것을 말한다. 우리는 경기변동의 주기성을 살펴봄으로써 산업혁명과 불가분의 관계에 있는 기술혁명을 전망해볼 수 있다.

경기변동이 주기적으로 번갈아 나타나는 이유를 설명하기 위하여 여러 가지 모델들이 제시되었다. 현대의 발달된 데이터 처리 기술을 적용하여 지금까지 제안된 여러 가지 경기변동 모델들의 유효성을 재분석하고 있으며 일부 모델들을 수정하고 있다. 슘페터Joseph Alois Schumpeter(1883~1950)* 등 많은 경제학자들이 60년 주기의 장주기 모델을 제시해왔으며, 그중에서 콘드라티예프Nikolai Dmitriyevich Kondratieff(1892~1938)**의 장주기 파동 모델(K-wave 모델)이 큰 주목을 받고 있다.

K-wave 모델은 18세기 후반 이후에 나타난 경기변동 모델로서 사회 변화 과정을 대표하는 요소로 장기 경제성장, 지도력의 체계성, 전쟁·세대 간 변화, 정치 변화, 에너지 등 여섯 가지를 고려하고 있다. K-wave 모델에는 기술 요소들이 등장하고 있지만 아이러니컬하게도 '에너지'*** 부문을 제외하고는 기술을 직접 요소로 보고 있지 않다. K-wave 모델이 특히 주목하고 있는 것은 ① 장기 가격 변동, ② 집속형 혹은 묶음형 혁신이 경제에 미치는 영향, ③ 경제성장에 미치는 장기 변동의 광범위한 세계적·정치적 영향이다. 콘드라티예프는 사회복지를 포함한 사회, 문화, 경제적 인자를 바탕으로 한 경제성장 및 발전 경향을 예측하기 위하여 가격 통계를 활

---

* 오스트리아 태생의 미국 정치·경제학자이다. 20세기의 가장 영향력 있는 경제학자 중의 한 사람으로, 경제학에서 기업가 정신의 중요성을 역설하고 '창조적 파괴(creative destruction)'를 대중화시켰다.
** 러시아의 경제학자이다. Kondratiev 또는 Kondratyev으로도 표기한다.
*** 1차 산업혁명의 증기기관에서의 석탄, 열(증기) 에너지, 2차 산업혁명의 전기, 포괄적으로 3차 산업혁명의 원유 정도가 해당된다. 사실 원유는 화학 산업으로서의 의미가 더 크다.

용하였다. 가격 통계 자료에는 원소재 및 이를 이용하여 제조한 제품의 가격, 이자율, 무역, 임금, 은행 잔고, 공급-수요와 관련이 있는 자료들이 포함되어 있다.

이러한 K-wave는 지금까지 다섯 번 있었다. 각각의 K-wave를 상징하는 주제어(키워드)는 산업화로부터 정보화까지 변해왔는데, 주제어나 주요 산업(또는 기술) 면에서 앞에서 살펴본 기술혁명과 매우 큰 유사성을 가지고 있다.

콘드라티예프의 K-wave

K-wave	기간(지속: 년)	대표 주제어	주요 산업(기술)
1차	1785~1845(60)	산업화(기계화)	수차, 섬유, 철
2차	1845~1900(55)	대량 수송	증기기관, 철도, 철강
3차	1900~1950(50)	대량생산	전기, 화학, 내연기관
4차	1950~1990(40)	개인 이동성	석유화학, 전자, 항공
5차	1990~2025(35)	정보화(디지털)	정보통신, 인터넷, 자동화

대략 60년을 주기로 하는 K-wave의 주기는 조금씩 짧아지고 있다. 1차 주기에서 60년이었던 지속 기간이 5차 주기에서는 약 35년으로 짧아질 것으로 보고 있다. 이 같은 추세가 이어진다면 6차 주기는 2025년 이후 시작될 것으로 전망되며 30년 정도 지속될 것으로 예측된다.

산업혁명의 구조

산업혁명, 기술혁명, 경기변동을 동기화시켜보면 이들 간의 관계가 명확히 드러난다. 산업혁명으로 인한 급격한 변화가 집중된 시기를 1차 산업혁명 1770~1850년, 2차 산업혁명 1870~1914년, 3차 산업혁명 1970~2007년(또는 현재)으로 구분하고 있어서, 산업혁명 간에는 20년 또는 50년 정도의 공백이 있다. 산업혁명 간 공백은 산업혁명이 종료되었다고 판단할 수 있는 근거를 찾기 어렵다는 점과 산업이 지속적으로 발전해가는 점을 생각하면, 공백이라기보다 일어난 큰 변화의 결과가 다음의 큰 변화가 나타나기 전까지 지속되는 기간으로 볼 수 있다.

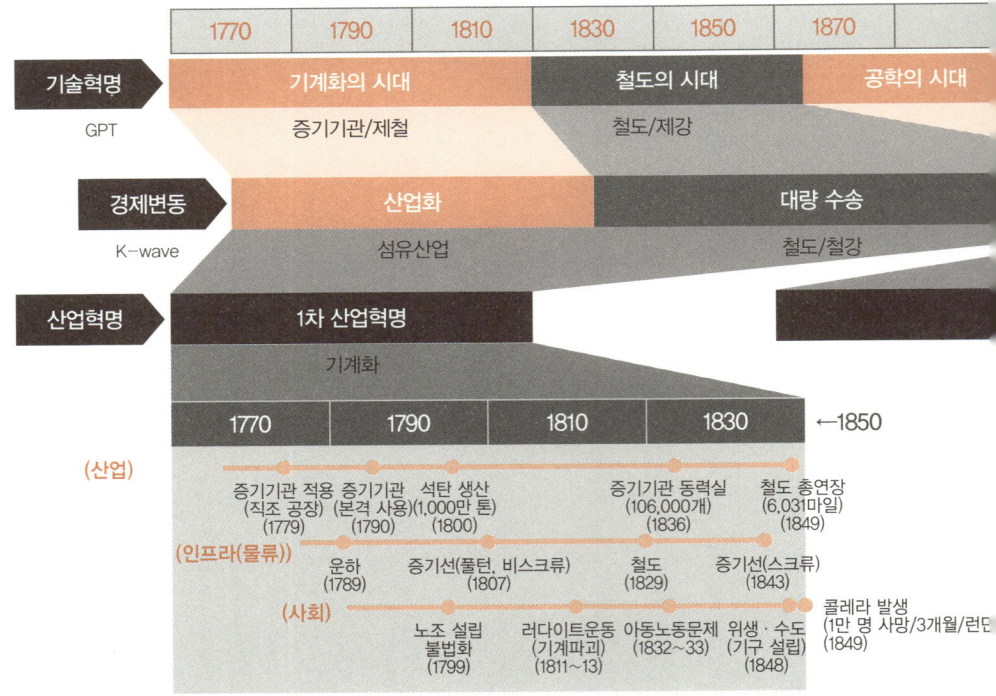

아래의 그림은 산업혁명-기술혁명-경기변동을 연결하여 동기화한 것이다. 한 번의 산업혁명 동안에 두 번의 기술혁명이 일어났고, 두 번의 경기변동이 일어났다. 경기변동은 기술혁명과 약 15~40년의 시차를 두고 늦게 나타났다. 산업혁명이 시작된 시기는 홀수 번째 기술혁명이 시작된 시기와 일치한다.

산업혁명이 진행되는 동안 일어나는 변화를 살펴보기 위해 1차 산업혁명의 진행 과정을 그림처럼 예를 들어보았다. 진행 과정은 사회 측면, 산업 측면, 인프라(물류) 측면으로 살펴보았다. 먼저 새로운 생산기술(체계)이 발전하면서 늘어나는 원료 및 상품을 효율적으로 수송(물류)할 사회 인프라 혁신이 필요했다. 이에 따라 새로운 생산기술에 적용된 기술을 포함하여 축적된 모든 기술을 활용하여 효과적인 물류 체계가 갖추어졌다. 늘어나는 석탄 수요를 채우기 위

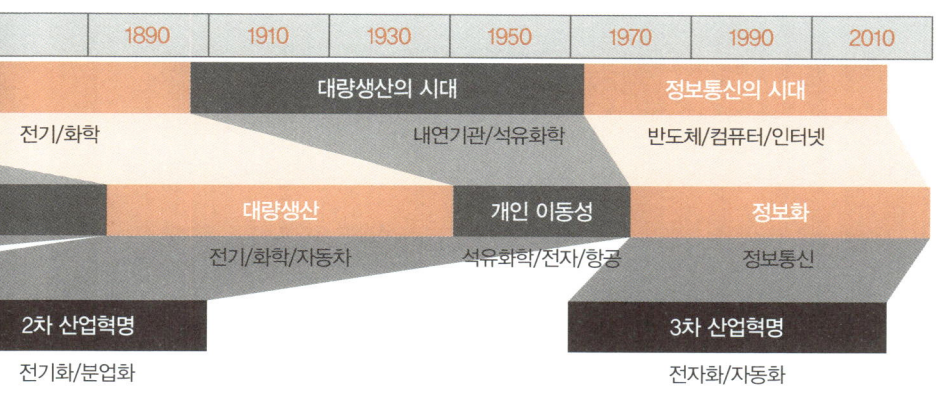

산업혁명의 구조

하여 탄광 지대로부터 공장이 있는 도시 지역까지 석탄을 대량으로 값싸게 운반할 수 있는 기관차와 철도가 개발되었다.(기관차는 증기기관을 이용한 것이며 철도는 이전부터 발달해온 제철 기술을 이용하였다.) 새로운 생산 체계가 확대됨에 따라 생산 환경 또한 급격하게 달라졌는데, 고용 축소, 노동환경 악화, 생활환경 변화 등이 뒤따랐다. 새로운 생산 환경은 기계파괴운동(러다이트운동), 아동노동문제(여성 포함), 인구의 도시집중에 따른 위생 문제 등을 불러왔고, 큰 사회적 소용돌이를 거쳐 제도 개선 또는 새로운 제도의 정착으로 이어졌다. 증기기관으로 큰 동력을 얻을 수 있게 됨으로써 한 사람이 여러 대의 기계를 운전할 수 있게 되었다. 이에 따라 실업의 문제가 대두되었으며 사람의 근력을 필요로 하는 작업 영역이 줄어들면서 아동이나 여성이 공장에서 일할 수 있게 되었다. 생산성 증대로 제품 가격이 하락하면서 수요가 급증하고, 늘어난 수요에 대응하기 위하여 열악한 작업 환경에서 장시간 일하는 사회문제가 발생하였다. 사회 전체가 이제까지 경험하지 못했던 큰 변화를 겪는 동안 이러한 변화를 수용하거나 대응하는 이념들이 생겨났다. 1차 산업혁명 동안 통상자본주의가 산업자본주의로 전환되었으며, 산업자본주의가 확대되는 동안 러시아 등에서 공산주의 이념이 나타났다.

이처럼 산업혁명 자체의 전개 과정은 산업의 급격한 변화와 이에 부합하는 효율적인 사회경제 체제가 구축되는 양상으로 진행되었고, 이전 체제가 새로운 체제로 전환되는 과정에서 나타나는 갈등을 해결하는 방향으로 정리되었다.

산업혁명의 이해

1차 산업혁명 동안 사람이나 동물의 노동력을 이용하는 가내공업에서 수차(물레방아)나 증기기관의 동력을 이용하는 기계화로 산업 형태가 바뀌었다. 2차 산업혁명 중에는 증기기관이나 수차를 이용하여 만든 전기로 조명에 혁신을 가져왔고, 전기가 산업의 동력원이 되면서 증기기관을 대체하였다. 또한 2차 산업혁명 동안에는 컨베이어벨트 시스템으로 부르는 대량생산 체제가 구축되었다. 3차 산업혁명 동안에는 컨베이어벨트 시스템에서 일하던 사람을 산업용 로봇으로 대체하는 자동화가 진행되었다. 자동화 생산의 이면에는 자동화에 필요한 자동제어를 가능하게 한 반도체 기술의 발전이 있었다.

1차 산업혁명(1775~1850년)

배경

"1차 산업혁명은 왜 영국에서 일어났을까?"

산업혁명을 논의할 때면 늘 들어오던 의문이다. 이 의문은 산업혁명의 배경, 즉 산업혁명이 어떻게 일어나게 되었는지와 닿아 있다. 1차 산업혁명이 일어나기 전 영국에는 다른 나라들과는 다른 몇 가지 환경이 조성되어 있었다. 산업혁명이 일어나게 된 환경을 '변화를 부른 필요 요인'과 '변화를 가능하게 한 동력 요인'으로 나누어볼 수 있다.

변화를 부른 필요 요인을 먼저 살펴보자. 18세기 초반 영국은 양모를 수출

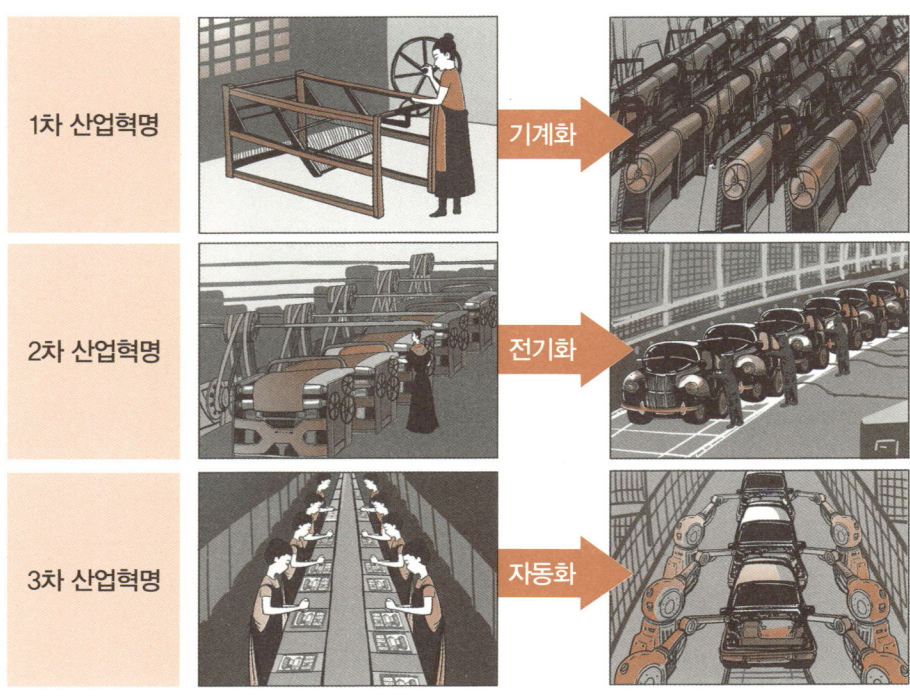

1차, 2차, 3차 산업혁명이 불러온 산업 형태의 변화

하던 국가에서 양모를 가공하는 국가로 변모하였다. 그에 따라 산업의 규모가 커지고 농지를 목초지로 전환하는 변화가 일어났다. 농지 전환으로 일자리를 잃게 된 농민들은 일자리를 찾아 도시로 이주하였다. 농지 전환은 이미 17세기의 농업혁명*으로 농산물 생산량이 늘어나면서 줄어들던 농촌의 노동 인구 수

---

* 주로 사람이나 동물의 힘으로 짓던 농사는 1731년 제스로 툴(Jethro Tull, 1671~1741)이 파종기를, 1784년 메이클(Andrew Meikle, 1719~1811)이 탈곡기를 발명하면서 농기계를 사용하는 농사로 바뀌었고, 윤작(농작물의 돌려짓기)으로 땅을 비옥하게 하면서 휴경(주기적으로 경작하지 않는 것)을 줄이는 등 농산물 생산량이 획기적으로 늘어났다. 이러한 농업의 획기적 변화는 산업혁명이 일어나는 밑거름이 되었다.

요 감소를 더욱 촉진하였다. 이에 따라 도시 또는 도시 인근 지역으로 집중되고 있던 잉여 인력을 수용할 수 있는 산업이 필요하게 되었다. 이 잉여 노동력을 해소하지 못하면 여러 가지 사회문제가 일어날 수 있기 때문이다. 또한 인도, 아메리카, 이집트 등 식민지로부터 들어오는 면화의 양이 늘어나면서 이를 효과적으로 가공할 수 있는, 가내수공업을 대체할 수 있는 산업이 필요하게 되었다. 수량이 풍부한 산간 지역으로 제한되며, 계절별 강수량의 영향을 많이 받는 수차만으로는 양모나 면화를 대량으로 가공하는 데 한계가 있었다. 산업혁명 이전부터 증가되어오던 철 생산에 필요한 숯(목탄)의 수요 증가로 초래된 삼림의 황폐 또한 대안이 필요한 상태였다. 계속된 채굴로 깊어진 광산 갱도의 물을 퍼내는 것도 새로운 기술을 필요로 하는 수요의 하나였다. 그 이전에는 말이나 당나귀를 이용하여 광산의 물을 퍼냈으나 퍼낼 수 있는 깊이에 한계가 있었다.

다음으로 변화를 가능하게 한 동력 요인을 살펴보자. 역설적이긴 하지만 농촌에서 이탈한 농민은 다른 관점에서 보면 산업화에 필요한 노동력을 제공하는 원천이었다. 물론 도시로 집중되고 있는 노동력을 활용하기 위해서는 생산시설이 도시 내지 도시 인근에 있어야 했다. 각 가정에 설치된 수동 기계를 이용하는 가내공업이 중심이었던 당시로는 새로운 형태의 산업이 필요하였다. 18세기 중반 영국은 프랑스와 함께 특허 제도가 있는 국가였으며 신기술 개발을 장려하는 분위기가 조성되어 있었다. 국가는 해외 무역이나 산업 부문에 거의 자유방임에 가까운 정책을 펴고 있었기 때문에 많은 이익을 얻는 데 필요한 신기술 개발이 활발하였다. 대항해시대 이후 포르투갈, 스페인, 네덜란드로 이어진 해양 패권 경쟁에서 우월한 지위를 차지한 영국은 식민지 개척, 해외무역을 통해 막대한 부를 축적하였고 신용 제도 등 재정 운영 능력을 갖추었다. 또한 강력한 해군력과 결합한 상업주의를 기반으로 한 거대한 식민지 시장을 갖게 되었다. 영국은 철광 매장량은 물론이고 탄광도 풍부하였다. 또 영국은 독일 등지의 철광 산지를 활용할 수도 있었다.

전개(기술 발전)

1차 산업혁명 전후인 1700~1900년 기간 동안 주요 기술들, 즉 1차 산업혁명을 견인한 기술들의 발전 과정을 도식화하면 다음 그림과 같다.

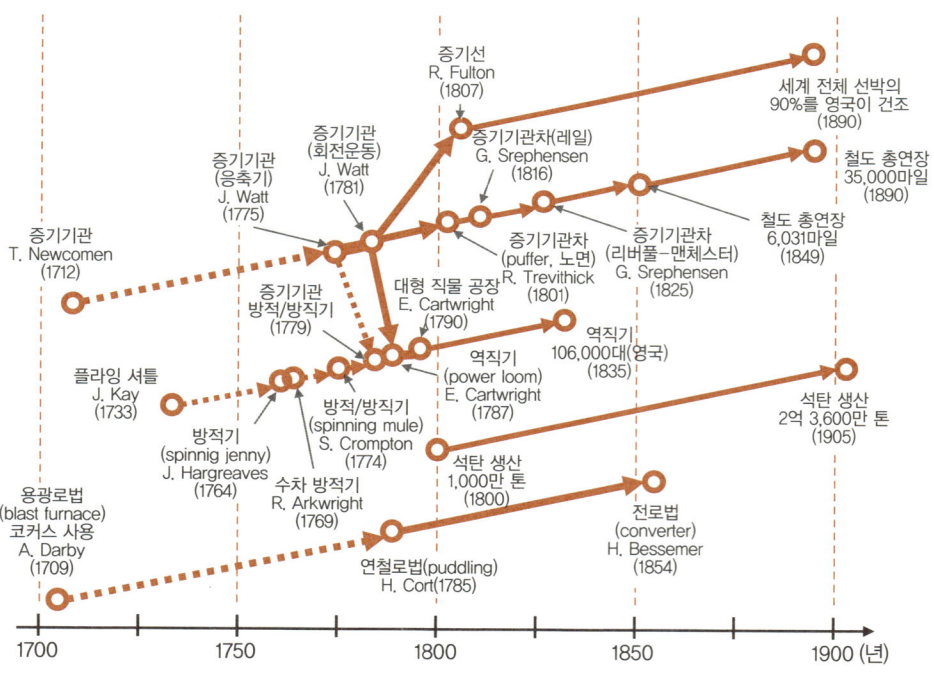

1차 산업혁명 전후 주요 기술의 발전 과정

1차 산업혁명을 대표하는 기술은 증기기관으로 제임스 와트의 증기기관이 사용되기 훨씬 이전인 1712년 뉴코먼Thomas Newcomen(1663~1729)의 증기기관이 이미 광산 갱도에 괴인 물을 퍼내는 작업에 사용되었다. 피스톤의 왕복운동만을 이용하던 와트의 증기기관에 왕복운동을 회전운동으로 전환하는 크랭크가 도입(1781)됨으로써 증기기관을 이용할 수 있는 영역이 더욱 넓어졌다. 이 기술은 증기기관차로 발전하였고 철도 레일 기술과 융합하여 철도의 시대를 열었다.

이 시기 영국은 양모 산업이 성장하면서 섬유산업이 발전하기 시작하였다. 증기기관이 활용되기 전 이미 플라잉 셔틀(나는 북), 방적기 등의 섬유기계가 발명되어 사용되었고, 대형 수차를 이용하여 가동하는 수차 방적기를 갖춘 섬유 공장이 들어서기 시작하였다. 와트의 증기기관을 방적 공장에 활용하면서 대형 섬유 공장들이 산간 지역을 벗어나 도시 지역에 자리 잡기 시작하였으며 계절의 영향도 받지 않게 되었다. 1790년에는 대형 직물 공장이 생겼으며, 1835년에는 영국 내 역직기의 수가 10만 대를 넘어섰다.

1775년 이후 증기기관이 섬유산업에 보급되면서 석탄의 수요가 급격히 늘어났고, 이는 탄광 지역으로부터 석탄을 운반하는 철도의 발달을 촉진하였다. 고급 철을 만드는 기술도 이 시기에 개발되어 성능 좋은 증기기관을 만드는 데 필요한 철을 공급함으로써 1차 산업혁명의 전개에 일조하였다. 나무를 태워 만든 숯(목탄)을 열량이 높은 석탄으로 대체할 수 있는 코커스 기술이 1700년대 초 개발되어 선철을 대량으로 제조할 수 있게 되었다. 선철 중에 포함된 과량의 탄소를 제거하여 가공이 용이한 연철을 만들 수 있는 기술이 1785년에 개발되었다. 철제 통의 내벽을 가공할 수 있는 선반(쇠를 깎는 기계)이 개발된 것도 이때이다. 연철 기술은 탄소 함량을 제어하여 얻을 수 있는 강철을 제조하는 기술의 기반이 되었다. 강철의 제조로 주철의 단점인 낮은 강도와 잘 깨지는 단점을 극복할 수 있었으며 대량생산이 가능하게 되었다. 이 결과 강력한 증기기관을 만들 수 있었으며, 철도 레일의 수명이 늘어나고 수송할 수 있는 무게(중량)를 획기적으로 늘릴 수 있었다.

변화

1차 산업혁명은 해양 국가였던 영국이 산업 국가로 변모하는 계기가 되었으며, 2차 산업혁명이 일어나기 전까지 영국은 세계 공업 생산의 20% 정도를 차지하였다.[4] 세계 제조업 생산량에서 큰 비중을 차지하지 않던 영국이 1830년 이후 **빠르게** 성장하여 1860년에는 중국을 추월하여 세계 1위로 올라섰으며, 1900년 미국에게 1위 자리를 내어줄 때까지 그 자리를 유지하였다. 한편, 1인당 산업화 수준은 산업혁명이 시작된 1750년 이후 1900년까지 계속해서 세계 1위를 유지하였다.

    1760~1830년 사이 유럽 산업 생산량 증가의 대부분은 영국에 의한 것이었다. 영국은 1차 산업혁명 직후인 1860년 세계의 철강, 석탄 및 갈탄의 반 이상을 생산했다. 1차 산업혁명의 대표 산업인 섬유산업, 특히 면직물 산업에 있어서 영국은 압도적인 위치를 차지하였다.(세계 원면 생산량의 50% 정도를 영국이 소비) 산업혁명이 시작되기 직전인 1760년 영국의 원면 수입량은 250만 파운드(약 1,130톤)였다. 1787년에는 2,200만 파운드(약 9,970톤)로 늘어났으며,

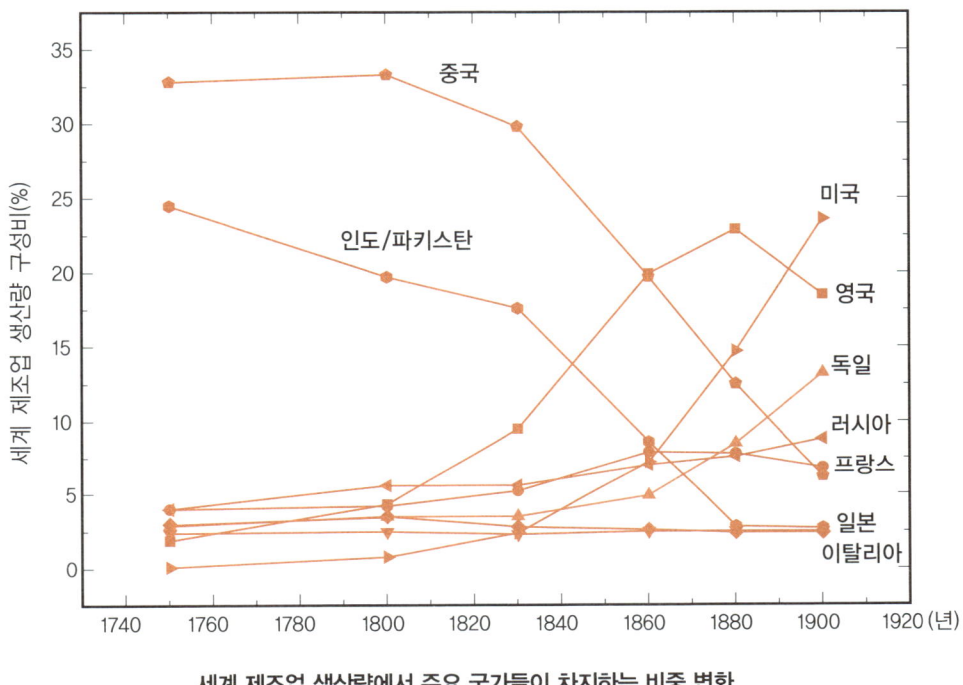

세계 제조업 생산량에서 주요 국가들이 차지하는 비중 변화

산업혁명 후반인 1840년에는 3억 6,600만 파운드(약 16만 5,800톤)로 늘어났다. 1차 산업혁명 후반기인 1831년과 1850년 유럽 주요국의 원면 소비량을 보면 영국이 차지하고 있는 비중은 각각 78%, 73%였다.

지구 육지 면적의 0.16%를 차지(식민지 지역 제외)하고 당시 세계 인구의 2%를 차지했던 영국이 세계 경제성장 잠재력의 40~45%, 세계 무역의 20%를 차지하였다.(세계 상선의 30% 이상이 영국 국적선) 산업의 척도가 되는 에너지 사용량에 있어서도 영국은 다른 국가들을 압도하였다.

1차 산업혁명의 결과로 공업 생산량이 획기적으로 늘어나고 공산품의 가격

1장 산업혁명의 구조 63

이 하락하면서 사회 전반이 풍요로워졌다는 점에 이의를 제기하는 사람은 아무도 없다. 하지만 1차 산업혁명이 남긴 숙제도 적지 않았다. 산업혁명이 진행되는 동안 가장 먼저 나타난 문제는 기계화에 대한 저항이었다. 효율적인 기계들이 산업에 유입되면서 일자리를 잃은 노동자들의 저항운동인 이른바 기계파괴운동인 '러다이트운동Luddite movement'(1811~1812)*이 일어났다.

당시 노동자들은 열악한 노동환경과 저임금에 처해 있었는데, 자본가들이 노동자들의 노동조합 결성을 금지하는 법안을 마련하여 노동자들이 저항하는 것을 막았다. 기계의 발달로 근력이 약한 아동이나 여성들도 무리 없이 기계를 동작할 수 있게 되자 이들이 작업환경이 열악한 공장에 유입되어 장시간의 노동을 하게 되었다. 어린 아동들은 취업 연령 한계를 높였음에도 불구하고 상당한 기간 동안 공장에서 일하면서 교육을 받지 못하였다. 러다이트운동 이후 노동 문제 및 교육 문제에 관심을 갖게 되었으며 제도가 정비되었다. 학위 제도가 생긴 것도 이때이다. 한편, 산업이 빠르게 발달하면서 소득 불균형이 발생하였고, 이 문제는 지금까지도 이어지고 있다.

1차 산업혁명은 자본이 기술혁신을 흡수하여 산업자본으로 전환된 계기가 되었으며 세계 판도를 바꾸었다. 식민지 경영으로 생산된 설탕이 영국으로 들어오면서 때마침 중국, 인도로부터 수입된 차(茶)와 맞아떨어져 차 문화가 자리 잡았다. 이에 따라 중국으로부터의 차 수입이 급격히 늘어나고 식민지 경영

---

* 영국 노팅엄에서 시작하여 요크셔와 랭커셔 등 지방의 공장 지역으로 확산된 노동운동이다. 자본가들에게 역직기를 빌려 사용하던 노동자들이 저임금에 저항하여 기계를 파괴한 운동이다. 이를 계기로 자본가들은 노동자들의 권리를 인정하게 되었고, 노동자들은 폭력 투쟁으로는 한계가 있다는 것을 깨달아 의회 민주주의를 통한 제도적인 투쟁을 선택하게 되었다. 단체교섭권을 가진 노동조합이 자본가와 협상하고 이를 문서화(단체협약)하는 뿌리가 되었다.

으로 축적해놓은 국부가 중국으로 이전되기에 이르렀다. 당시 중국에서 차를 수입하며 지출한 은이 한해에만 2만 8,000톤을 넘었다. 1840~1842년의 1차 아편전쟁,* 1856~1860년의 2차 아편전쟁은 중국으로 흘러들어가던 은을 아편으로 되찾아오기 위해 벌인 전쟁이었다.(인류 역사상 가장 추악한 전쟁으로 평가받음) 1차 아편전쟁의 승패를 결정한 것은 새로 개발된 증기선(수차 방식의 증기선으로 1807년 풀턴이 발명)이었다. 1차 아편전쟁에서 영국은 동인도회사가 파견한 두 척의 증기선(군함이 아닌 상선이었다)으로 속도(증기기관)와 화력(대포의 사거리)에서 상대가 되지 않는 29척의 중국(청) 군함을 상대로 일방적인 승리를 거두었다. 영국은 프랑스와 연합하여 2차 아편전쟁을 일으켰고, 그 결과 중국은 여러 항구를 유럽에 개방하였다. 이로써 서구 중심의 세계 질서가 형성되었다.

---

* 영국이 식민지 인도에서 생산한 아편을 중국에 수출하여 은으로 결제하게 하자 무역역조가 해결되었고 반대로 중국의 재정이 악화되었다. 이에 중국이 아편 밀무역을 금지함에 따라 발생한 영국과 중국(청) 사이의 전쟁이다. 1차 아편전쟁으로 난징조약이, 2차 아편전쟁으로 톈진조약이 체결되어 중국의 항구들이 개방되었으며 중국이 급격히 쇠락하는 계기가 되었다.

재미있는 산업혁명 이야기 | 기업가와 기술

제임스 와트와 매튜 볼턴

매튜 볼턴Matthew Boulton(1728~1809)은 스코틀랜드 출신의 기업가이다. 그는 제임스 와트와 협력 사업partnership business을 시작하기 전 버밍엄에서 소규모 공장을 세워 은도금 등의 사업을 하고 있었다. 그는 제임스 와트를 포함하여 에라스무스 다윈Erasmus Darwin, 조사이어 웨지우드Josiah Wedgwood, 조셉 프리스틀리Joseph Priestley 등과 함께 버밍엄 지역의 유명 인사 모임인 '루너 소사이어티Lunar Society'의 핵심 멤버였다.

    수차의 동력을 사용하던 볼턴의 회사는 여름철에는 수량이 심하게 줄어 동력을 얻기가 어려웠다. 볼턴은 증기기관을 이용하여 물을 저수지로 끌어올려 수위를 높이면 장비를 돌리는 동력을 얻을 수 있다는 것을 알았다. 그는 1766년 뉴코먼의 증기기관을 수리하는 일을 하고 있던 와트와 연락하기 시작하였고 1768년 처음으로 만났다. 1769년 와트는 별도의 증기 응축기를 설치하여 뉴코먼의 증기기관보다 효율을 획기적으로 향상시킨 새로운 증기기관으로 특허를 취득하였다. 볼턴은 이 기관이 공장에 동력을 제공할 수 있을 뿐만 아니라, 이 기관을 생산하는 것이 수익성이 높은 사업이 될 것을 알아차렸다. 당시 와트는 특허를 취득한 이후 다른 일을 하고 있어서 상품성이 있는 증기기관을 만드는 일을 거의 하지 않고 있었다.

    1772년 와트의 파트너인 존 로벅John Roebuck이 재정 위기에 빠지자 볼턴이 부채를 갚아주는 조건으로 와트의 특허에서 그가 가지고 있던 지분 중 3분의 2를 볼턴에게 넘겼다. 볼턴은 1775년 와트를 설득하여 버밍엄으로 오게 하고 협력 사업을 시작한 후, 곧바로 의회를 설득하여 와트의 특허 유효 기간을 1800년까지 17년 연장(원래는 1783년 만료)하는 데 성공하였다. 곧이어 볼턴과 와트는 증기기관의 성능을 개선하는 일에 착수하였고, 철(鐵)의 장인(匠人)인 존 윌킨슨John Wilkinson(1728~1808)의 도움을 받아 상업용 엔진을 만드는 데 성공하였다. 1776년 두 대의 증기기관을 만들어 설치하는 데 성공하여 대중의 주목을 받았고 이후 증기기관을 여러 곳에 설치하였다.

볼턴과 와트는 효율이 낮은 뉴코먼 증기기관이 사용하던 석탄 양과 비교하여 절약되는 석탄 양(금액)의 3분의 1을 25년 동안 회수하는 수익 모델을 채택하였다. 광산업자들은 질이 매우 낮은 값싼 석탄을 사용하는 경우가 많았는데, 기계를 일단 설치한 후에는 매년 약속한 금액을 지불하는 것을 달가워하지 않았다. 이들은 의회에 와트의 특허를 취소해달라는 청원을 하겠다고 협박하기도 하였다.

뉴코먼의 엔진이 150m 깊이의 광산 갱도에서 물을 퍼낼 수 있는 반면, 와트의 엔진은 300m 깊이의 갱도까지 물을 퍼낼 수 있게 됨으로써 물을 퍼내는 용도로 큰 성공을 거두었다. 당시 영국의 광산은 계속된 채굴로 물을 퍼내야 하는 깊이가 점점 더 깊어지고 있었다. 1782년 무렵 주된 사업 지역인 콘웰에서의 수요가 거의 소진되어 새로운 사업 모델을 찾아야 할 필요가 생겼다. 1781년 웨일즈를 방문한 볼턴은 구리 압연 공장이 여름철 수량 부족으로 운영에 어려움을 겪고 있는 것을 보았고, 1782년 와트와 함께 이에 적합한 증기기관 개발에 착수하였다. 그해 한 대를 수주하였으며 압연 공장과 양조장들로부터 주문이 이어졌다. 18세기 후반 와트의 증기기관의 확산 속도는 빨랐지만 큰 부분을 차지하지는 못하였다. 1775~1800년 사이 약 450대의 증기기관이 생산되었다. 같은 시기 효율은 낮았지만 값이 싸고 동작이 쉬운 뉴코먼의 증기기관 생산량은 약 1,000대로 와트의 증기기관보다 많았다. 볼턴과 와트는 특허의 유효 기간 동안 다른 기업들이 별도의 응축기를 장착한 증기기관을 생산하는 것을 완전히 봉쇄하였다.

> 1차 산업혁명을 상징하는 기술이 증기기관이라면 볼턴 역시 산업 시대를 상징하는 기업가 정신을 가진 사업가로서 1차 산업혁명 초기에 큰 기여를 한 인물로 평가할 수 있다. 와트가 개발한 새로운 증기기관이 가진 잠재력을 알아보았고 자신만의 방법으로 신기술을 현실로 만들었다. 증기기관으로 거둔 위대한 성공은 혁신적인 발명과 기업가 정신이 합쳐져 얻은 결과라 할 수 있다.

재미있는 산업혁명 이야기 | 특허 이야기

제임스 와트의 증기기관 특허

제임스 와트는 1차 산업혁명의 상징인 증기기관의 발명자이다. 정확히는 이미 사용되고 있던 뉴코먼 증기기관의 낮은 효율을 향상시켜 산업에서의 활용 가치를 높임으로써 증기기관이 산업 전반으로 확산되게 한 주인공이다. 제임스 와트가 이룩한 기술 진보는 버려지던 증기를 응축시켜 재사용함으로써 물의 소모량을 줄이고 에너지를 절약한 것과, 피스톤의 왕복(직선)운동을 회전운동으로 바꾼 크랭크를 채택하여 증기기관이 활용될 수 있는 영역을 넓힌 것이다. 그는 뉴코먼의 증기기관을 수리하면서 얻은 아이디어로 1769년 증기기관에 관한 특허를 받았다. 하지만 기술의 진보성을 인정받았으나 산업에서 그리 큰 주목을 받지 못하였다.

볼턴에 의해 진가를 인정받은 와트는 볼턴과 함께 1775년 사업에 착수하였다. 볼턴은 앞서 말한 것처럼 의회에 청원을 넣어 특허의 유효 기간을 연장시켰다. 와트의 기술이 산업에 큰 영향을 주어 국익에 도움이 될 것이며, 유효 기간이 끝나 외국에 넘어갈 경우 영국의 국익에 큰 손해가 될 것이라고 의회를 설득하였다. 실제로 영국은 증기기관 기술이 독일이나 미국으로 유출되지 않도록 철저히 보호하였으며, 그 결과 산업혁명이 유럽 대륙이나 신대륙으로 전파되는 속도가 느렸다. 유례를 찾기 힘든 특허 유효 기간의 연장은 후에 증기기관을 값싸게 활용하고자 하는 광산업자들이 의회에 특허 무효를 청원하겠다고 협박을 하는 빌미가 되었다.

와트의 특허(기술)는 증기기관을 산업 전반에 확산시키는 데 공헌하였고 1차 산업혁명을 촉발하는 역할을 하였다. 반면에 유래 없는 특허의 유효 기간 연장과 철저한 권리 보호는 기술의 발전을 가로막는 장애가 되었으며, 특허 독점이 남긴 폐해의 사례로 언급되곤 하였다. 실제로 1760~1830년 사이 증기기관의 출력(효율)은 와트의 특허가 유효했던 1760~1800년 사이에는 증가가 정체되었다가 특허 종료 후 급격히 향상되었다.[5] 1772~1813년 사이 연평균 3.8%의 효율 향상이 있었던 반면 1814~1852년 사이에는 2배 이상인 연평균 8.5%의 효율 향상이 있었다.* 만일 17년의 유효 기간 연장이 없었다면 1차 산업혁명의 양상이 크게 달라졌을지도 모른다. 연장 기간 동안에 개발(발명)된 플라이휠 기술 등 여러 기술들이 동작 상태가 불안정했던 증기기관을 크게 안정화시킬 수 있도록 곧바로 접목되었다면 산업혁명은 더욱 빠른 속도로 진행되었을 것이다. 특허의 유효 기간이 끝난 1800년 이후 11년 동안 와트와 볼턴의 특허 독점에 지친 사람들이 장비의 유지 관리나 성능 향상을 무시하는 현상도 생기지 않았을 것이다.

와트와 볼턴의 특허 독점에 의한 폐해 속에서도 증기기관 기술에 관련된 기술 특성, 운전 순서, 성능 등을 보고하는 월간지 Lean's Engine Reporter가 발간되었고, 가장 실용적인 기술이 빠르게 차별화되고 확산될 수 있었으며, 엔지니어 간의 협력적인 경쟁이 촉진되는 분위기가 형성되었다. 이러한 분위기는 와트의 업적을 능가하는 비약적인 발전을 이룩한 1811년 이후 31년 기간의 기반이 되었다.

> 산업혁명 초기에 나타나는 소수의 GPT는 경제성을 갖추기 시작하는 단계이므로 큰 주목을 받기 어렵다. 이러한 GPT들이 큰 산업 변화를 일으키기 위해서는 GPT들과 상호 보완 관계에 있는 다양한 기술의 발전(발명)이 촉진되어야 한다. 18세기의 영국은 기술 개발을 장려하는 분위기가 성숙되어 있었으며, 발명자의 이익을 보호하는 특허 제도가 정착되어 있는 유일한 국가였다.

---

* 원천성이 강한 특허가 종료되는 시점을 전후하여 관련이 있는 특허가 집중적으로 출원되고 특허 활용이 급증하는 것은 일반적인 현상이다. 여기서는 특허 유효 기간 연장이 없었다면 그런 일이 1880년을 전후하여 발생하였을 것이라는 점을 말하고자 한다.

2차 산업혁명(1870~1914년)

배경

농업사회에서 산업사회로 전환된 1차 산업혁명과 달리 2차 산업혁명은 산업사회에서 산업사회로의 전환이었으므로 외형상 1차 산업혁명만큼 극적인 변화로는 보이지 않는다. 2차 산업혁명이 시작된 시기는 3차 기술혁명인 '공학의 시대'와 일치한다. 이는 여러 부문의 공학이 빠르게 발전하였다는 의미와 공학의 수요가 그만큼 많았다는 의미를 동시에 갖는다.

2차 산업혁명을 '전기혁명'이라고 부르기도 하는데, 전기와 관련된 기술은 1700년대 이전부터 꾸준히 발전되어왔다. 전기의 발견으로부터 전기를 모으는 장치가 고안되는 등 끊임없이 경험이 축적되었다. 19세기 초반 이미 전압을 조절하는 변압기, 계전기(릴레이) 등이 개발되었다. 2차 산업혁명 직전에는 발전기(직류, 교류)가 발명되었으며, 전기가 조명에 사용되기 시작함으로써 전기를 사용할 수 있는 기반이 구축되었다.

전기혁명을 촉발시킨 환경은 무엇이었을까? 1차 산업혁명 이후 산업이 급격하게 팽창하면서 밤에도 공장을 가동하였다. 야간작업을 위해서 필요한 조명으로 가스등이나 석유램프를 사용하였는데, 이들은 조도(밝기)가 낮을 뿐만 아니라 열악한 작업환경을 만들었다. 석유램프가 가스등을 대체한 것은 용도가 없어 거의 정체되어 있던 석유산업을 활성화시키는 계기가 되었다. 아이러니컬하게도 전기가 가져온 초기의 혁명적인 변화는 야간작업에 필요한 '조명혁신'이었다. 전기 조명 덕분에 석유램프가 내뿜는 그을음으로 가득했던 야간작업 환경이 개선되어 생산량이 증가하였다.

조명 다음으로 혁신이 필요했던 분야는 산업의 발전으로 수요가 크게 늘어난 원료나 상품의 이동을 원활하게 해야 할 물류 영역이었다. 철도와 기관차의 발전으로 거점 지역 간 물류는 원활해졌으나, 철도(역)로부터 멀리 떨어진 지역은 여전히 동물이 끄는 수레, 인력거 등 기존의 수단에 의존할 수밖에 없었다.

전개(기술 발전)

2차 산업혁명 초기 에디슨Thomas Alva Edison(1847~1931)이 수명이 긴 백열전구를 발명하여 전기 조명이 본격 보급되었다. 이에 따라 필요한 전력을 공급하기 위한 발전소가 건설되었고(1882년), 장거리 송전 기술(1884년, 34km)이 발전하였다. 전기를 안전하고 편리하게 사용할 수 있게 하는 현대식 변압기(1884년), 모터(직류는 1884년, 교류는 1886년), 퓨즈(1890년) 등이 속속 개발되어 실용화되었다. 1887년에는 800kW 규모의 현대식 교류 발전소가 프랑스에 건설되었다. 전기를 활용하는 분야가 조명을 넘어 산업 영역으로 확장된 시기는 교류 모터가 발명된 이후인 1890년 이후로 볼 수 있다. 산업 부문에서 늘어나는 전력 수요에 대응하여 미국의 경우 1890년까지 1,000기였던 중앙 발전소*의 수가 1902년에는 3,600기를 넘어섰다. 미국의 일반 가정에 전기가 보급된 것은 1920년으로 훨씬 후의 일이다.

전기 기술이 이전부터 발전되어오던 연장선상에 전기 응용과 관련이 있는 여러 가지 기술이 가미되어 큰 발전을 이룬 것이라면 2차 산업혁명 동안 출현하여 극적인 변화를 일으킨 것은 '자동차 기술'이다. 1876년 내연기관이 발명

---

* 1882년 에디슨이 세계 최초로 뉴욕에 설립하여 각 가정과 회사에 전력을 공급하였다.

되었고, 1886년 처음으로 자동차가 제작되었으며, 1890년경 디젤기관이 발명되었다. 미국의 헨리 포드Henry Ford(1863~1947)는 1903년 포드 자동차를 설립하였다. 포드 자동차는 1908년 T 모델 자동차를 개발하였고, 1913년 컨베이어벨트 생산 시스템에서 값싼 T 모델 자동차를 대량생산함으로써 자동차의 시대를 열었다. 포드 자동차의 컨베이어벨트 생산 시스템은 한 대의 자동차를 만드는 데

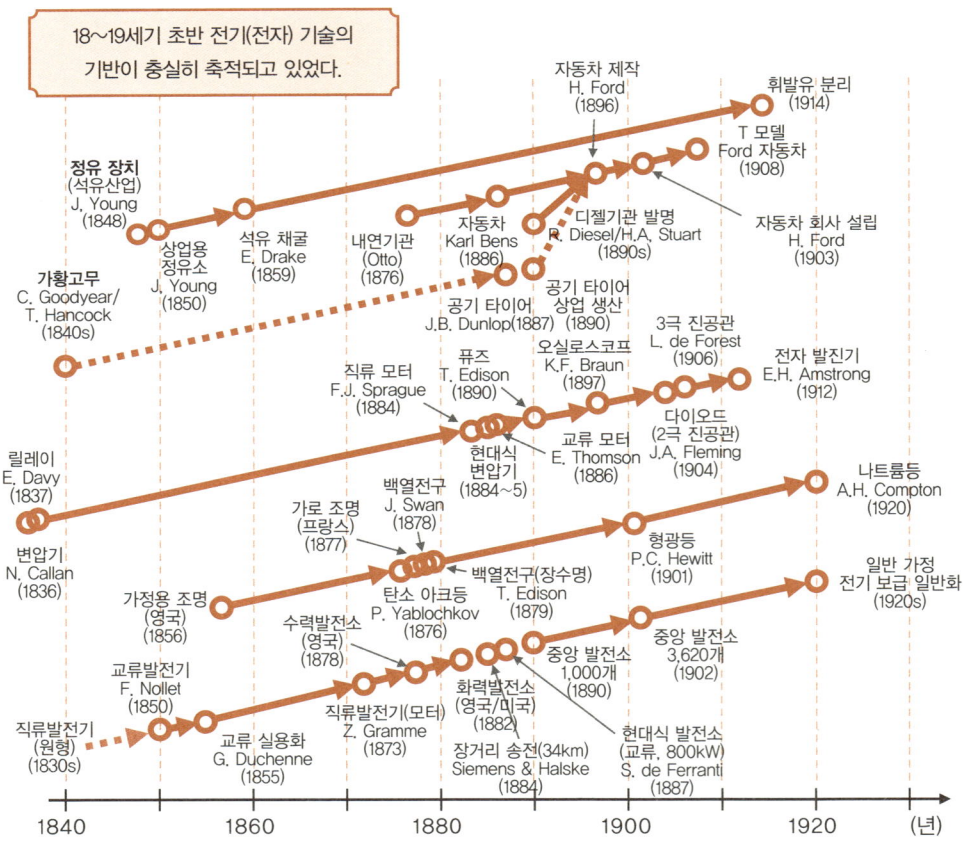

2차 산업혁명 전후 주요 기술의 발전 과정

걸리는 시간을 12시간 반에서 1시간 33분으로 단축함으로써 자동차 생산의 혁명을 이루었다. 자동차 기술이 이렇게 빠르게 성장하여 20세기를 대표하는 산업으로 발전한 것은, 1차 산업혁명 중에 뿌리를 내린 교환 가능한 부품(표준화된 부품) 제조 기술, 철강 소재 기술 외에도 고무 타이어의 기반이 되는 1840년대 개발된 가황고무 기술, 1840년대 후반부터 성장한 석유산업이 밑거름이 되었다.

 2차 산업혁명 후반에는 20세기 중반 이후 산업 전반에 획기적인 변화를 가져온 전자 기술 혁명의 뿌리가 되는 진공관(2극, 3극)이 발명되었으며, 통신혁명의 원천 기술인 전자 발진기가 발명되었다.

변화

2차 산업혁명이 불러온 극적인 변화의 한 단면을 보여 주는 예가 1900년과 1913년 사이의 뉴욕 5번가 부활절 행진 모습이다. 1900년의 행진 행렬에는 마차들이 대부분을 차지하였고 자동차는 겨우 한 대 정도를 찾아볼 수 있었다. 반면에 포드 자동차의 T 모델이 출시된 지 12년이 경과하였고 컨베이어벨트

뉴욕 5번가의 부활절 행진 모습(왼쪽은 1900년, 오른쪽은 1913년의 모습)[6]

조립 시스템이 도입되기(1913년 후반) 직전인 1913년의 부활절 행렬에서는 마차를 찾아볼 수 없으며 자동차들이 거리를 메우고 있다.

2차 산업혁명의 상징적인 부분인 '전기화', 즉 산업 부문에 전기가 확산되는 경향을 보면 다음 그림과 같다.(미국)

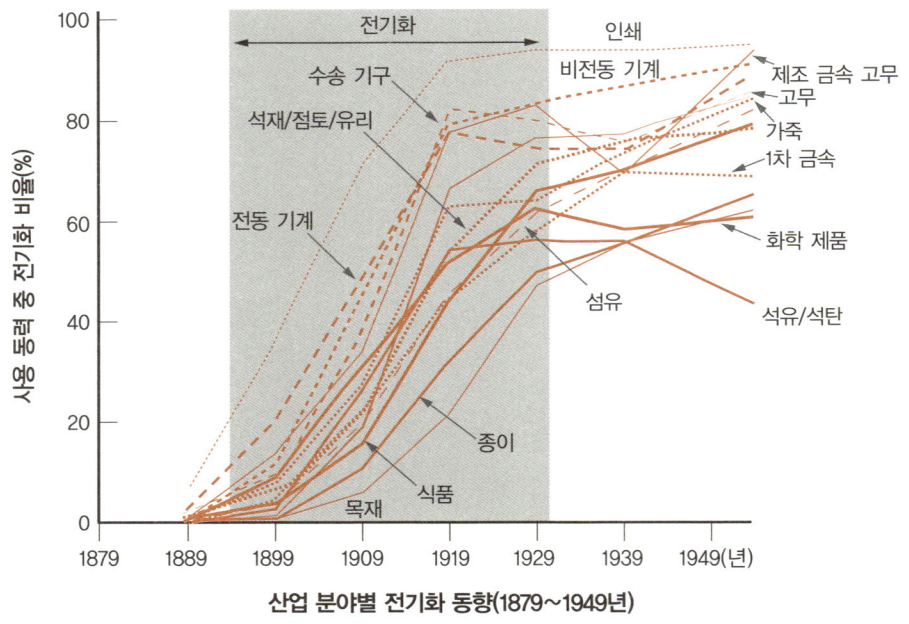

산업 분야별 전기화 동향(1879~1949년)

전기를 채택하는 비율이 급격히 늘어난 기간은 대략 1895~1930년으로 약 35년에 걸쳐 거의 모든 산업 분야에서 전기화가 일어났다. 전기화가 우선 진행된 분야는 1차 산업혁명의 결과로 증기기관을 사용하여 활성화된 산업 영역보다는 산업화가 진전되지 못하고 여전히 수작업에 의존하던 영역이었다. 적은 전력으로 효과를 볼 수 있는 수동 기구, 전동 기계, 인쇄 등의 영역이 빠르게 전기화되었다. 일찌감치 산업화된 섬유 분야는 1920년 이후, 제지 분야는 1920년대 말에 전기화 비율이 50%를 넘어섰다.

전기화가 진행되는 동안 생산성(생산 효율성)이 증가한 추세(1860~1960년)를 보면 전기화는 1890년경 시작되어 1940년까지 빠르게 진행된 반면, 생산성은 1918년경까지 증가폭이 오히려 조금씩 감소하다가 그 이후 급격하게 높아졌다. 1918년은 전기화 비율이 대략 50%에 도달한 시점이다. 그 이전까지 익숙하게 사용하던 증기기관을 전기(모터)로 대체하면서 새로운 기술을 습득해 가는 시기로 볼 수 있다. 따라서 아래 그림의 생산성 향상 곡선은 1920년 이전

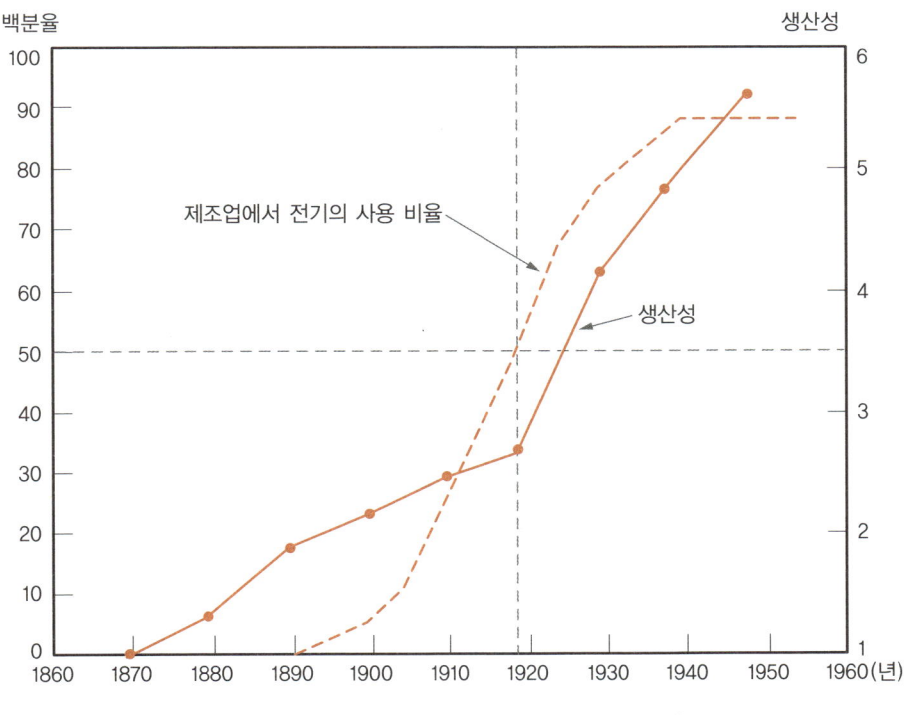

전기의 보급 동향과 생산성의 변화(1860~1960년)

증기기관의 사용으로 얻을 수 있는 생산성이 한계에 이름에 따라 추가적인 생산성 향상이 점점 둔화되고 있는 곡선과 전기에너지 사용에 점차 익숙해짐에 따라 생산성이 향상되는 곡선이 합쳐진 것으로 해석할 수 있다.(변곡점은 전기에너지 비율이 50%에 도달한 시기) 후반부(그림의 오른쪽)의 생산성 향상 곡선과 전기화 비율 곡선이 일치하지 않고 전기화가 지연되어 나타나는 것은 새로운 에너지 시스템을 사용하는 데 필요한 전기 기술자의 양성이 지연되었기 때문이다.

재미있는 산업혁명 이야기 | 컨베이어벨트 시스템

헨리 포드 이전의 컨베이어벨트 생산 시스템

컨베이어벨트 시스템은 헨리 포드가 개발한 것으로 알고 있으나 컨베이어벨트 방식은 그 이전부터 있었다. 나무판과 가죽이나 직물, 고무로 만든 형태가 매우 단순한 컨베이어벨트는 이미 18세기 초부터 곡물 자루를 배에 싣고 내리거나 부피가 큰 물건을 옮기는 용도로 사용되었다. 현대식 컨베이어벨트는 1785년경 올리버 에반스Oliver Evans(1755~1819)가 처음으로 제작한 것으로 보인다. 제분소를 경영하던 에반스는 밀을 빻기 전 밀 자루를 높은 곳으로 옮기는 데 노동력이 많이 필요하고 시간이 오래 걸리는 문제를 해결하기 위하여 버킷 엘리베이터와 같은 컨베이어벨트를 발명하였다.(Hopper-Boy란 이름을 붙임) 그는 완전히 자동화된 제분기 특허를 1790년 취득하였으며, 제분기는 그 후 100년 이상 사용되었다. 18세기 영국에서는 운반 시간과 비용을 줄여야 하는 산업적 필요가 컸기 때문에 도살장이나 제빵 공장, 군용 시설 등에서 컨베이어벨트의 사용이 일반화되었다. 증기기관으로 가동되는 컨베이어벨트를 처음 사용한 것은 1804년 영국 해군이 장기 보관용 비스킷을 제조하는 공장이었다.

    1892년 토머스 로빈스Thomas Robins(1868~1957)가 석탄이나 광석 등을 나르는 용도로 쓰이는 컨베이어벨트 개발과 관련하여 몇 가지 발명을 하였다. 샌드빅Sandvik 사는 1901년 강철 컨베이어벨트를 발명하고 제조하기 시작하였다. 1905년에는 리처드 수트클리프Richard Sutcliffe(1849~1930)가 광산 산업에 혁명을 가져온 최초의 석탄 광산용 컨베이어벨트를 발명하였다.[7]

    자동차 공장에 연속 조립 라인을 처음으로 도입하여 자동차를 대량생산한 것은 헨리 포드가 아닌 올즈모빌Oldsmobile 사의 창업자 랜섬 엘리 올드Ransom Eli Olds(1864~1950)였다. 올드의 방식은 작업을 마친 물건을 컨베이어벨트 방식이 아닌 목재 운반대 컨베이어를 사용하여 다음 단계로 옮기는 방식으로, 올드는 1901년 특허를 취득하였다. 유럽에서 컨베이어벨트를 처음으로 사용한 것은 루트비히 로젤리우스Ludwig Roselius(1874~1943)로, 그는 브레멘 항구에 커피 생산 공장Kaffee HAG(1907)을 열고 컨베이어벨트를 이용하여 하루에 1만 3,000파운드의 커피를 생산하였다.

> **일반적으로 기술 발전은 매우 느리게 진행되고 확산 속도도 빠르지 않다. 컨베이어벨트 생산 시스템 역시 헨리 포드에 이르기까지 매우 느리게 발전하였다. 이는 다른 사람들의 경험, 주로 신기술을 채택함으로써 얻게 되는 경제적 이익을 알게 된 후 신기술을 채택하기 때문이다. 위험도가 높은 신기술의 섣부른 채택은 곧 사업 실패로 이어질 수도 있다. 기업가는 이러한 위험을 사업적인 능력으로 풀어가는 사람이다. 얼핏 보기에는 모험을 하는 것처럼 보이지만 경제성(효용성)을 치밀하게 분석하고 남들이 생각하지 못하는 접근 방법을 찾아내어 성공을 거둔다. 기업가들 덕분에 기술은 연속으로 발전하는 것이 아니라 큰 계단을 한 번에 뛰어오르는 것처럼 불연속으로 발전한다.**

헨리 포드와 컨베이어벨트 생산 시스템

포드가 T 모델 자동차를 생산하기 시작한 1908년 T 모델 자동차 한 대 가격은 825달러였다.(공장노동자의 하루 급여는 2달러 이하) 이동 수단으로서의 자동차의 가치에 주목한 포드는 자동차를 빨리 보급하기 위해서는 가격을 낮추어야 하고, 가격을 낮추기 위해서는 대량생산을 해야 한다는 것을 간파하였다. 포드가 2년 이상 생산 전문가들과 함께 고민하여 찾아낸 방법은 분업을 체계화하는 것과 컨베이어벨트를 도입하는 것이었다. 자동차 조립 공정에 컨베이어벨트를 도입하는 아이디어는 도축장에서 도축된 가축이 천정에 매달린 레일을 따라 이동하는 동안 작업자별로 맡은 부위를 해체하는 공정에서 얻었다고 한다. 비슷한 공정들이 여러 곳에서 사용되고 있었고, 관련된 특허가 미국과 유럽에 있었는데, 이를 활용하였는지는 확실하지 않다. 이와 관련한 특허 소송의 기록도 보이지 않는다. 1913년 포드 자동차는 분업 시스템과 컨베이어벨트 시스

도축장의 해체 라인 및 포드 자동차의 조립 라인

템을 결합한 혁신적인 자동차 조립 라인을 구축하고 T 모델 자동차를 대량으로 생산하기 시작하였다. 사진의 왼쪽은 1906년 도축장의 해체 라인 모습이며, 오른쪽은 1913년 포드 자동차의 컨베이어벨트 조립 라인 모습이다.

포드 자동차가 도입한 컨베이어벨트 조립 라인의 혁신성을 수치로 확인하면 놀라지 않을 수 없다. 컨베이어벨트 조립 라인을 도입하기 전 자동차 한 대를 생산하는 데 걸리는 시간은 약 12시간이었는데, 도입한 후에는 93분으로 대폭 단축되었다. 당시 컨베이어벨트의 이동속도는 분당 1.8m 수준이었다. 1920년에는 1분당 1대, 1925년에는 10초당 1대 수준으로 생산 속도가 빨라졌다. 생산 속도가 빨라지면서 포드의 희망대로 T 모델 자동차의 가격도 1910년 780달러에서 1925년 260달러로 낮아졌다.

그러나 값싼 자동차가 대량으로 생산되었음에도 불구하고 자동차 시장은 생각만큼 빠르게 성장하지 않았다. 포드 자동차 내부적으로는 생산이 가속되면서 반복되는 단순 작업으로 지친 작업자들의 이탈이 늘어났다. 이에 따라 경험이 없는 신규 취업자를 교육시키는 데 드는 비용이 증가하였다. 포드는 2014년 하루 2.4달러의 일급을 5.0달러로 인상하고, 일일 근무시간을 9시간에서 8시간으로, 주 5.5~6.0일 근무를 5일로 줄이는 동시에 이익 공유**profit-sharing**를 시행하는 등 파격적인 조치를 취하였다. 포드는 급여 인상과 근무시간 감축이 효율 향상으로 이어져 더욱 많은 자동차를 생산하게 되고, 그만큼 이익이 증가할 것이라고 생각하였다. 이익 공유 시행 역시 수입이 늘어난 포드 자동차의 직원들이 자동차를 소유할 수 있게 하여 판매량을 늘리겠다는 생각이었다. 포드의 이러한 조치는 포드 자동차(브랜드)에 대한 신뢰도(브랜드 충성도)를 크게 높였고 경쟁사들을 압도하였다.

포드 사의 수익 공유 안내문

오른쪽 그림은 포드 자동차가 1914년 8월 1일부터 1915년 8월 1일 기간에 30만 대 이상을 팔게 될 경우, 1대당 40~60달러를 지급하겠다고 한 약속을 이행하기 위하여 1대당 50달러 수표를 지급하겠다는 내용을 담은 안내문이다.

생산성이 높은 새로운 기술이 도입되더라도 그 성과가 곧바로 나타나는 것은 아니다. 새로운 기술에 대한 인식 확대, 새로운 기술을 도입하여 실행할 기술 인력 양성, 새로운 기술을 생산으로 연결하는 수단(기계)의 보급 등 환경이 갖추어지면서 점차 가속되는 패턴으로 신기술이 확산된다.

재미있는 산업혁명 이야기 | 자동차

새로운 시장 창출의 어려움

포드 사의 T 모델 출시 전후의 거리 모습의 변화를 보면 값싼 자동차가 대량으로 생산됨에 따라 시장이 빠르게 성장했을 것으로 생각하기 쉽다. 오른쪽 그림은 1918년 5월 23일 〈Streetsville Review〉 신문에 낸 포드 자동차의 광고이다. 포드 자동차 1대를 사면 마차를 끄는 말 한 마리를 먹이는 데 필요한 5에이커의 농지를 절약할 수 있는데, 이는 2명을 부양(식량 공급)할 수 있는 땅이다. 따라서 5만 명의 농부(캐나다)가 말 한 마리씩을 포드 자동차로 대체하면 25만 에이커의 농지에서 10만 명을 부양할 수 있는 식품을 생산할 수 있다는 내용이다. 또 다른 광고를 보면

포드 자동차의 판촉 광고(1918)

자동차를 사용하면 속도가 빠르고 멀리 갈 수 있으며 (말의 배설물에서 나오는) 냄새(악취)가 없다는 내용이 등장한다.

자동차를 구입함으로써 얻을 수 있는 편리함과 이익을 설명하는 광고를 보면 마차에 익숙한 사회(문화)에 새로운 자동차 문화를 심는 것이 쉽지 않았다는 것을 알 수 있다. 특히, 1918년은 포드 자동차가 컨베이어벨트 조립 라인을 도입하여 T 모델 자동차를 대량으로 제조하던 시기(1914년 30만 8,162대를 생산하였는데, 이는 미국 내 299개 자동차 제조 회사들의 생산량을 모두 합친 것보다 많은 양)였음에도 자동차 시장은 여전히 느리게 성장하였다.

> 2차 산업혁명의 후반부에 대량생산이 시작되어 오늘날까지도 가장 중요한 산업의 위치를 차지하고 있는 자동차도 초기에는 새로운 시장을 개척하는 데 어려움이 컸다. 헨리 포드는 파격적인 임금 인상, 근무 조건 개선이라는 생산성 향상을 위한 근본적인 개선(제품 가격 인하로 연결)과 함께 이익 공유와 같은 기업가 정신으로 시장 개척 초기에 부딪히는 어려움을 돌파하였다.

전기 자동차

최근 전기 자동차의 보급이 관심을 끌면서 기억 속에서 사라진 기술 역사의 한 부분을 언급하는 것이 필요하다는 생각이 든다. 기술의 수준이나 활용되는 형태가 달라지긴 하지만 기술사도 반복되는 부분이 일부는 있는 것 같다. 세계적으로 주목받을 만큼 큰 전성기는 아닐 수 있지만 전기 자동차의 1차 전성기는 1890~1910년 사이에 이미 있었다.

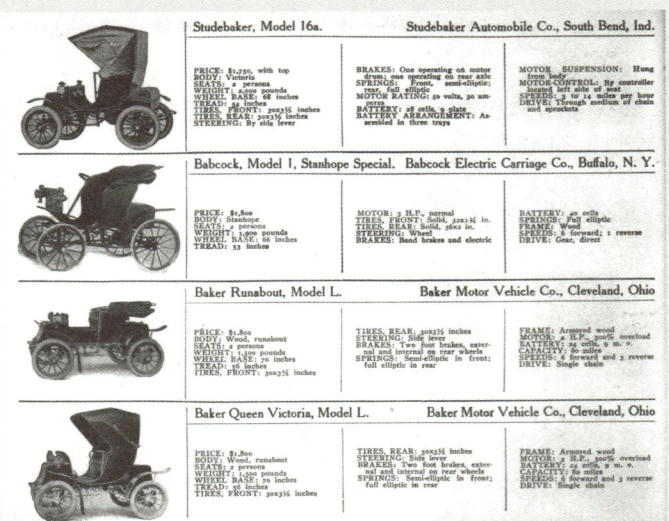

1907년의 전기 자동차 카탈로그(뉴욕)[8]

1835년 토마스 데이븐포트Thomas Davenport(1802~1851)가 최초의 실용적인 전기차를 만들었다. 1859년에는 가스통 플랑테Gaston Plante(1834~1889)가 전기차의 핵심 부품인 최초의 납축전지를 발명하였다. 1891년에는 윌리엄 모리슨William Morrison(1850?~1927)이 상업적인 전기 자동차를 성공적으로 제조하였다. 1899년에는 토마스 에디슨이 전기 자동차용 장수명 배터리 제조에 뛰어들어 시제품을 만들고 시승까지 하였다.

1900년 미국이 생산한 자동차 4,192대 중 28%가 전기 자동차였다. 1912년에는 찰스 케터링 Charles Kettering(1876~1958)이 전기 자동차용 시동기를 발명하였다. 이렇게 발전하던 전기 자동차는 1910년 이후 급격히 기술이 발전한 가솔린 자동차에 밀려 1920년 생산이 중단되었다. 82쪽의 그림은 전기 자동차의 전성기에 해당하는 1907년 뉴욕 지역의 여러 회사 제품의 전기 자동차 판매용 카탈로그(일부)이다. 가격, 탑승 인원, 소재, 크기 등 여러 가지 사양이 표기되어 있다.

납축전지가 충전 용량이 큰 이차전지로 바뀌고 외양이 많이 달라지긴 했지만, 한 번 충전으로 300~500km를 주행하는 지금의 전기 자동차와 큰 차이가 없어 보인다.

3차 산업혁명(1970~2007년 혹은 현재)

배경

3차 산업혁명은 2차 세계대전(1942~1945)이 끝나고 눈부시게 발전한 과학기술을 배경으로 일어났다. 동서 진영 간 체제 경쟁(군비 경쟁, 경제 경쟁)도 한 몫하였다. V2 로켓 이후 대륙간탄도미사일ICBM의 궤도를 계산하기 위하여 컴퓨터를 개발한 것이 사례 중의 하나이다. 오늘날 세상을 바꾼 인터넷도 핵전쟁이 일어났을 때를 대비하여 핵무기 기지 간의 정보를 주고받기 위해 탄생하였다. 콘드라티예프의 K-wave를 구성하는 요소 중의 하나가 '전쟁'이라는 것을 상기할 필요가 있다. 국가의 사활을 건 전쟁 중에는 온갖 과학기술, 심지어는 이제까지 사용해보지 않았던 과학기술까지도 투입되는데, 국가가 보유한 생산시설 역시 최대한으로 활용된다. 제트기, 레이더, 핵무기 같은 전쟁 동안 실험되었던 기술들이 전쟁이 끝난 후 상업적인 기술로 자리 잡았다.

유럽 중심의 세계 질서가 2차 세계대전 이후 미국 중심으로 넘어갔다. 군산복합체 성격이 강한 산업구조를 가지고 있는 미국이 냉전을 주도하면서 과학기술의 발전 또한 주도하였고, 과학기술의 발전은 산업 발전으로 빠르게 이어졌다. 동서 진영 간 생산성 향상 경쟁이 치열한 가운데 1960년대 이후 일본이 경제 강국으로 부상하면서 전례 없이 빠른 속도로 신기술의 산업화가 진행되었다. '하이테크Hi-tech'라는 용어도 이때 생겨났다.

전개(기술 발전)

3차 산업혁명은 1차, 2차 산업혁명보다 훨씬 폭넓고 빠르게 진행되었다. 기계,

항공(우주 포함), 화공, 전자, 통신 등 여러 분야의 기술들이 가히 폭발적인 속도와 폭으로 발전하였으며, 물리학을 기반으로 하는 전자공학, 통신 기술의 발전은 그중에서도 압도적이었다. 다음 쪽의 그림은 전자 및 통신(방송) 기술 분야의 주요 기술들이 3차 산업혁명 이전부터 발전한 과정을 보여 준다.

전자·통신 분야는 3차 산업혁명을 대표하는 상징 분야로, 이 분야의 기술 발전은 그 이전의 어떤 기술 분야의 발전보다 넓은 범위에서 빠르게 진행되었다. 즉, 산업을 주도한 GPT의 개수가 이전의 산업혁명을 주도한 GPT의 개수와 비교할 수 없을 정도로 많았다. 이러한 GPT들이 3차 산업혁명의 시점으로 일컫는 1970년 이전에 이미 성숙되어 독자적인 산업으로 자리 잡았다. 그림에서는 GPT별 발전 과정을 선형적으로 표현하였지만, 전자기 이론의 토대를 공유하고 있어 GPT 간 융합이 매우 활발하고 폭넓게 진행되었으며 상승 효과가 대단하였다. 반도체 기술 없는 컴퓨터 기술, 통신(방송) 기술, 인터넷 기술을 상상할 수 없으며 가능하지도 않다. 반도체 분야의 기술 수요가 급증함에 따라 초정밀 공정 기술이 빠르게 발전하였으며, 반도체의 집적도가 1.5년마다 평균 2배씩 증가하였다.* 1970년경부터는 전자·통신 분야에 구축된 기술을 기반으로 컴퓨터 통신 네트워크가 빠르게 발전하였다. 1980년대 들어 컴퓨터 통신 네트워크를 플랫폼으로 하여 닷컴 붐이 도래하였고, 그 이후 구글, 페이스북, 트윗, 유튜브 등 새로운 형태의 대형 비즈니스가 탄생하였다. 이러한 신종 산업들은 이제까지 축적되어온 전자·통신 분야의 모든 기술을 바탕으로 하고 있다.

* 무어의 법칙(Moore's law)으로 부른다.

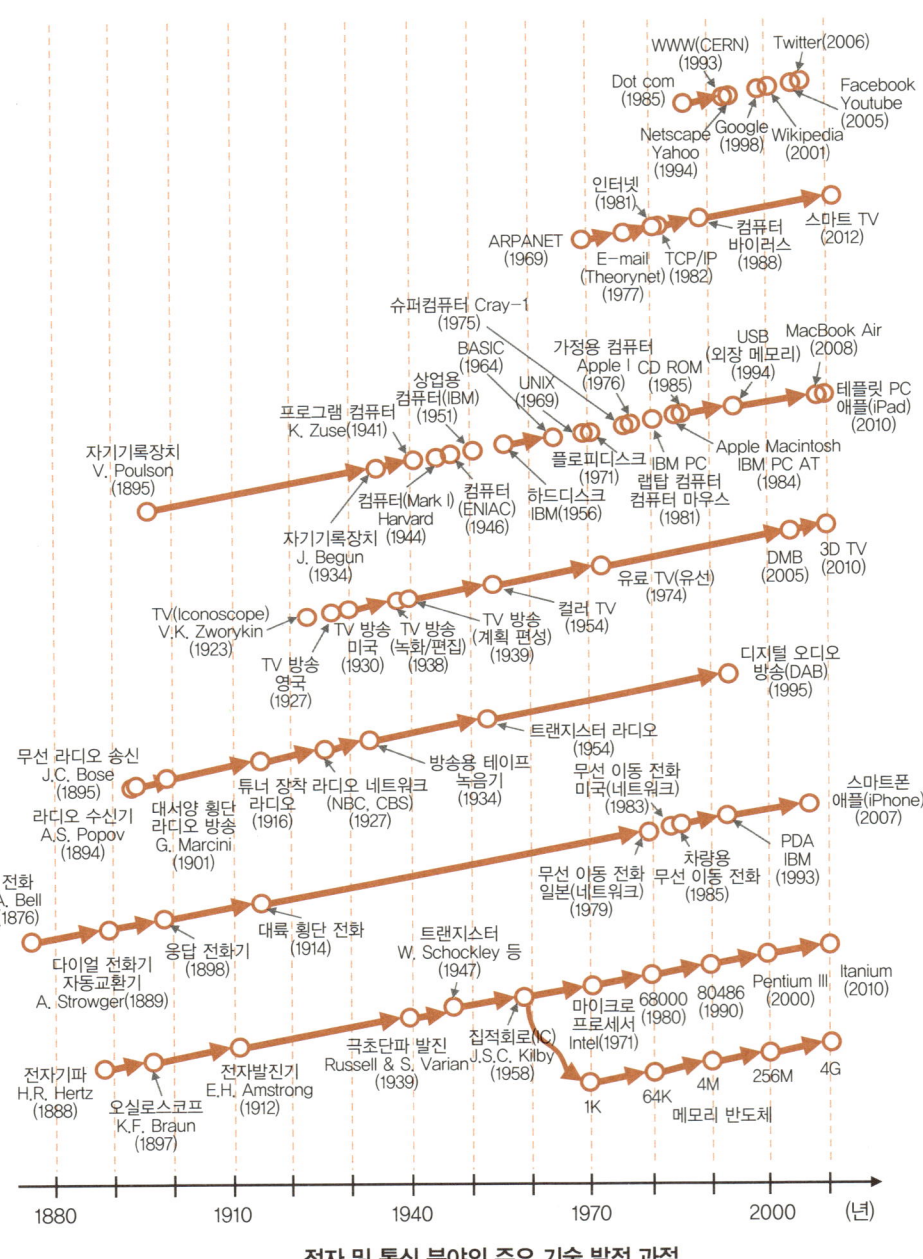

전자 및 통신 분야의 주요 기술 발전 과정

3차 산업혁명 동안 새로운 전자·통신 분야가 급격히 발전할 수 있었던 이면에는 여러 가지 새로운 사회 인프라의 구축이 있었다. 그런 인프라 중의 대표적인 것이 통신망이다. 대용량, 초고속 통신을 가능하게 한 광통신 기술의 핵심은 광섬유 기술이다. 광섬유(광케이블) 기술은 19세기 후반부터 꾸준히 발전하였다. 광섬유 소재 기술과 레이저 기술, 광증폭 기술 등 여러 기술이 합쳐져 1970년대 이후 통신혁명의 가장 중요한 인프라가 되었다. 광통신 기술의 발전 과정은 다음 그림과 같이 요약할 수 있다. 광통신 기술이 3차 산업혁명의 진전에 필요한 가장 중요한 기반이었음을 알 수 있다.

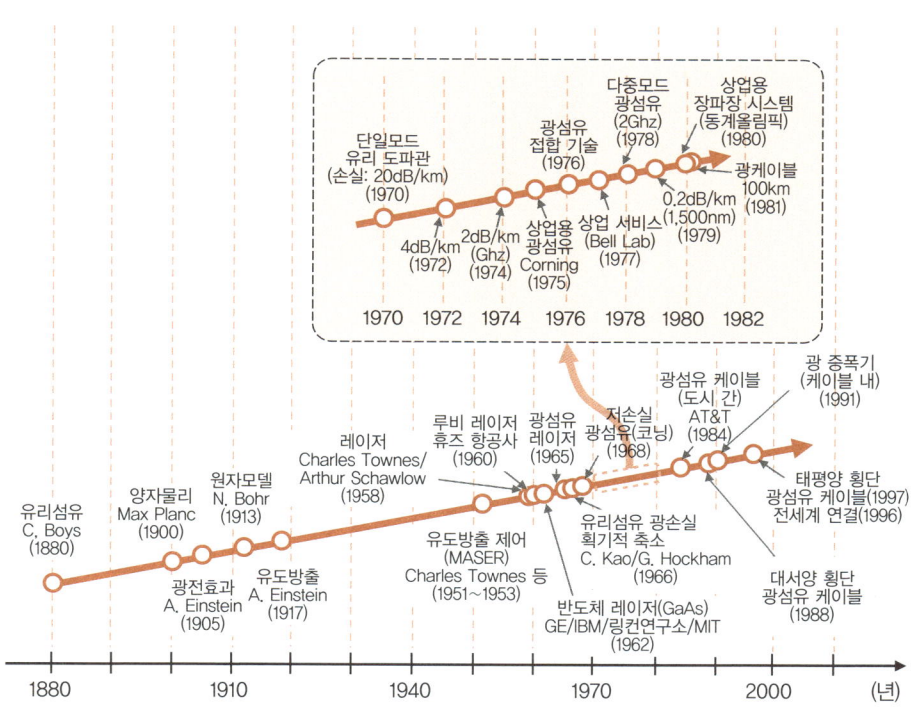

광통신 기술의 발전 과정(인프라 관련 기술의 발전 사례)

생산 자동화의 효시로 볼 수 있는 도요타 직조기(1902)
실이 끊어지거나 실패에 감긴 실이 없어지면 자동으로 기계가 멈추었다. 이전의 기계를 개선한 것이다.

3차 산업혁명은 전자혁명 또는 디지털혁명으로 불리는데, 이는 다분히 우리가 활용하는 기능 측면을 강조하는 표현이다. 산업혁명이라는 용어에 충실하게 3차 산업혁명을 표현하면 '자동화혁명'으로 부를 수 있다. 빠른 속도로 발전한 전자공학이 정밀한 측정(계측)이나 제어에 필요한 부품이나 기기(장비)에 접목되면서 컨베이어벨트 생산 방식을 혁신적으로 변화시켰다. 작업자(사람)보다 더욱 정밀하게 라인의 흐름을 제어할 수 있게 되었고, 작업자 대신 산업용 로봇이 쉼 없이 일하게 되었다. 자동화 기술은 제조 부문에서 사회 전반으로 확산되었다. 생산 자동화에 의한 혁신(고급 제품의 가격 하락), 이동 및 물류의 혁신으로 선진 산업국에서 제조업의 비중이 줄어들고 3차 산업인 서비스업의 비중이 급격히 높아졌다. 이러한 자동화 생산 방식을 더욱 효율적으로 운영하기 위하여 JIT Just-in-Time 방식(부품 공급), 바코드 체계 활용 등 여러 분야가 동시에 발전하였다.

석유 자원에의 의존이 늘어나면서 세 차례에 걸친 석유파동 oil shock을 경험하였다. 특히, 석유 자원의 사용량이 늘어나면서 기후변화가 지구적인 이슈가 되었다. 원자력 발전에 의한 전력 생산이 보급되었고, 태양전지 기술이 상업화되었으며, 이차전지 등 에너지의 고밀도 저장 기술이 빠르게 발전하였다. 리

튬 이온 배터리 기술은 본격적인 모바일 전자 산업을 탄생시켰고 사회 변화를 불러왔다. 초고속 열차의 개발, 대형 선박·항공기의 등장으로 상품 및 인구의 이동(물류)에 혁신이 일어나 세계화가 급격히 진행되었다. 눈부신 산업 발전과 함께 남북 간 경제 격차와 소득 불균형이 확대되면서 국가 간, 지역 간, 사회 구성원 간 갈등이 증가하였다.*

변화

3차 산업혁명이 가져온 변화는 간단히 정리하기 어렵다. 급격하게 변하지 않은 것이 없고 속도는 가히 광속이라 부를 만해 변화의 내용이나 범위를 설정하는 것이 쉽지 않다. 다른 말로 바꾸면 '무한 경쟁의 시대', '속도 경쟁의 시대'가 되었다고 할 수 있다. 이러한 3차 산업혁명으로 산업구조가 변화하였고, 연구 개발 형태는 물론이고 심지어 개인의 생활 패턴과 가족 구조까지 변화하였다. 인터넷, 모바일 기기의 발전으로 개인-개인 간 연결이 일반화되었으며 공간적인 제약을 벗어나게 되었다. 사회적으로는 핵가족화를 넘어 1인 가정이 늘고 있으며, 소득수준이 향상되고 생활환경이 개선됨에 따라 평균 수명이 늘어났다. 반면, 출산율은 급격히 떨어져 고령화가 빠르게 진행되고 있다.

모든 산업 부문에서 디지털화가 진행되었으며, 심지어 전통 산업 분야까지도 디지털화가 진행되었다. 본격적인 디지털화의 결과로 생산되는 데이터가 자동으로 축적되었으며, 축적된 데이터를 기반으로 연구 개발과 생산관리 등

---

* 지구의 북반부에 위치하고 있는 선진 공업국과 적도 부근에서 남반구에 걸쳐 있는 개발도상국 간의 경제 격차 및 거기에 수반하는 여러 문제를 남북문제라고 한다.

여러 분야에서 새로운 혁신이 일어났다. 생산 자동화로 생산 효율이 극대화되어 한계비용이 '0zero'에 접근하였다. 생산 자동화는 '고용 없는 성장'으로 이어져 고용을 늘리는 과제가 거의 모든 나라에서 가장 중요한 정책 대상이 되었다.

급속한 세계화는 첨단 생산기술의 확산을 촉진시켜 중진국 혹은 후발 개발국들의 제조업이 빠르게 성장하였다. 한국·싱가포르·대만을 일컫는 아시아 3용, 브라질·러시아·인도·중국을 일컫는 브릭스BRICS의 부상으로 생산 경쟁이 격화되었고 선진국과의 격차가 빠르게 축소되었다. 따라서 전통적인 선진국들은 부상하는 경쟁국들을 따돌리는 동시에 현재의 자동화 체제를 뛰어넘고 생산 효율을 얻을 수 있는 새로운 생산 체제가 필요하게 되었다.

2차 세계대전 이후 유지되어오던 이념 경쟁이 사라지고 경제문제가 정치 환경을 결정하는 가장 중요한 이슈가 되면서 국가 간 무한 경쟁이 격화되었고, 국익을 최우선으로 하는 국제 관계가 형성되었다. 남북(선진국-후진국) 간의 격차는 물론 국가 내에서 소득 불균형이 더욱 커짐으로써 국가 간, 계층 간 갈등이 심화되었다.

요약

산업혁명의 구조

산업혁명은 기술혁명을 기반으로 한다. 산업혁명은 새로운 기술을 기반으로 하는 생산혁명, 제조혁명으로부터 시작한다. 1차 산업혁명은 사람이나 동물의 노동력 또는 물레방아와 같은 자연에너지를 열에너지를 이용하는 증기기관으로 대체하고 분업 시스템을 채택함으로써 생산 효율성을 획기적으로 개선하였다. 2차 산업혁명 동안에는 증기기관을 전기모터로 대체(전기화)하여 생산 혁신을 이룩하였다. 3차 산업혁명 중에는 전기·전자 기술의 발전으로 생산을 자동화함으로써 생산 효율을 거의 한계치까지 끌어올렸다.

　세 차례의 산업혁명이 이어지는 동안 다섯 차례의 기술혁명과 다섯 주기의 경기변동이 있었다. 산업혁명마다 두 차례의 기술혁명과 경기변동이 있어 왔다. 이러한 경향이 계속된다면 3차 산업혁명은 현재 다섯 번째 기술혁명이 진행 중이거나 여섯 번째 기술혁명이 시작되는 시점에 해당한다. 기술혁명이 진행되는 동안 여러 가지 기술들이 등장하고 기여하였지만, 핵심적으로 주도한 것은 이른바 범용 기술(GPT)들이다. 모든 GPT가 기술혁명으로 이어지는 것은 아니지만 기술혁명을 주도한 것은 분명 GPT였다. 여러 GPT들 중 어떤 GPT가 기술혁명을 주도하게 되는지는 그 당시의 사회경제 환경이 결정한다. 즉, 사회경제적 수요를 충족하는 데 가장 부합하는 GPT가 변화를 주도하기 때문이다.

과거 산업혁명으로부터 얻는 교훈

현재 진행 중인 산업혁명을 이해하기 위해서나 다가올 산업혁명을 예측하기 위해서는 현재 진행되고 있는 기술혁명을 이해하고 현재의 기술혁명이 부딪히고 있는 문제들을 파악하는 것이 필요하다.

　1차 산업혁명으로부터 3차 산업혁명으로 이어져오는 동안 핵심 역할을 한 GPT의 수가 급격하게 늘었으며, GPT 간 융합이 더욱 복잡하게 전개되었다. 그만큼 산업구조가 복잡해지고 발전 속도가 빨라졌다. 증기기관의 역할을 중심으로 1차 산업혁명의 변화 과정을 설명하는 데는 큰 어려움이 없지만, 디지털혁명을 중심으로 3차 산업혁명 전체를 설명하는 것은 상당한 무리이다. 산업혁명은 하나 이상의 GPT 간 상호작용(융합)을 통하여 진행되므로 사회경제 환경과 매우 밀접할 수밖에 없다. 1차 산업혁명이 영국에서 일어난 이유 역시 당시 영국의 사회경제 환경이 증기기관을 필요로 하였고, 증기기관을 효율화할 수 있는 여건(제철 기술, 특허 제도(발명을 장려하는 분위기), 충분한 시장 등)이 조성되어 있었기 때문이다.

지적하고 넘어가야 할 또 하나의 중요한 점은 기술 발전 과정에 관한 이슈이다. 산업혁명 또는 기술혁명에 기여한 GPT들은 산업, 기술 성과로 나타나기 전 오랜 기간 동안 경험의 축적, 경험의 체계화, 과학적 해석(이론화) 과정을 거쳐 기술의 형태를 갖추었다. 가시적 성과를 나타내는 시점은 기술의 성숙도가 사회경제 환경이 이를 채택할 수 있는 수준을 충족할 수 있을 때이다. 와트의 증기기관보다 훨씬 효율이 낮은 뉴코먼의 증기기관이 이미 산업에 활용되고 있었다는 점, 볼턴과 와트의 초기 사업 모델이 뉴코먼의 증기기관 대신 와트의 증기기관을 사용했을 때 절약되는 비용을 사용자와 나누어 가졌다는 점을 염두에 둘 필요가 있다.

따라서 4차 산업혁명을 예측할 때 주목해야 할 점은 다음과 같다.

첫째, 현재의 3차 산업혁명이 부딪히고 있는 한계, 즉 현재의 산업 패러다임으로는 해결할 수 없는 문제(새로 부각된 문제)를 파악하는 것이다.

둘째, 새로운 문제들을 해결하는 데 기여할 수 있는 GPT들에는 어떤 것들이 있는지를 알아내는 것이다.

셋째, 그 GPT들이 산업적으로 활용할 수 있는 수준(투자 대비 성과 측면에서 감당할 수 있는 수준)으로 성숙되어 있는지를 파악하는 것이다.

넷째, 이들 GPT들 간의 융합이나 주변 사회경제 환경(주어진 환경 또는 향후 전개될 환경)과의 관계가 지속 가능한 발전을 끌어낼 수 있는가를 판단하는 것이다.

출처
Source

1) Kuhn acknowledges having used the term "paradigm" in two different meanings. In the first one, "paradigm" designates what the members of a certain scientific community have in common, that is to say, the whole of techniques, patents and values shared by the members of the community. In the second sense, the paradigm is a single element of a whole, say for instance Newton's Principia, which, acting as a common model or an example…(Wikipedia)

2) Timothy F. Bresnahan and Manuel Trajenberg, "General Purpose Technologies: 'Engines of Growth?'", NBER Working Paper Series(Working Paper No. 4148), 1992.

3) Richard G. Lipsey, 2007.

4) Paul Kennedy, *The Rise and Fall of the Great Powers*, 1987.(한국경제신문사에서 1988년 번역본 발행)

5) M. Boldrin, D.K. Levine, and A. Nuvolari, *Do Patents Encourage or Hinder Innovation? – The Case of the Steam Engine*, The Freeman: Ideas on Liberty

6) 왼쪽은 US National Archives, 오른쪽은 George Grantham Bain Collection

7) Wikipedia

8) LOW-TECH MAGAZINE(http://www.lowtechmagazine.com)

4차 산업혁명의 거센 물결이 넘실대고 있다. 거센 파도를 헤쳐 나가기 위해서는 변화에 대응하는 정답을 찾아야 한다. 선진국들이 추진하고 있는 4차 산업혁명 정책들은 그들이 만들어 가고 있는 정책들일 뿐이다. 즉, 그들 나라의 사정을 반영한 정책일 뿐 누구나 받아들일 모범 답안은 아니다.

The Fourth Industrial Revolution

미래를 여는 나침반 4차 산업혁명 보고서

2장

만들어 가는 4차 산업혁명

4차 산업혁명을 말하는 사람은 누구인가?

1차, 2차, 3차 산업혁명을 들여다보면 자연스러운 인류의 발전 과정처럼 보인다. 사람들은 산업혁명으로 이룩한 산업 발전의 결과를 공유함으로써 삶이 윤택해졌고 생활이 편리해졌다. 하지만 산업혁명이 이루어졌다고 해서 모든 사람들이 곧바로 이러한 혜택을 입은 것은 아니다. 산업혁명이 일어나고 한참 뒤, 산업혁명의 물결이 넓은 지역과 많은 국가로 확산된 이후에나 풍요로워졌다. 선진 국가들은 4차 산업혁명을 이야기하고 있지만, 아직 2차 산업혁명의 혜택도 받지 못하는 넓은 지역들이 있으며, 산업 발전 혹은 기술 발전의 역효과를 보는 지역도 있다.

산업혁명의 결과를 보면 산업혁명을 주도한 특정 국가 또는 특정 국가의 기업들이 우선적인 혜택을 누렸고 세계시장을 지배하였다. 산업혁명의 결과로 나타난 국가 간 생산력(생산 효율성) 차이가 국제 세력 판도를 바꾸었다. 산업혁명을 주도한 집단들은 산업혁명이 다른 국가, 다른 지역으로 전파되는 것을 달가워하지 않았으며 그들의 이익을 지키려고 노력하였다. 산업혁명이 진행되면서 점차 심해지는 내부 경쟁을 피해 개인이나 기업들이 다른 지역으로 진출하였고, 이에 따라 산업혁명이 다른 국가, 다른 지역으로 전파되었다. 생산력은 국가는 물론 기업의 경쟁력을 결정하는 요소이기 때문에 상대적으로 높은 생산력을 가진 주체가 정치, 경제는 물론이고 국제 관계에서 우월한 위치를 차지하였다.

지구상에는 국가의 형태를 갖춘 나라가 206개 있다. 그중 195개는 국제적으로 승인을 받은 나라들이며, 나머지 11개는 주권을 행사하고 있지만 국제적인 승인을 받지 못한 나라들이다. 206개 국가들 중 4차 산업혁명에 관심이 있는 나라들은 어떤 나라들인가? 이들 국가들 중 이미 4차 산업혁명의 닻을 올린 독일과 일부 유럽연합EU 국가들, 미국·일본·중국·대한민국 등의 G7 또는 OECD 소속 국가들, 인도·인도네시아·말레이시아 등 일부 개발도상국들 정도가 4차 산업혁명에 관심을 가지고 있다. 이들 국가들은 산업혁명을 직접 경험하였거나 산업화 단계를 거침으로써 산업혁명이 미치는 효과를 간접 경험한 국가들이다.

산업화 수준이 높은 국가들이 4차 산업혁명에 관심이 있는 이유는 새로운 산업혁명이 가져올 사회, 경제, 문화적 파장을 이해하고 있기 때문이다. 특히, 최고 선진국들은 기후변화나 자원 고갈, 인구구조 변화(고령화)에 대응하여 재편될 세계 질서가 그들의 영향력 아래 그들이 원하는 방식으로 형성되기를 바라기 때문이다. 그들이 전환기에 리더십을 발휘하기 위해서는 경쟁국이나 신생 공업국Emerging Industrial Economies, EIE*들이 따라올 수 없는 더욱 경쟁력 있는 생산(또는 산업) 체계를 갖추는 것이 필요하다. 개발국들이나 신생 공업국들 역시 확대되고 있는 남북 간 경제 격차가 더욱 커지는 것을 경계하고 있으며 자국의 경제가 후퇴하지 않을까 우려하고 있다.

이전의 산업혁명들이 그랬던 것처럼 4차 산업혁명이 궁극적으로는 세계인의 삶의 질을 향상시키겠지만, 각국의 환경에 따라 4차 산업혁명이 시작되는

---

* 브라질, 러시아, 인도, 중국 등의 BRICs 국가들을 말한다.

시기가 다를 것이며 초기의 접근 방법도 다를 것이다. 물론 언제가 될지 모르지만 4차 산업혁명의 결과 역시 나라별로 다르게 나타날 것이다. 국가별로 환경이 다르기 때문에 4차 산업혁명 초기에는 각국이 풀어야 하는 문제들의 해결책을 찾는 데 4차 산업혁명 정책의 초점이 맞추어질 것이다. 각국의 이해가 상충되는 영역에서는 첨예한 경쟁이 불가피할 것이다. 새로운 질서가 형성되는 단계에서는 시장 선점의 효과가 어느 때보다 크기 때문이다. 따라서 그들은 그들이 의도한 방향으로 4차 산업혁명이 진행되기를 바라며 원하는 방향으로 끌고 가려 할 것이다.

4차 산업혁명은 예측 가능한가?

당연한 말이지만, 지금까지 있었던 산업혁명은 전혀 의도되지 않았다. 경제학자 토인비가 관찰했던 것처럼 100년 정도 지난 시점*에 영국의 경제 변화를 되짚어봤더니 혁명이라 부를 만큼 큰 변화가 있었다. 가스등이 석유램프로 대체되고, 까만 그을음을 내며 야간작업하던 공장을 밝히던 석유램프의 자리를 백열전구가 차지하고, 증기기관 동력을 전기모터로 바꾸면서 나타난 산업의 변화를 한참 뒤에 분석해봤더니 혁명적인 변화였던 것이다. 컴퓨터가 개발되고, 반도체가 발명되고, 마이크로프로세서가 세상에 나왔을 때, "아, 이제 3차 산

---

* 토인비는 1875년 옥스퍼드 대학에서 '18세기 영국에서 일어난 산업혁명'이란 주제로 강의를 하였고, 그의 사후 책으로 발간되었다.

업혁명이 시작되는구나!"라고 말한 사람은 아무도 없었다. 동시대를 사는 사람들에게는 40~60년 동안 느리게, 역사의 장구한 시간 축으로 보면 짧은 기간 동안에 급격하게 산업 형태(패러다임)가 달라진 것이 산업혁명이다.

모든 것이 광속으로 변하는 시대에 살고 있는 우리는 이제 급격하게 달라질 미래를 말하려고 한다. 세 차례에 걸친 산업혁명을 경험하는 동안 축적된 지식을 바탕으로 새로운 산업혁명을 예측하려고 한다. 피터 드러커Peter Perdinand Drucker(1909~2005)*의 말처럼 미래를 예측하는 가장 좋은 방법은 미래를 창조하는 것인지도 모른다. 이 말에 따르면 4차 산업혁명을 설계하고 현실로 만들어 가는 것이 4차 산업혁명을 예측하는 방법이 될 수도 있을 것이다.

저자는 1장에서 산업혁명은 기술혁명에 바탕을 두고 있으며, 기술혁명은 시대적 요구로 일어났다고 했다. 즉, 당시 사회가 요구하는 필요(수요)를 잘 해결해줄 수 있는 범용 기술GPT을 중심으로 여러 기술이 상승적으로 융합하여 시대의 요구를 충족시켰다는 것을 설명하였다. 특히, 산업혁명이 거듭될수록 관련되는 GPT의 가지 수가 점점 늘어나고, GPT 종류가 늘어나는 만큼 GPT 간의 융합이 다양해져 융합 패턴이 복잡해졌다고 하였다. 한편, 각각의 GPT는 고유한 특성을 가지고 있어서 하나의 GPT가 발전하는 과정에서 얻은 경험이 다른 GPT의 발전 과정을 예측하는 데 참고가 되지 않는다는 립시Lipsey의 분석 결과도 예로 들었다.

그렇다면 4차 산업혁명이 무엇으로부터 시작되고, 어떻게 진행될 것이며,

---

* 오스트리아 출신 미국의 작가·경영자·사회생태학자이다. 《21세기 지식경영》, 《Next Society》 등 50권 이상의 책을 집필하였으며, '지식 노동자'라는 용어를 만들었다.

최종적으로 나타날 결과를 미리 예측하는 것은 가능할까? 막연하게나마 4차 산업혁명이 올 것이라고 누구든지 말할 수 있다. 그렇지만 어떤 변화가, 얼마만큼의 크기로, 언제 올 것인지를 예측하는 것은 쉽지 않다. 2차 산업혁명의 진행 과정이 1차 산업혁명과 달랐고, 3차 산업혁명의 진행 과정 또한 2차 산업혁명과 달랐던 점을 상기하면 아마도 4차 산업혁명을 정확히 예측할 수 있는 방법은 없는 것 같다. 그렇지만 언젠가 - 아니 이미 온 것일 수도 있지만 - 올 것이라면 대비를 해두는 것도 나쁘지 않을 것이다.

산업혁명을 주도했던 기술GPT들은 그 당시에 개발된 것이 아니라 그 이전부터 발전되어 오던 것들이다. 상당히 긴 기간 동안 발전해오던 몇 개의 중요한 기술들이 같은 시기에 우연히 만나서 전대미문의 큰 사건을 일으킨 것처럼 보이는 것이다. 요즘같이 정보가 홍수를 이루는 때에도 우리는 누가 어디서 무슨 기술을 개발하고 있는지 모두를 알지는 못한다. 어딘가에서 항상 새로운 기술들이 개발되고 있고, 그중의 일부 기술이 세상을 바꾸어왔다. 수많은 기술들 중에서 사회환경이 필요로 하는 조건과 맞아떨어져 큰 변화를 일으킬 가능성이 있는 기술들을 어떻게 찾아낼 수 있을까?

우리는 1장에서 GPT로 분류되는 기술 중에서도 일부만이 기술혁명, 산업혁명을 촉발하고 진전시키는 데 중요한 역할을 하였다는 것을 보았다. 따라서 장래에 큰 변화를 일으킬 수 있는 잠재력이 큰 몇 가지 기술들, 특히 상호 간 큰 상승 작용을 일으킬 수 있는 기술들로부터 4차 산업혁명의 진행 과정을 예측한다고 하더라도 실제로 그렇게 될지는 알 수 없다. 하나의 GPT조차도 발전 과정이 연속적이지 않기 때문에 예측이 쉽지 않은 것이다. 진공관으로 꽉 채워진 집채만 한 컴퓨터가 반도체를 만나 손안에 들어올 정도가 될 줄 알았다면, 1943년 IBM의 창업자 토머스 왓슨Thomas J. Watson(1874~1956) 회장이 세상에는 다섯 대의 컴퓨터만 있으면 될 것이라고 말하지는 않았을 것이다. GPT인 반도체 또는 마이크로프로세서가 가진 파괴적인 위력을 알았더라면, 불과 40년 전인 1977년 DEC의 창업자 켄 올슨Ken Olsen(1926~2011) 회장이 가정에 컴퓨터를 두고 싶은 사람은 아무도 없을 것이라고 말하지도 않았을 것이다. 그저 골치 아픈 복잡한 수식인 줄로만 안 아인슈타인의 상대성 이론이 원자력 발전을 가능하게 하여 에너지 혁명을 가져오고 지구위치파악시스템GPS의 정확도를 높이는 데 쓰이게 될 줄 그 누가 알았을까?

4차 산업혁명을 예측하기 위해서는 새로운 GPT들과 이들 GPT를 필요로 하는 사회경제 환경이 정확히 파악되어야 한다. 4차 산업혁명이 화두가 되면서 사물인터넷IoT, 빅데이터, 인공지능AI, 로봇, 3D 프린팅 등 여러 가지 GPT들이 4차 산업혁명을 이끌게 될 것으로 기대하고 있다. 아마도 그럴 것이다. 그런데 그것이 전부일까? 전혀 예측하지 못한 기술이 부상하여 새로운 변화를 가속시킬 가능성은 얼마든지 있다. 지금 우리가 그리고 있는 4차 산업혁명에 관한 그림은 아마도 가장 간단한, 채워야 할 것이 많은 밑그림 정도에 불과할 것이다. 우리가 가진 경험과 지식으로 현재 상상할 수 있는 수준의 그림일 뿐이다. 인간은 항상 상상 이상의 것을 만들어 왔다는 것을 염두에 둘 필요가 있다.

그렇다면 4차 산업혁명 정책들을 추진하고 있는 선진 산업국들의 움직임을 어떻게 봐야 할까? 뒤에서 상세히 다루겠지만 선진 산업국들은 그들 나름대로의 문제에 봉착해 있다. 그들은 현재의 산업 패러다임에서 다룰 수 있는 접근법으로는 쉽게 풀 수 없다고 판단하고 새로운 방안으로 새로운 산업 패러다임을 창조하고 있다. 따라서 현재 선진국들이 하고 있는 대응을 보면 다가올 4차 산업혁명을 예측하고 있기보다는 자신들이 직면하고 있는 문제들을 해결하는 관점에서 4차 산업혁명을 설계하고 있다고 보는 것이 타당하다.

선진 산업국들이 4차 산업혁명을 추진하는 이유

선진 국가나 기업이 느끼고 있는 위기 상황

4차 산업혁명을 추진하고 있는 국가나 기업들은 어떤 위기감이 있을까? 몇 년 전부터 세계를 소용돌이로 몰아넣고 있는 가장 불안한 요소는 경제이다. 고용률, 경제성장률, 소득 증가율, 물가, 소득 불균형 등의 인자는 경제뿐만 아니라 사회, 정치에 이르기까지 전반적인 사회 안정에 직접 영향을 미친다. 게다가 선진국들에서 나타나고 있는 인구 고령화는 경제 정책 선택의 유연성을 크게 떨어뜨리고 있다. 이제 선진국들은 경제성장률을 높여 고용을 창출할 수 있는 방안을 찾아야 하며, 개발도상국이나 신생 공업국들과의 격차를 확대할 수 있는 새로운 방법을 찾아야만 한다.

그동안 선진국들의 전유물로 여겨왔던 첨단 생산 시설이나 생산기술이 개발도상국 등 후발국으로 이전되어 빠르게 보급됨으로써 선진국들과의 기술 격차가 빠르게 좁혀지고, 세계 총생산에서 선진국이 차지하는 비중은 점점 줄어들고 있다. 세계를 무대로 사업을 해오던 대기업, 다국적기업들 역시 거센 도전에 직면해 있다. 1990년 〈포춘〉 선정 500대 기업의 생존 동향을 보면 2000년 176개, 2010년 121개로 24%만이 살아남았다. 특히, 1980년 상위 30대 기업에 속한 기업들의 생존 동향을 보면 1990년 22개, 2000년 13개, 2010년 8개(1개 기업 재진입), 2014년 7개(1개 기업 재진입)로 줄어들었다.

생존을 장담할 수 없는 무한 경쟁에 노출되어 있는 선진 국가들이나 기업들은 경쟁 상대를 따돌리고 자신들의 위치를 공고히 할 수 있는 방안을 더욱 열심히 찾아야만 하는 급박한 상황에 놓이게 되었다.

2008년 세계 금융 위기가 남긴 교훈

2008년 세계 금융 위기는 서브프라임 모기지sub-prime mortgage(주택 담보 대출)* 사태로 촉발되었다. 금융 분야의 지속적인 규제 완화와 과도한 혁신으로 전체를 파악할 수 없을 정도로 복잡하게 얽힌 서브프라임 모기지 대출의 파생 상품들이 출시되어 체계적인 리스크 관리에 실패하였다. 금융 부문에서만 본다면 이해할 수 있는 일이다. 하지만 다음과 같이 질문한다면 느낌이 좀 다르지 않을까?

비록 세계 4위의 큰 투자 전문 업체라 하더라도 리먼 브라더스의 파산**이 세계 금융 위기로 이어진 이유는 무엇일까? 서브프라임 모기지만의 문제, 즉 금융 부문만의 문제였다면 세계가 동시에 위기에 빠지지는 않았을지 모른다.

* 신용도가 일정 기준 이하인 사람들을 대상으로 비교적 높은 이자를 받기로 약정하고 주택을 담보로 빌려주는 대출이다.
** 역사상 최대 규모의 파산으로 기네스북에 올라 있다.(6,700억 달러, 2008년 9월)

세계 경제에서 미국이 차지하는 비중이 워낙 크기 때문에 그럴 수도 있겠다고 하지만 그렇게 단순하게 설명할 수는 없을 것 같다. 주요 선진국들이 동시에 위기에 빠질 만한 유사한 환경이 선진국들에 공통으로 조성되어 있었다고 보아야 할 것이다.

주요 선진국들이 금융 위기를 극복하기 위해 추진한 정책들에서 일부의 답을 찾을 수 있다. 금융 부문의 개혁은 당면한 과제였으므로 이를 제외하고 눈여겨볼 부분은 제조업 부문이다. 현금 유동성에 문제가 있는 기업들, 수익 창출이 한계에 도달한 기업들의 구조를 조정하는 것이 큰 숙제였다. 경기변동이 있을 때마다 상대적으로 생산성이 높은 기업들은 살아남았고 그렇지 못한 기업들은 도태되어왔다. 하지만 세계 자동차 산업을 대표하는 거대 기업까지 대대적인 구조 조정을 단행하는 사례는 매우 드물다. 대규모로 늘어난 실업, 실업의 여파로 발생한 소비 위축(부동산 경기의 침체), 소비 위축에 대응하기 위한 생산 및 투자 축소가 이어짐으로써 제조업의 부가가치 성장률이 급감하였다.

다음 그림의 2008년 금융 위기 전후의 선진국과 개발도상국(신생 공업국) 간 제조업 부가가치 성장률의 변화 경향을 보자. 선진국들의 부가가치 성장률은 금융 위기 전보다 거의 15% 이상 감소하였고 부가가치가 줄어드는 마이너스(−) 성장률을 보였다. 반면에 개발도상국들의 부가가치 성장률은 약 7% 정도로 소폭 감소하긴 하였으나 성장세는 여전하였다. 제조업 비중이 높거나 첨단산업이 발달하지 않은 개발도상국들은 약 4%의 감소를 보였고 가장 침체되었을 때도 플러스(+) 성장을 유지하였다. 선진국들은 금융 위기를 빠른 속도로 극복하여 금융 위기 전보다 성장률이 오히려 높아졌으나 곧이어 빠르게 감소

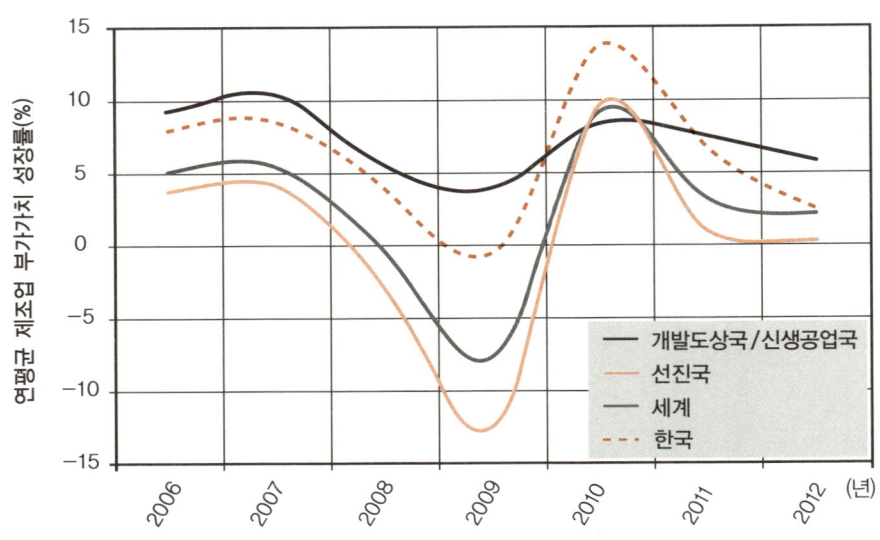

세계 금융 위기 전후의 성장 단계별 제조업 부가가치 성장률

하였다. 개발도상국들은 침체에서 느리게 벗어났으나 이전 수준으로 회복하지는 못하였다. 개발도상국들은 경기 회복 후 성장률이 다시 감소하였으나 선진국들처럼 급격하게 감소하지는 않았다. 나라마다 산업의 구조(성격)나 규모가 다르기 때문에 직접적인 비교가 어렵지만 선진국과 개발도상국 간 이와 같은 차이가 나타났다.

같은 기간 동안 우리나라의 제조업 부가가치 성장률을 표시해보면 선진국들과 유사한 패턴을 보였다. 가장 심각한 침체를 보인 2009년과 금융 위기 이전을 비교하면 우리나라는 약 8.5% 감소를 보여 세계 전체의 감소 비율 약 15%, 선진국들의 감소 비율 17%보다는 양호한 수준을 보였다.

그림이 보여 주는 것과 같은 경제 위기 때의 제조업 부가가치 성장률 변화는 선진국들이 그동안 서비스업의 비중을 늘려오던 정책에서 제조업을 다시 들여다보는 계기가 되었다. 전체 GDP에서 제조업 비중이 큰 개발도상국들이 제조업 비중이 작은 선진국들보다 금융 위기의 영향을 상대적으로 덜 받는 것으로 나타났기 때문이다.

미국은 1980년대 이후 제조업을 정책 고려 대상에서 배제하고 서비스업을 육성해왔다. 2000년대 들어 상품 경상수지 적자가 연간 3,000억 달러를 넘어섰다. GDP에서 제조업이 차지하는 비중은 10% 미만으로 떨어지고, 경상수지 적자가 계속 커지는 동안 흑자를 유지해오던 하이테크 산업마저도 2002년부터 경상수지 적자를 보이기 시작했다.[1] 전문가들 사이에 논란이 있기는 하지만 미국이 제조업 경쟁력을 잃어버린 것이 금융 위기를 불러온 원인의 하나이며, 제조업을 살려야 한다는 주장이 금융 위기 이후 꾸준히 제기되었다. 금융 산업의 성장에 의존하는 경제로는 양질의 일자리를 만드는 데 한계가 있다는 인식을 바탕으로 오바마 정부는 자동차 산업 부활을 포함한 제조업의 경쟁력을 강화하는 정책을 강력하게 추진하였다.[2] 2009년부터 추진하고 있는 미국혁신전략Strategy for American Innovation을 시작으로, 2011년 첨단제조파트너십Advance Manufacturing Partnership, AMP 프로그램, 첨단 제조업의 바탕이 되는 첨단 소재의 개발 기간 및 비용을 획기적으로 줄이고자 하는 소재게놈계획Material Genome Initiative, MGI에 착수하였다. 이어 2013년 제조업의 패러다임을 바꾸는 3D 프린팅3D printing을 연방 정부 차원의 지원 프로그램으로 채택하여 추진하고 있다. 미국이 추진하고 있는 일련의 프로그램들을 연결하여 종합하면 제조업을 첨단화하여 경쟁력을 높이겠다는 의지를 확인할 수 있으며, 체계적인 접근을 일관

되게 추진하고 있음을 알 수 있다.

일본 역시 세계 금융 위기의 영향을 크게 받았다. 2000년대 중반까지 2%대를 유지하던 제조업 부가가치 증가율이 2009년 마이너스 17%로 약 20% 급락하였다. 세계 제조업 경쟁력 지수 순위도 2000년대 초반 세계 2위를 유지하다가 금융 위기 이후인 2010년 6위, 2013년 10위로 급격히 떨어졌다.*[3] 2009년 엄격한 생산관리로 유명하던 도요타 자동차의 리콜 사태가 발생한 원인도 악화된 경제 상황과 무관하지 않은 것으로 보인다. 엔화를 대량 공급하여 수출 경쟁력을 높이는 것을 골자로 하는 아베노믹스 등장 이후 경기가 빠른 회복세를 보이고 있으나, 4대 글로벌 제조업 위주로 진행되고 있어서 금융 위기 전의 상황으로 회복하기까지는 시간이 걸릴 전망이다. 일본은 적극적인 금융, 재정 정책을 시행한 데 이어 제조업 부활을 포함하는 새로운 성장 전략인 '일본재흥전략'을 2013년부터 추진하고 있다.

영국은 1970년대 GDP의 30%를 차지하던 제조업 비중이 2007년 14%대로 급락하여 실물 경기의 동반 침체로 금융 위기에 빠졌다가 매우 느리게 회복되었다. 영국 정부는 금융 위기 이후 균형 성장을 위해 수출 중심의 제조업 강화 정책을 추진하였다. 2011년 세계적인 제조업을 육성하는 비전을 발표하고, 첨단 제조advanced manufacturing에서 글로벌 가치사슬의 최상위 영역을 차지하는 것을 목표로 하고 있다.

거의 대부분의 국가들이 비슷한 패턴으로 금융 위기의 영향을 받았지만 독

---

* 2013년 세계 10위로 떨어진 것은 금융 위기의 여파와 함께 2011년에 발생한 동일본대지진의 영향이 추가되었기 때문으로 해석되고 있다.

일의 경우는 달랐다. 금융 부문의 유동성 악화를 겪으며 실물 경제(제조업)의 침체, 실업률 상승으로 이어진 다른 많은 국가들과 마찬가지로 독일 역시 실물 경제의 침체는 피할 수 없었다. 하지만 특이하게도 경기가 침체된 기간 중 고용은 오히려 증가하였고,* 경기가 침체된 정도도 다른 국가들보다는 적었다. 독일이 다른 국가들과 다른 패턴을 보인 이유는 독일 문화가 가진 특수성과 수출 중심의 제조업이 큰 비중을 차지하고 있는 것에서 찾을 수 있다. 2003년 독일은 첨단 제품 수출에서 미국을 앞지르고 세계 1위가 되었다. 독일은 선진국 중 GDP에서 제조업이 차지하는 비중이 20%가 넘는 유일한 국가이다. 독일은 금융 위기 이전 거의 30년 동안 주택 가격이 유지되어 실질 가격이 오히려 하락하였고(미국과 정반대), 낮은 임금 및 물가 상승률을 유지하고 있어서 충격을 흡수할 수 있는 여지가 있었다. 다른 국가들이 제조업의 비중을 줄이고 서비스업에 투자할 때에도 독일은 제조업을 중심으로 하는 장기 투자와 전문화를 특징으로 하는 이른바 '라인 자본주의'의 경제 모델을 추구하며 1990년 이후에도 제조업에 대한 투자를 계속 늘려왔다. 제조업 분야의 임금이 주변 국가들보다 높은 것은 물론이고, 독일 내 공기업이나 공무원의 임금보다 훨씬 높아 우수한 인력이 제조업으로 몰리는 것도 독일이 가지고 있는 특징이다. 독일은 미래 제조업에서 세계적인 경쟁력을 유지하기 위해 1999년 사물인터넷, 2000년 맞춤형 수요 대응, 2004/2005년 스마트 공장, 2005년 스마트 서비스, 2006년 사이버-물리 시스템CPS에 대한 논의를 시작하였고, 이러한 일련의 관련 있는 사항들을 구체화하기 위한 체계를 갖

* 2007~2009년 실업률은 8.5%에서 7.5%로 낮아졌다. 같은 기간 다른 국가의 실업률은 대체로 2배 이상 높아졌다.

추어 왔다.*

　선진 산업국들이 2008년 금융 위기를 거치면서 인식하게 된 사실은 제조업이 뒷받침해주지 못하는 경제는 내부 또는 외부로부터의 충격에 매우 취약할 수밖에 없다는 것이었다. 문제는 선진 산업국 대부분의 GDP에서 제조업이 차지하는 비중이 10%대에 접근하는 수준으로 낮아졌다는 점이다. 이러한 환경에서 제조업을 강화하는 것이 용이하지 않기 때문에 감세나 인센티브 제공 등 제조업 강화를 위해 제공할 수 있는 제도적인 수단 외에 새로운 접근 방안을 찾기 시작하였다.

---

* 2010년 4차 산업혁명을 뜻하는 인더스트리 4.0(Industry 4.0)으로 제안되었으며, 2015년 실현 전략이 수립되었다.

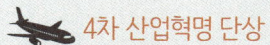 4차 산업혁명 단상

2008년 세계 금융 위기가 남긴 교훈

2008년 세계 금융 위기는 말 그대로 금융 분야에만 영향을 미친 것이 아니라, 실물 경제가 침체되고 뒤이어 노동 시장이 침체되는 등 사회 전반에 지대한 영향을 미쳤다. 당시 선진국들은 제조업의 비중을 줄이고 금융 서비스에 투자를 하면서 금융 서비스 비중이 높은 경제를 기반으로 하고 있었다. 이들 국가들은 거의 동일한 패턴으로 동시에 심각한 경기 침체를 겪었는데, 특히 제조업 비중이 낮은 선진국들은 더욱 깊이 침체 속에 빠져들었다. 이들 국가에 비해 제조업 비중이 크고 제조업 경쟁력이 있던 독일은 경기 침체 기간 동안 오히려 실업률이 감소하는 등 다른 국가들과 차이를 보였다. 제조업 비중이 높은 국가들은 비교적 짧은 기간 안에 경기 침체를 벗어났으나, 서비스업 비중이 높은 국가들은 경기 침체를 벗어나는 데 오랜 기간이 걸렸다. 선진국들은 세계 금융 위기를 벗어나기 위한 정책들을 세우면서 제조업의 중요성을 새삼 인식하게 되었다.

4차 산업혁명에의 접근 방법

제조업에서 답을 찾다

미국은 1980년대 이후 개별 산업에는 관여하지 않는다는 기조 아래 산업 정책의 중심을 서비스업에 두었고, 제조업은 산업계의 자발적인 노력에 맡겨 두었다. 농업 부문을 제외한 전체 산업의 고용에서 제조업이 차지하는 비중은 2차 세계대전 이후 지속적으로 줄어들어 1996년에는 15%에 이르렀다. 반면에 전후 약 9% 수준이던 서비스업 종사자 비율은 계속 증가하여 1982년에는 제조업을 앞질렀으며 1996년에는 29%에 이르렀다.[4] 1996년 이후에도 미국의 GDP에서 차지하는 제조업 비중은 계속 줄어들었고 제조업과 서비스업 간 고용 비

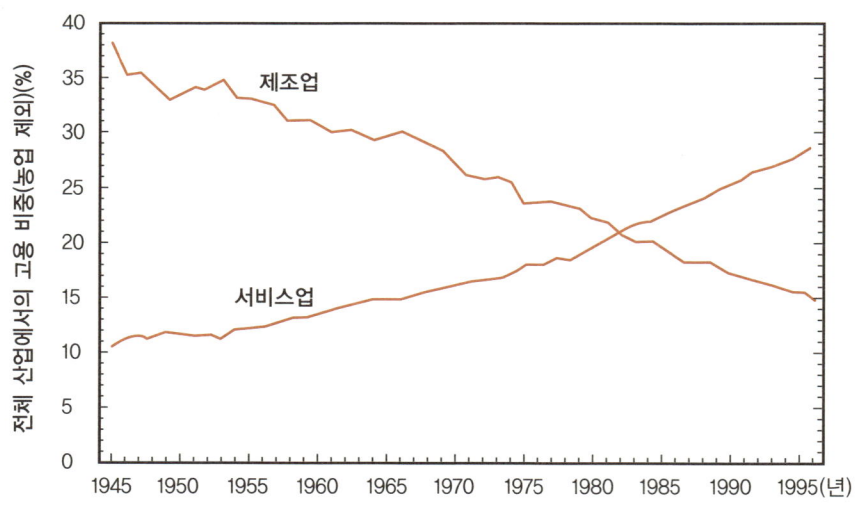

전체 산업의 고용에서 제조업과 서비스업이 차지하는 비중의 변화(미국)

율 차이는 더욱 확대되었다.

세계 금융 위기가 발생한 2008년에는 서비스업 부문의 종사자 수가 제조업 부문의 종사자 수보다 약 2배 더 많았다. 1990년대 이후 몇몇 국가의 GDP에서 제조업이 차지하는 비중의 동향은 아래 그림과 같다. 독일, 일본, 미국의 제조업 비중은 2000년대 초반까지 빠르게 감소하다가 2005년 이후 감소가 둔화되었다. 영국의 제조업 비중은 2012년까지 계속 감소하여 10%에 접근하였다. 제조업 비중이 25% 이상인 국가는 우리나라와 중국이며, 우리나라는 한때 27% 미만으로 낮아졌다가 다시 상승하여 중국과 같은 31% 선을 유지하고 있다. 독일은 금융 위기 이후 제조업 비중이 다시 증가하여 25% 선에 접근하고 있다.

GDP에서 제조업의 비중이 큰 국가들이 경기변동의 영향을 상대적으로 적게 받는 이유는 무엇일까? 극단적인 가정으로 제조업 기반이 전혀 없는 나라에

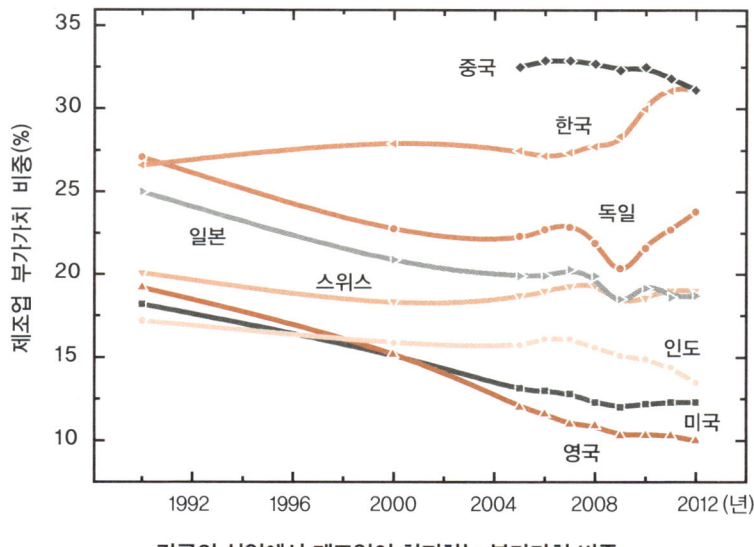

각국의 산업에서 제조업이 차지하는 부가가치 비중

서 서비스업은 어느 정도 발전할 수 있을까? 빼어난 자연환경이나 역사 또는 문화 자원을 가진 나라들의 서비스업은 어느 정도 발전할 수 있을 것이다. 그러나 자급자족할 수 있는 국가가 아니라면 관광 수입만으로 안정된 경제를 유지하기가 쉽지 않다. 다른 나라들의 경기 위축으로 관광객이 줄어들면 그만큼 수입이 줄어들게 되므로 다른 나라의 영향을 받지 않을 수 없다. 또한 관광객을 유치하는 데 필요한 사회 인프라나 관광 시설을 구축하는 데 필요한 물품은 전량 수입으로 충당해야 할 것이다.

얼핏 보기에 제조업과 무관해 보이는 서비스업조차도 첨단 제조업이 생산한 재화들을 바탕으로 하고 있는 경우가 대부분이다. 오늘날 세계는 하나의 구매 네트워크로 연결되어 있다. 주요 배송지에는 글로벌 물류 센터가 있다. 물류 센터에 산더미처럼 쌓인 크고 작은 물건들은 글로벌 물류 시스템을 통하여 세계 도처로 거의 실수 없이 빠르게 전달된다. 상품마다 붙어 있는 RFID 태그에 입력된 정보를 리더기가 읽고 배송 시스템으로 전달하며 배송 시스템의 정보는 위성 시스템과 연결된다. 이를 통해 구매자는 자신이 주문한 물건이 어디에 와 있는지 실시간 알 수 있고 언제 통관되며 언제 받을 수 있는지 알 수 있다. 제품의 온라인 구매 과정을 보면 제품은 보이지 않고 서비스 기능만 있는 것처럼 보인다. 물품이 이동하는 컨베이어 시스템, 로봇 캐리어, RFID 태그와 리더기, 배송 시스템, 위성 시스템, 비행기, 자동차, 배송 라인 곳곳에 배치되어 있는 센서와 이들을 연결하는 유무선 네트워크 등 첨단 제품들이 없다면 이러한 첨단 물류 서비스는 생각하지도 못했을 것이다. 이처럼 제조업은 서비스업과 무관하지 않고 새로운 활용도를 갖는 첨단 제품을 창출함으로써 서비스업의 성장을 이끄는 바탕 산업이 된다.

제조업에서 하나의 일자리가 만들어지면 다른 산업에서 평균 세 개의 일자리가 만들어진다. 이러한 제조업의 일자리 승수효과 때문에 경기가 침체되어 실업이 증가할 때 제조업을 활성화하여 일자리를 만들어 내는 경기 회복 정책을 쓰곤 한다. 물론 불황에 잘 팔릴 수 있는 제품을 적기에 싸게 만들어야 한다. 한편, 제조업의 중요성은 가치 창출 면에서도 확인할 수 있다. 1달러 가치를 가진 요소를 투입하였을 때 추가로 창출되는 가치를 산업별로 보면 제조업의 경우는 +1.3달러 이상인 반면 다른 산업들이 창출하는 가치는 모두 제조업보다 적다.

1990년대 이후 경기변동의 주기가 짧아졌다. 경기변동이 잦은 이유는 세계화가 폭넓게 이루어지면서 전 세계가 더 긴밀하게 연결되어 있기 때문인데, 요

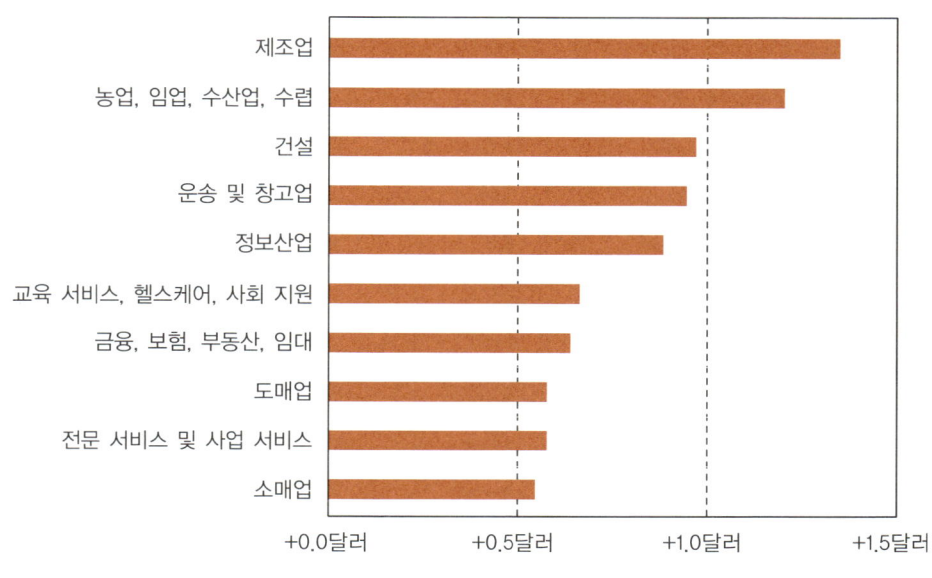

산업별 부가적 창출 가치

즘은 세계 경제에서 중요한 위치를 차지하고 있는 국가의 영향이 다른 국가들로 거의 실시간 전파되고 있다. 특히, 디지털 혁명으로 정보통신 산업이 급격히 성장하면서 창출된 엄청난 양의 부가 제조업 부문에 투자되지 않고 부동산이나 금융 부문으로 몰리면서 불안정성이 매우 커진 것도 잦은 경기변동의 큰 이유가 되고 있다. 서브프라임 모기지 사태에서 볼 수 있듯이 금융 부문의 과도한 혁신으로 빚어진 부실한 리스크 관리 시스템이 금융 위기 발생에 일조하였다. 결국 제조업 부문의 수익 창출이 한계에 도달하면서 제조업이 과잉의 자본을 끌어들이는 투자처로서의 역할을 하기가 어렵게 되어 급격한 위기를 맞게 된 것이다. 각 산업혁명의 후반부에는 거의 비슷하게 이러한 현상이 반복적으로 일어난다.

그동안 선진국 경제에서 제조업이 차지하고 있던 비중이 빠르게 지속적으로 감소하였음에도 전체 GDP가 증가할 수 있었던 것은 제조업의 생산성이 그만큼 빠르게 높아졌기 때문이다.[5] 미국은 제조업 부문의 고용이 1968년까지 증가하다가 1968~1998년에는 정체에 가까운 느린 감소(1978년 최대치를 보임)를 보였으며 그 이후 급격히 감소하였다. 1968년 이후 제조업 부문의 고용이 지속적으로 감소하였음에도 제조업 부문이 창출하는 부가가치는 거의 선형적인 증가 패턴을 유지하였다. 특히, 1998년 이후 고용의 증가 없이 산업이 성장하는 이른바 '고용 없는 성장'이 확연히 드러났다. 20세기 후반 정보통신 기술이 급격히 발전하면서 인터넷 비즈니스, 정보 서비스 등 제조업의 잠재력 향상에 도움이 되는 강력한 수단들이 연이어 등장하면서 제조업의 생산성은 더욱 크게 향상되었다. 즉, 정보통신 기술의 접목으로 제조업 부문의 생산성이 크게 높아졌는데, 이는 20세기 들어 빠르게 발전해온 제조업이 그만큼 큰 잠재력을 축적하고 있었기 때문이다. 제조업에 주목하지 않고 외형적인 성장만을 보면 마치 제조업과 관계없이 서비스업만으로 부가가치가 창출되는 것처럼 보일 정도였다. 일부 국가에서는 제조업 육성에 관한 정책을 거의 쓰지 않고 방치하다시피 하였다.

하지만 서비스업의 비중이 급격히 확대됨에 따라 제조업 부문이 상대적으로 위축되면서 제조업 부문에 축적되어 있던 기술 잠재력이 점점 고갈되어 제조업의 성장 없이는 더 이상의 서비스업 성장이 어려워지게 되었다. 따라서 제조업 혁신은 제조업 자체가 가지고 있는 경제 안정을 위한 균형추로서의 역할을 강화하기 위해서는 물론이고 서비스업의 지속적인 발전을 위해서도 매우 긴요한 과제가 되었다.

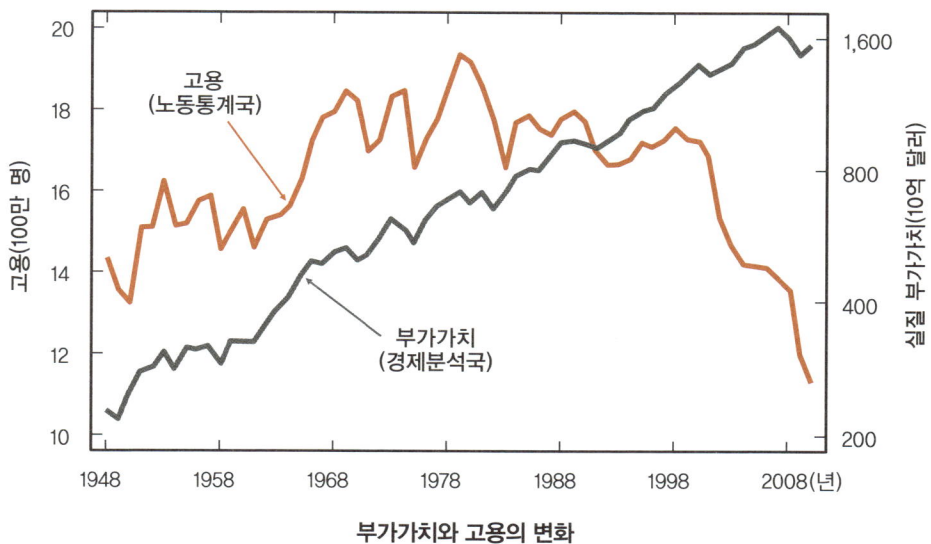

부가가치와 고용의 변화

제조업에서 구하는 경기변동 대응책

모든 국가들은 잦은 경기변동에 유연하게 대응할 수 있는 안정한 경제 체계와 생산 체계를 갖고 싶어 한다. 현재의 생산 체계는 글로벌화되어 있어 원료, 생산 기기, 에너지, 물류 등 가치사슬을 구성하는 요소들 중 어느 하나에서 큰 변동이 생기면 곧바로 전체 가치사슬이 흔들리게 된다. 경기가 둔화되면 걷잡을 수 없이 빠르게 침체로 연결되고, 실업률이 높아져 사회가 불안정해지는 이유도 이러한 글로벌 가치사슬 체계와 관련이 있다.

특히, 고용 없는 성장이 대세가 된 현재의 경제체제에서 고용이 감소한다는 것은 제조업이 흡수할 수 있는 여력이 제한되어 있다는 것을 의미하므로 더욱 큰 사회문제가 된다. 즉, 경기변동에 대한 대응성을 높이는 방법은 제조업을 확대하고 제조업의 생산성을 더욱 높여 제조업 부문의 직접 또는 간접 고용을 더욱 늘리는 것이다.

자동화로 대변될 만큼 제조업이 첨단화되었음에도 불구하고 경기변동은 더욱 잦아지고 경기변동의 진폭은 더욱 커졌다. 제조업이 고도화되면 그만큼 경기 변화에 대한 대응 능력이 높아져야 하는데 그렇지 못한 이유는 무엇일까?

제조업이 고도화되어 한계비용이 줄어들면서 제품의 성능(품질)은 좋아지는 반면 가격은 낮아진다. 늘어나는 소득으로 구매력은 증가하는데, 물건 값은 떨어지므로 자산 축적(저축)이 늘어난다. 한계에 접근하는 제조업에 추가로 자본을 투자하는 것을 기피하게 되므로 자본 축적은 가속된다. 마땅한 투자처를 찾지 못한 축적된 자본은 조그만 경기변동에도 큰 물결을 만들어 낸다. 여러 번의 경기변동에서 과잉으로 자본이 축적되었을 때 초저금리 현상과 부동산 투자가 과열되는 현상이 나타났다. 지금은 3차 산업혁명의 후반기에 해당하며, 전반기에 이룩한 기술적·산업적 성과로 창출되는 부를 축적하는 시기에 해당된다. 축적된 엄청난 부를 투자할 수 있는 수익성이 좋은 신산업이 나타나지 않고 있다. 개발도상국의 약진으로 저임금 국가로 생산 시설을 이전하여 추가로 이익을 얻을 수 있는 여지가 점점 축소되고 있다.

경기변동에 대한 대응 방안을 제조업에서 찾으려고 할 때, 제조업의 추가적인 혁신이나 제조업 비중을 늘리는 것만으로 경기변동에 충분히 대응할 수 있을까? 한계비용 제로에 접근하고 있는 제조업을 혁신시키는 데 들어가는 비용이 적지도 않을 뿐만 아니라 제조업 비중을 늘리는 것도 쉽지 않다.

결국 자국 내 제조업의 새로운 방향을 찾는 것에서 답을 구해야 한다. 추격해오는 개발도상국들과의 격차를 벌리고 자국 제조업의 경쟁력을 키울 수 있는 방안을 찾아야 한다. 글로벌 가치사슬의 변화에 큰 영향을 받지 않거나 글로벌 가치사슬을 선도할 수 있는 위치에 있어야 한다. 저임금 국가로 이전하였던 제조업을 회귀시킬 수 있을 정도로 임금에 의존하지 않는 제조업, 개발도상국의 업체들이 추격할 수 없을 정도의 고도로 기술 집약적인 제조업, 자원 시장이나 통상 마찰과 같은 강한 충격에도 흐트러지지 않는 꽉 짜인 글로벌 가치사슬 기반의 제조업이 아마도 답이 될 것이다. 현재의 제조업 패러다임에서 이러한 조건을 만족하는 답을 구하기는 쉽지 않다. 지금까지 언급한 것이 선진국, 선진업체들이 제조업 혁신, 새로운 제조업에 관한 계획을 구체화하고 있는 이유이다.

제조업 혁신이 필요한 이유

현재의 제조업은 디지털 기술의 발전과 소재·부품(공정), 기계 설계 및 제작, 정밀 제어 및 시스템 기술의 발전으로 자동차, 전기·전자 등 주요 제조업 분야는 거의 한계 수준까지 자동화되었다. 기계(단위)별 또는 생산 라인별로는 무인화 수준이어서 자동화 시스템의 생산성은 거의 한계점에 이르렀다. 자동 생산에 필요한 시스템을 구축하는 데 소요되는 재원만 있으면 지구 어느 곳에서도 고도로 훈련된 전문 인력 없이 높은 생산성으로 제품을 생산할 수 있다. 즉, 저임금 국가로 생산업체를 이전함으로써 얻는 이익은 점점 줄고 있고 선진 산업국과 개발도상국, 신진 산업국들과의 격차는 급격하게 좁혀지고 있다. 제조 부문의 고도화로 나타난 결과가 이른바 아래와 같은 '스마일 곡선smile curve'이다.

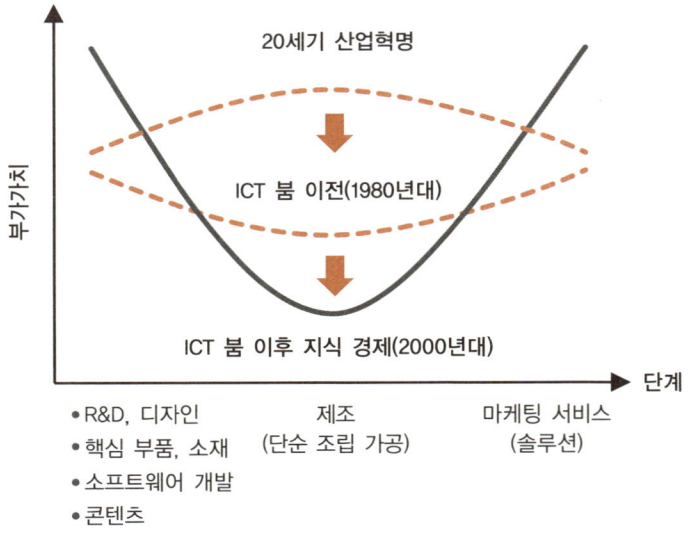

산업의 고도화에 따른 가치사슬 형태의 변화

제조업이 본격 성장하기 시작한 20세기에는 산업 전체가 창출하는 부가가치의 가장 큰 부분을 '제조' 영역이 차지하였다. 제조업이 고도화되어 한계 생산 비용이 줄어들고 국가 간, 기업 간 경쟁이 심화되면서 제품 가격이 하락하였다. 그 결과 제조 영역이 창출하는 부가가치 비중은 크게 축소되었다. 제조 영역의 기여가 줄어드는 대신 디자인이나 핵심 부품·소재 등 제조 전 단계 영역과 마케팅 서비스 영역이 부가가치 창출에 기여하는 비중이 상대적으로 증가하였다. 그림의 '스마일 곡선'은 제조업의 이러한 가치사슬 변화를 요약하여 보여 준다.

또한 제조업이 고도로 분화되고 물류 부문에 혁신이 일어나면서 글로벌 가치사슬이 형성되었다. 글로벌 가치사슬의 형성으로 가장 질 좋은 부품을 가장 싼 가격으로 세계 도처에서 공급받게 됨으로써 단순 조립을 중심으로 하는 대형 기업이 출현하였다. 이들 기업들은 제품의 설계나 마케팅 능력, 시장 지배력 등을 무기로 제조업 전반이 창출하던 부가가치의 상당 부분을 흡수하고 있다. 물론 이러한 기업들이 새로운 시장을 열어 제조업을 활성화시키는 역할을 함으로써 시장을 키우고 제조 기업의 이익을 늘리는 긍정적인 역할을 하는 측면도 있다.

글로벌 가치사슬의 영향을 보기 위한 예로 스마트폰을 들여다보자. 스마트폰은 대략 1,500개 이상의 부품으로 구성되어 있다. 세계 도처에 흩어져 있는 제조업체들이 애플이나 삼성 등 스마트폰 제조업체에 다양한 부품들을 공급한다. 애플리케이션 프로세서는 Hi-Silicon(화웨이 P9), TSMC(iPhone 7), 삼성전자(갤럭시 7)가 공급하며, 디스플레이는 Japan Display(iPhone 7, 화웨이

P9), 삼성전자(갤럭시 7)가 공급한다. 메모리는 삼성전자(iPhone 7)와 SK 하이닉스(화웨이 P9)가 공급하고, 카메라는 Sony(iPhone 7, 갤럭시 7)와 Sunny Optical(화웨이 P9)이 공급한다. 배터리는 Huizhou-Desay(iPhone 7), 삼성(갤럭시 7), 화웨이(화웨이 P9)가 공급한다.* 즉, 애플은 iPhone 7을 조립하기 위하여 TSMC, 삼성전자, Sony, Huizhou-Desay 등으로부터 애플리케이션 프로세서, 메모리, 카메라, 배터리 등의 부품을 공급받는다.[6] 애플은 부품을 제조하는 공장을 보유하고 있지 않기 때문에 다른 부품들 또한 외부업체로부터 공급받는다. 부품 공장을 가지고 있는 삼성전자는 자체 공급 외에 외부로부터 많은 부품을 공급받는다. 세계적인 공급망(글로벌 가치사슬)을 보유하고 있는 이러한 회사들은 가장 질 좋은 제품을 가장 싼 가격으로 공급받을 수 있으므로 큰 이익을 창출할 수 있다.

다음 그림은 스마트폰이 출현한 2007년 이후 상위 2개 기업이 차지하는 생산(제조 수량)과 매출의 점유율 변화를 보여 준다. 상위 2개 기업의 생산 점유율은 2007년 약 60% 수준이었으나 2016년 약 35% 수준으로 감소하였다. 스마트폰을 제조하는 회사들이 많이 생긴 결과이다. 상위 2개 업체가 차지하는 생산 비중은 줄어든 반면 두 업체가 차지하는 매출 비중은 2011년 이전 약 50% 수준에서 애플과 삼성의 양강 구도가 자리 잡은 2012년 이후 약 65% 수준으로 높아졌다. 즉, 글로벌 가치사슬을 장악한 업체의 지배력이 강화된 결과로 볼 수 있다.

35% 정도의 제품을 생산하고 약 60%의 매출을 가져가는 삼성과 애플의 순

* 괄호 안은 해당 부품이 탑재되는 스마트폰 기종을 나타낸다.

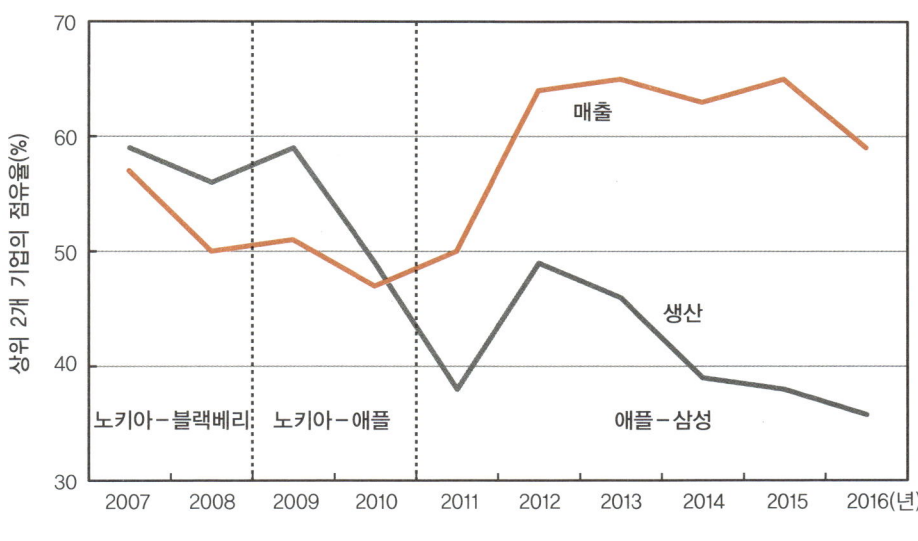

전체 스마트폰 생산 및 매출에서 상위 2개 기업의 점유율 변화 추이

이익 비중을 보면 글로벌 가치사슬의 효과는 더욱 분명해진다. 삼성과 애플은 2012년 이후 스마트폰 순이익의 대부분을 가져가고 있다. 두 회사의 순이익 점유율 비중의 합이 100%를 넘는 것은 적자를 보고 있는 기업들이 있기 때문이다. 즉, 몇몇 제조 회사들은 순이익을 내기는커녕 적자를 보고 있다. 제조 공장이라고는 하나도 없는 애플이 전체 이익의 80% 이상을 가져간다는 것은 놀라운 일이다. 스마트폰 사례는 글로벌 가치사슬 형성과 제조업 부가가치의 스마일 곡선형 전환으로 나타날 수 있는 거의 극단적인 경우라고 볼 수 있다.

스마트폰의 사례는 연간 수억 대의 기기가 시장에서 팔리고, 모델 전환이 매우 빨라 기업 간 경쟁이 대단히 치열하기 때문에 글로벌 가치사슬이 미치는 영향이 더욱 두드러져 보일 뿐이다. 다른 기업들, 특히 다국적기업들 역시 마

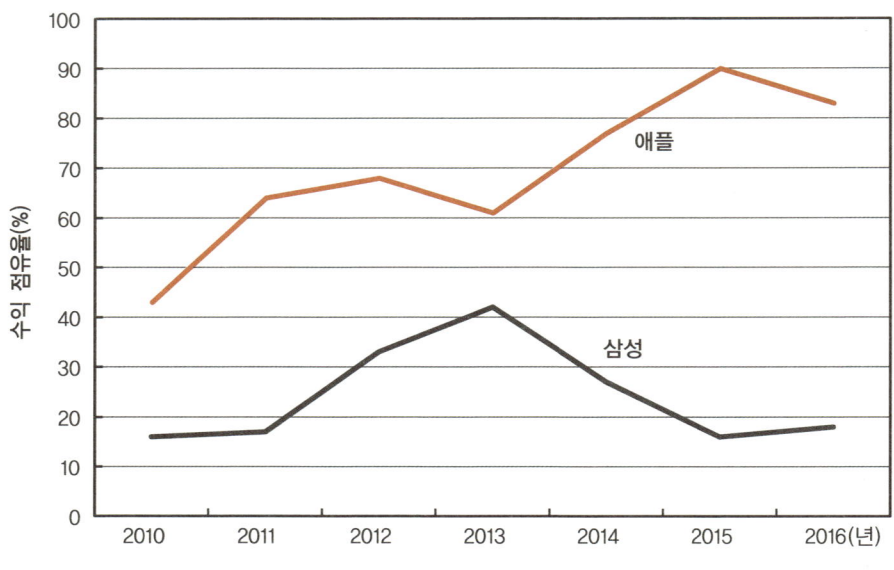

스마트폰 전체 수익에서 삼성과 애플이 차지하는 비중 변화 추이

찬가지로 글로벌 가치사슬의 최상위 또는 최종 말단부에 자리 잡고 큰 영향을 미치고 있다. 보잉사의 대형 여객기도 세계 도처에 흩어져 있는 플랫폼 기업들이 생산한 제품들을 조립하여 만든다. 여객기의 엔진은 미국·영국, 날개 끝부분과 동체 뒷부분은 한국, 동체 앞부분은 미국, 뒷날개 이동 부분은 호주, 동체 중간 부분은 이탈리아, 탑승용 문은 프랑스, 짐칸 문은 스웨덴 등 여러 나라에서 만든 부품이 보잉사로 공급된다. 전기 자동차를 제조하는 테슬라도 세계 도처에 있는 플랫폼 기업들로부터 가장 양질의 부품(모듈)을 공급받아 완성차를 제조하고 있다.

4차 산업혁명 단상

스마트폰 사례가 던지는 시사점

제조업이 고도화되어 스마일 곡선의 모양이 더욱 일그러지고 동시에 글로벌 가치사슬 형성이 일반화되면서 제조업의 패턴이 빠르게 전환되고 있다. 이러한 변화는 제조업을 기반으로 하는 기업들이 살아남기 위해 선택할 수 있는 전략의 폭을 좁히고 있다. 스마트폰의 사례처럼 글로벌 가치사슬의 영향으로 수익 편중이 더욱 심화되는 환경에서 제조업 기반의 기업이 살아남을 수 있는 전략은 크게 보아 두 가지이다.

하나는 세계적으로 강한 경쟁력을 보유한 플랫폼 제조 기업이 되는 것이다. 특정 제조 영역에 관한 한 어떤 환경 변화에도 기술이나 원가로 대응할 수 있는 능력을 가져야 한다. 즉, 어떤 상황에서도 세계 최고의 솔루션을 제공할 수 있어야 하며, 지속적으로 업그레이드된 솔루션을 제공할 수 있어야 한다. 다른 하나는 세계 도처에 있는 플랫폼 기업들의 제품(부품)을 활용하여 글로벌 마켓에서 팔릴 수 있는 제품을 디자인하고 시장을 창출할 수 있는 능력을 가져야 한다. 애플뿐만 아니라 팹리스fabless* 기업들이 부상하고 있는 이유이기도 하다. 초연결 환경이나 소비 패턴 변화, 신기술을 활용하여 게임 체인저game changer** 비즈니스로 브랜드 파워를 확보하는 것이 관건이다.

세계 도처의 플랫폼 기업들을 활용할 수 있는 위치에 있는 다국적기업들은 글로벌 가치사슬의 혜택을 누릴 수 있지만, 이와는 반대로 가치사슬의 한 부분을 구성하는 현재의 플랫폼 기업은 수익성 악화에 내몰리는 상황이 초래되기도 한다. 다국적기업에게는 더욱 선택의 폭이 넓어지는 반면, 제조 기업들의 입지는 더욱더 좁아지고 신기술을 개발해야 살아남을 수 있다는 압

* 반도체 제조 공정에서 반도체 설계를 전문으로 하는 회사이다. 영어 fabrication과 less를 합성한 말이다.
** 기존 시장에 큰 충격을 줄 정도의 혁신적인 아이디어를 가진 사람이나 기업을 말한다.

박감은 더욱 커졌다. 다국적기업들은 자신들의 필요를 충족할 수 있는 수준 이상의 기술을 큰 비용을 들여 개발하는 데는 소극적이다. 하지만 그들 역시 살아남아야 하는 명제에서 자유롭지 못하기 때문에 가치사슬상의 기업들에게 일정 부분 투자하지 않을 수 없다. 따라서 플랫폼 기업이나 이에 도달하지 못한 제조 기업들은 이러한 다국적기업들과 친밀한 관계를 구축해야 한다. 그들이 필요로 하는 이슈에 대한 솔루션을 지속적으로 제공할 수 있는 능력이 있다는 것을 인식시켜야 한다. 적어도 다국적기업들이 무엇인가에 대한 해답을 찾고 있을 때 자신을 찾을 수 있게 해야 한다.

정답은 없다, 만들어 가야 한다

앞에서 4차 산업혁명을 말하고 있는 주체들과 이유들, 4차 산업혁명에 대한 예측 가능성들에 대해 설명하였다. 점점 잦아지고 진폭이 커지고 있는 경기변동에 적극적으로 대응하지 못할 경우 사회, 경제적 불안이 커지게 되므로 국가적으로 이에 대한 대책이 필요하다. 기술의 진보가 가속되고 통신과 물류가 실시간 지구 곳곳을 연결하고 있어 기업의 사업 환경, 국가 단위의 경제 환경이 급격하게 변하고 있다. 이러한 환경 변화로 국가나 기업이 무한 경쟁에 내몰리고 있다.

한편, 급격히 진행되고 있는 세계화로 인해 기후변화, 자원 부족, 환경오염, 인권 개선 등 글로벌 이슈가 국제 질서 변화와 각국의 정책 결정에 적지 않은 영향을 미치고 있다. 선진국은 선진국대로, 선진 기업은 선진 기업대로 현재의 위치를 지키기 위해 그 어느 때보다 심각하게 고민하지 않을 수 없다. 개발도상국이나 산업화가 진행 중인 국가들, 경쟁력을 갖추고 있는 기업들도 예외일 수는 없으나, 선진국이나 선진 기업만큼 선택할 수 있는 여지가 그리 크지 않다.

세계적으로 큰 변화가 이미 시작된 것은 분명하지만 나라마다 기업마다 부딪히고 있는 환경이 다르고, 이러한 환경을 돌파한 사례도 없기 때문에 변화에 대응하는 정답이 없을 뿐더러 참고할 대상도 없다. 선진국들이 추진하고 있는 4차 산업혁명 정책들이 후발국들에게 참고가 되고 있지만, 이러한 정책들은 선진국들이 만들어 가고 있는 정책들일 뿐이다. 즉, 그들의 사정을 반영한 정책일 뿐 누구나 받아들일 모범답안은 아니다. 다만 각국의 사정은 다르겠지만 선진국들이 어떤 부분을 고민하고 있고 어떻게 대응하고 있는지를 참고하는 것은 자국의 환경에 적합한 정책을 만들어 가는 데 도움이 될 것이다.

세상의 패러다임이 바뀌는 것과 같은 큰 변화는 저절로 오지 않는다. 산업혁명과 같은 큰 변화의 뒤에는 반드시 그런 변화를 촉발시키는 주체가 있다. 변화를 주도하는 주체는 그 변화로부터 가장 큰 혜택을 누릴 가능성이 크다. 지금까지의 산업혁명에서 산업혁명을 주도한 국가들이 세계 경제를 장악하였다. 4차 산업혁명을 적극적으로 추진하고 있는 국가들 역시 향후 빠르게 다가올 새로운 산업 패러다임을 주도하고, 세계 경제에서 지배적인 위치를 차지하는 것이 목표이다. 따라서 4차 산업혁명을 주도하고 있는 국가들은 그들의 의지대로 4차 산업혁명을 만들어 가고자 할 것이다.

이전의 산업혁명과 달리 선진 산업국들이 4차 산업혁명을 주도하고 자신들의 판을 구축하려 하기 때문에 이들의 의지가 4차 산업혁명의 진전에 큰 영향을 미칠 것이다. 그렇다고 반드시 그들의 의지대로 될지는 확실하지 않다. 1장에서 살펴본 대로 산업혁명이 진행되는 데는 몇 가지 핵심 기술이 큰 역할을 하지만 그 기술들만으로 진행되지는 않을 것이다. 기술 간 융합, 사회경제적 환경 등이 복합적으로 작용한다. 4차 산업혁명을 주도할 몇 가지 기술들이 이미 주목을 받고 있지만 그 자체보다도 기술 간 융합 과정에서 탄생할 기술들이 4차 산업혁명을 진전시킬 것이다. 따라서 현재 예측하고 있는 것과는 다른 양상으로 전개될 가능성도 충분히 있다.

선진국들이 4차 산업혁명을 추진하고 있는 배경에는 여러 번의 경제 위기를 포함한 세계 경제의 구조 변화가 깔려 있다. 세계화의 진전, 글로벌 가치사슬의 형성, 개발도상국의 약진, 첨단 제조 기술의 확산으로 경기변동이 잦아지고, 그에 따른 영향이 커짐에 따라 선진 경제의 입지가 급격히 축소되었다. 특히, 3차 산업혁명의 절정기라고 볼 수 있는 2008년에 시작된 경제 위기는 선진국들이 제조업의 의미를 새롭게 인식하는 계기가 되었다. 선진 경제는 자신의 경쟁력을 키워줄 새로운 제조 기술 패러다임이 필요하게 되었다. 경쟁국들과의 격차를 확대하고 그들의 지배력을 공고히 할 수 있는 새로운 제조 패러다임으로 선택한 것이 인더스트리 4.0으로 일컫는 이른바 4차 산업혁명이다.

나라마다 제조업 환경이 다르고 국제 경쟁력에도 차이가 있다. 따라서 4차 산업혁명을 바라보는 시각과 전망도 각각 다를 수밖에 없다. 선진 경제가 추구하는 4차 산업혁명의 모습에서 힌트를 얻고 우리 스스로의 4차 산업혁명을 만들어 가는 지혜가 필요하다.

출처
Source

1) 김용기, "위기 이후 재조명되는 제조업", 삼성경제연구소, SERI 경제 포커스 2011. 8. 30.(제350호)

2) 박복영·김종혁·고희채·박경로, "글로벌 금융위기 이후 미국경제의 진로모색과 시사점", 대외경제정책연구원, KIEP 정책연구 브리핑 연구보고서 pp.12~27, 2012.

3) "Global Manufacturing Competitiveness Index(2000, 2010, 2013)", Deloitte

4) Joseph R., "Meisenheimer II: The Services Industry in the 'Good' versus 'Bad' Jobs Debate", Monthly Labor Review, p.22, February 1998.

5) J.R. Pierce and P.K. Schott, "The Surprisingly Swift Decline of U.S. Manufacturing Employment", Working Paper 18655(http://www.nber.org/papers/w18655), National Bureau of Economic Research, 2012.

6) Jason Dedrick and Kenneth L. Kraemer, "Intangible Assets and Value Capture in Global Value Chains: the Smartphone Industry", Economic Research Working Paper No. 41, World Intellectual Property Organization(WIPO), November 2017.

선진국들은 더 이상 자동화를 기반으로 하는 고도화된 첨단 제조업으로는 생산성 향상과 고용 창출이 어렵다는 것을 알았다. 바야흐로 선진국들 간 사물인터넷, 빅데이터, 인공지능 등이 융합된 첨단 자동화로 이어지는 제조업 혁신 경쟁이 달아오르고 있다.

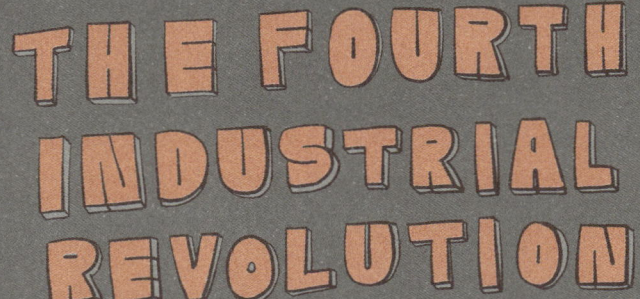

The Fourth Industrial Revolution

미래를 여는 나침반 4차 산업혁명 보고서

3장

4차 산업혁명의 시작

생산혁명이 필요한 배경

2장에서 제조업 혁신이 필요한 이유를 거시적 관점에서 설명하였다. 3장에서는 생산혁명이 필요한 배경을 자세하게 들여다봄으로써 4차 산업혁명의 배경에 대한 이해를 더욱 높이고자 한다.

생산혁명은 제조혁명과 같은 의미로 사용되며 좀 더 큰 범위를 말한다고 할 수 있다. 지금까지 제조 부문에서의 화두는 '제조 혁신'이었다. 즉, 제조 혁신은 주어진 제조업 패러다임 내에서 소재, 공정(방법), 물류(공급)의 혁신을 추구하는 것이 목표였고, 그 결과는 제품 생산의 효율에 주안점을 둔 생산성 향상이었다. 제조 혁신과 달리 제조혁명은 제조업 패러다임 자체를 바꾸는 것이 목표이다. 인간이나 동물의 노동력에 의존하던 수작업을 기계 작업 방식으로, 수동 작업을 자동화 방식으로, 자연 에너지를 인공 에너지로 바꾼 것과 같이 제조업의 패러다임 자체를 바꾸는 것을 의미한다.* 따라서 이러한 변화는 1장에서 언급한 '혁명'적인 변화로 볼 수 있으므로 생산혁명 또는 제조혁명으로 불러도 큰 무리는 없다.

이제까지 산업혁명은 항상 제조혁명으로부터 시작되었다. 언제 어떻게 쓰일지도 모른 채 어디선가 오랫동안 발전하고 있던 기술이 그 시대가 요구하는 사회경제적 요구를 충족시킬 수 있는 대안으로 부상하는 데서 출발한다. 새로운 제조 방식으로 새로운 엔진에 불을 당긴 이후에는 각기 발전하던 여러 기술

---

* 제조혁명을 제조 혁신과 같은 의미로 사용하기도 한다.

들이 복잡하게 융합하면서 혁명적인 변화를 만들어 간다. 21세기 초반인 지금 제조 부문이 대응해야 하는 사회경제적 요구는 무엇일까?

제조업 혁신에 주목해야 하는 이유

제조업이 중요한 이유

산업혁명은 앞서 말했듯이 최종 모습이 어떠하든 예외 없이 '제조혁명'으로부터 비롯되었다. 무엇 때문에 '산업혁명'을 생산혁명, 제조혁명에 뿌리를 두고 있다고 말하는 것일까? 제조업이 어떤 의미가 있기에 산업혁명에서 제조혁명 또는 제조 혁신이 중요하게 다루어지는 것일까? 여러 가지 다른 견해들이 있을 수 있고, 같은 견해라고 하더라도 설명이 각기 다를 수 있다. 제조업에 대한 한 경영학자의 고백과 더 늦기 전에 미국의 제조업을 살려야 하는 이유를 제시하는 루스벨트 연구소의 견해를 소개한다. 이를 통해 제조업의 중요성을 장황하게 설명하는 것을 대신한다.

> 서비스업과 금융업이 다음 세대의 먹거리라고 주장했던 수년 전 시대의 흐름을 똑똑히 기억한다. 너도 나도 경영학을 배우고, 마케팅과 전략, 재무 과목들이 인기가 있었으며, 그걸 배우면 기업을 경영할 수 있고, 세상을 흔들고 바꿀 광고를 만들고 브랜드를 탄생시킬 수 있다고 믿었다. 또한 금융업을 통해 기존의 제조업과 서비스업 중심의 부가가치 생산 효율을 획기적으로 향상시킴으로써, 적어도 나의 자식 세

대까지 책임질 부를 획득할 것이라고 대부분이 생각했던 것 같다.

그런데 그동안의 보고 듣고 익힌 많은 지식과 경험들을 가지고 생각을 곱씹어보면, 과거에도 지금도 많은 사람들의 변함없는 지지와 충성도를 보장하고 있는 서비스나 브랜드들의 대부분은 세상에 없던 기가 막힌 새로운 제품이거나 그동안의 가려웠던 부분을 완벽히 긁어주는 보완적인 제품, 즉 제조업으로부터 출발하고 있다는 확신이 든다. 당장에 지금 내 주위를 둘러싸고 있는 많은 브랜드들만 보더라도 금방 눈치챌 수 있을 것이며, 미래 성장 잠재력이 크다고 국가가 장려하고 재벌들이 앞장서 투자하고 있는 많은 사업들 역시 제조업의 영역에 속한다.

경영학 전공자로서 참 아픈 깨달음이다. 영업이든 기획이든 연구든 소설이든, 세상을 바꾸거나 사람들을 열광하게 만들 무언가는 반드시 제조업의 관점에서 시작되고 접근해야 한다는 점을 또렷하게 새기고 싶다.

- 장하준의 《착한 사마리아인들》 중에서

제조업이 경제의 중심이 되어야 하는 여섯 가지 이유는 다음과 같다.

첫째, 제조업은 그동안 발전에 이르는 길이 되어 왔다. 지난 수백 년간 부강한 나라를 만드는 전략적인 방법은 고급 제조업을 일으키는 것이었다. 19세기 영국으로부터 미국, 독일, 일본, 20세기의 소비에트연합, 최근의 한국, 타이완, 중국이 번영을 누리는 것도 모두 제조업 때문이다.

둘째, 제조업은 '강대국great power'의 기반이다. 강대국들은 세계 제조 기술의 생산을 통제하는 국가들이다. 단순히 공장을 짓고 더 많은 상품을 제조하는 것이 아니라 상품을 만드는 생산 기계를 어떻게 만드는지를 통제하는 것이다. 강대국이 가지고 있는 경쟁력의 핵심은 생산수단을 만들 수 있는 능력이다. 세계 생산 기기 생산의 약 80%를 강대국들이 차지하고 있다.

셋째, 제조업은 경제성장의 가장 중요한 원천이다. 생산 기기 제조 부문의 성장과 생산 기기 기술의 향상이 경제 발전의 중심이다. 기계 산업이 없으면 지속 가능한 성장은 없다. 생산 기기가 있어야 아이폰, 반도체 같은 제품을 만들고, 이들이 더 좋은 생산 기기를 만드는 것으로 이어지고, 새로운 생산 기기는 다음 제품을 만드는 것으로 연결된다.

넷째, 세계무역은 서비스가 아니라 제품을 기반으로 하고 있다. 어떤 나라든 서비스를 그 나라 상품의 대부분으로 교역할 수는 없다. WTO에 따르면 세계무역의 80%는 공산품이며 나머지 20%만이 서비스이다. 서비스업 중심의 국가 화폐는 가치가 거의 없다.

다섯째, 서비스는 공업 제품에 의존한다. 서비스는 대부분 공업 제품을 사용하는 활동이다. 2010년 부가가치 기준으로 전체 경제에서 도·소매업은 11%, 부동산을 포함한 자산 부문은 13%, 의료·보건은 8% 정도를 차지한다. 금융조차도 제조업 중심이다. 경제의 건강은 제조업 부문의 건강에 결정적으로 달려 있다.

여섯째, 제조업은 고용을 창출한다. 대부분의 직업은 제조업과 직간접으로 연결되어 있다. 제조업에서 하나의 일자리는 다른 부분에서 세 개의 일자리를 창출한다.

- "Six Reasons Manufacturing is Central to the Economy",
Roosevelt Institute(2011. 5. 23.)

제조업 현황

세계

1700년 이후 2010년까지 1인당 GDP는 지속적으로 성장했다. 산업혁명을 주도한 영국과 미국은 물론 대부분의 나라들에서 GDP가 꾸준히 높아졌다. 산업혁명 시기에도 GDP의 급격한 증가는 없었다. 영국은 1차 산업혁명, 미국은 2차 산업혁명을 계기로 1인당 소득이 증가하기 시작하였다. 첨단화된 제조업 발전이 거의 없었던 중국은 1인당 소득 증가가 2010년까지 거의 정체에 가까운 수준을 유지하였다. 미국은 2차 산업혁명을 주도하면서 영국을 제치고 세계 1위로 올라섰다. 미국은 3차 산업혁명 역시 주도하면서 세계 최강의 국가 지위를 유지하고 있다. 일본과 우리나라는 3차 산업혁명 동안 1인당 소득이 급격하게 증가하였다. 아래 그림은 산업화가 소득 증가에 미치는 영향을 단적으로 보여 준다. 선진국들에서 가속되던 1인당 GDP 증가가 2000년 이후 점차 둔화되는 경향을 보이고 있다. 선진 산업국들이 주도해온 현재의 성장 패러다임이 GDP 성장을 이어가는 데 한계를 드러내고 있는 것으로 보인다.

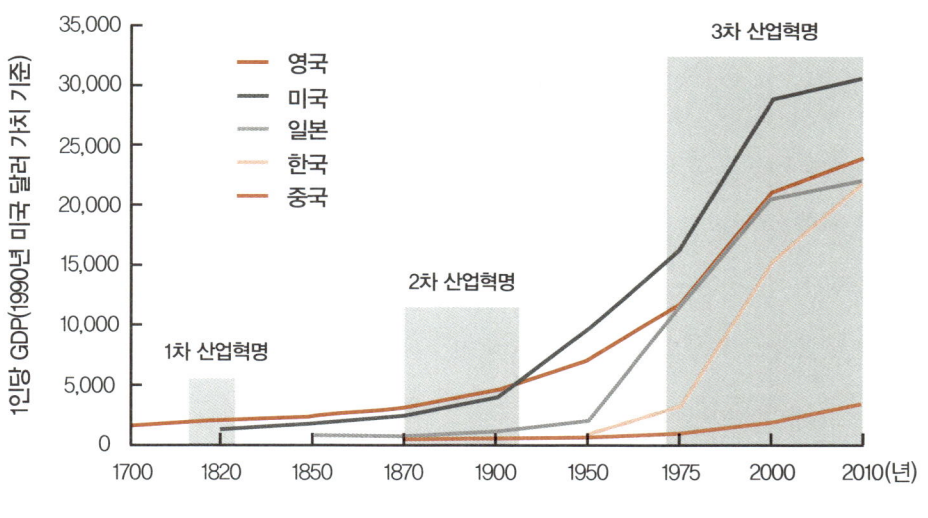

1700~2010년 기간 각국의 1인당 GDP 변화 추이

1970년대 이후 거의 모든 선진국들에서 전체 산업에서 제조업이 차지하는 비중이 지속적으로 줄어들었다.[1] 1970년대 독일과 일본이 30% 이상의 제조업 비중을 유지하였으나, 1990년 이후 2007년까지 제조업 비중이 30%를 넘는 국가는 중국 이외에는 하나도 없다. 제조업 비중이 20% 미만인 국가들이 늘어나고 있다. 전체 고용 중 제조업 부문의 고용이 차지하는 비중도 제조업 비중과 거의 같은 패턴으로 감소하였다. 1990년대 중반 이후 대부분의 국가들에서 제조업이 창출하는 일자리는 전체 고용의 20% 미만이다. 제조업의 고용 비중은 2004년, 2005년까지 급격하게 줄어들다가 그 이후 줄어드는 속도가 현저히 둔화되었다. 우리나라(29%), 중국(27%), 독일(23%), 인도네시아(22%) 등 네 개의 국가만이 20%를 상회하고 있으며, 나머지 국가들은 10~20% 범위에 들어 있다.[2]

미국

세계 경제를 주도하고 있는 미국의 제조업이 생산한 부가가치는 1972~2008년 동안 거의 선형적으로 가파르게 성장하였다. 2008년 세계 경제 위기 때 잠시 크게 감소한 후 빠른 회복세를 보이고 있다. 제조업이 생산한 부가가치가 빠르게 증가하는 동안에도 제조업 부문의 고용은 느린 속도로 감소되다가 2000년 이후 급격한 감소를 보이고 있다. 미국의 고용 상황은 2000년대 들어 대단히 심각한 상황에 빠져들었다. 특히, 2008년 세계 경제 위기 이후 더욱 급격히 감소했던 고용은 회복되지 않고 있다. 1990년대까지 전체 고용은 20% 수준으로 늘었으나 제조업 고용은 한 자리 수준으로 줄어들었다. 2000년대 들어서는 전체 고용의 증가가 거의 '0'에 접근하였으며, 제조업 부문의 고용 증가는 마이너스 30% 이하로 떨어졌다. 전문가들은 이러한 고용 사정의 악화를 대공황The Great Depression* 때보다 더 나쁜 상황으로 판단하고 있다. 이렇게 고용 사정이 악화된 것은 제조업 부문에서 하나의 일자리가 사라질 때 다른 부문에서 약 1.9개의 일자리가 동시에 없어졌기 때문이다. 제조업에서 하나의 일자리가 만들어질 때 다른 부문에서 약 3개의 일자리가 만들어지는 것만큼이나 제조업 부문의 고용이 감소할 때 역시 큰 부정적 파급효과를 나타낸다.

제조업의 생산성 변화를 고용률 변화와 비교하면, 제조업의 생산 가치가 늘어나고 생산성 또한 높아졌음에도 제조업 고용은 반대로 크게 감소하였다. 1990~2000년대 사이 제조업의 생산성이 53.0%에서 65.6%로 높아지는 동안에도 제조업의 고용률은 마이너스 2.4%에서 마이너스 33.2%로 계속 감소하였다. 즉, 이 기간 동안 제조업의 생산성 향상은 고용 창출로 연결되지 않았다.

우리나라

우리나라의 제조업 사정도 미국의 경우와 크게 다르지 않다. 1970년 이후 전체 산업에서 제조업이 차지하는 부가가치 비중은 지속적으로 증가하였으며 2010년 32%를 기록하였다. 반면에 제조업이 차지하는 고용 비중은 1989년 약 28%까지 빠르게 증가한 이후 지속적으로 감소하였으며 2000년대 초반 거의 1970년 수준으로 떨어졌다. 1989년 이후 이른바 고용 없는 성장이 지속되고 있다.

---

* 1929~1939년 동안의 세계적인 대규모 경기 침체를 말한다.(미국의 도시 실업률은 38% 이상, 국민소득은 30% 이상 감소) 1929년 10월 24일(검은 목요일) 뉴욕 주식시장의 붕괴로부터 출발하여 세계로 확산되었다.

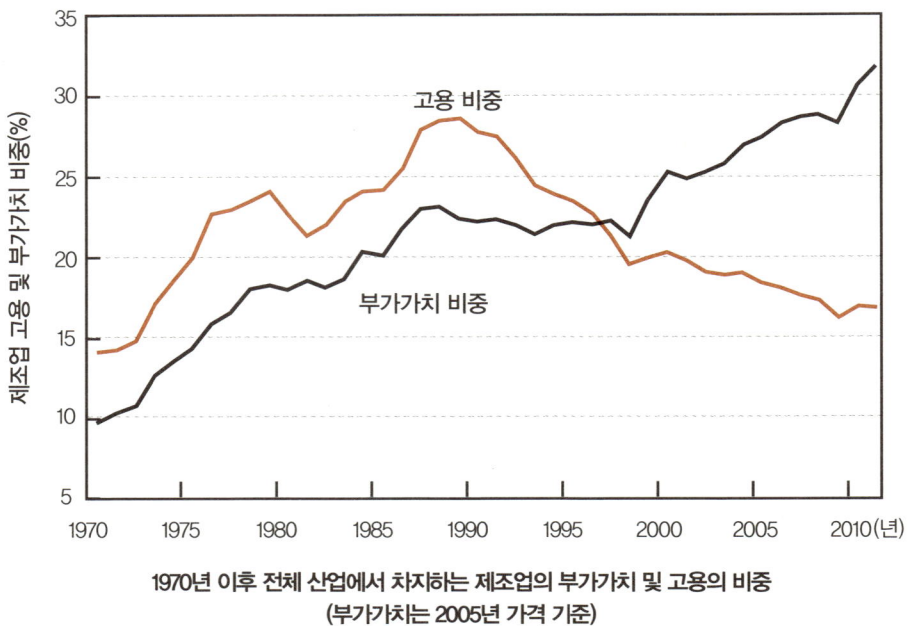

1970년 이후 전체 산업에서 차지하는 제조업의 부가가치 및 고용의 비중
(부가가치는 2005년 가격 기준)

다음 그림에서 1960년대 이후 제조업 부문의 부가가치 비중은 지속적으로 높아지고 있지만, 그 증가율을 보면 1970년대 정점을 찍은 이후 연속으로 감소하여 현재 약 5% 수준을 보이고 있다.* 이는 우리나라 제조업의 부가가치 창출 능력이 빠르게 약화되고 있다는 것을 보여 준다. 이러한 추세가 계속되면 제조업의 수익 폭이 점점 줄어들어 재투자할 수 있는 능력이 떨어지기 때문에 제조업이 경쟁력을 잃는 악순환에 빠질 우려가 있다. 선진 산업국들과 마찬가지로 제조업 혁신이 필요한 이유이다. 우리나라는 아직까지 제조업 비중이 높은 산업 구조를 유지하고 있기 때문에 GDP 중 제조업이 차지하는 비중을 높이기보다는 제조업 부문의 부가가치 증가율을 높이는 체질 개선을 하는 것이 필요하다.

* 2010년대(2010s)는 2010~2015년 사이의 자료이다.(현대경제연구원)

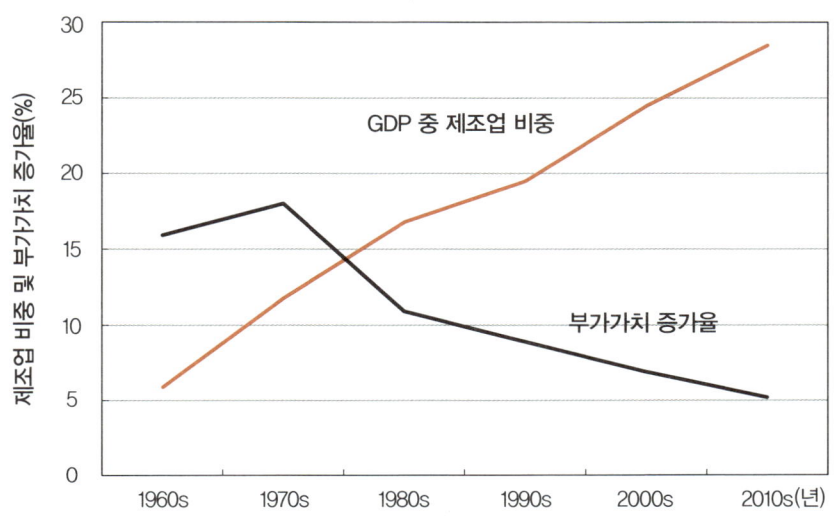

1960년대 이후 우리나라 GDP 중 제조업의 비중 및 부가가치 증가율 변화

제조업 부문의 동향

고도로 발달한 자동화(정밀 제어) 기술, 공정 설계 기술, 정밀가공(정밀공정) 기술, 첨단 소재 기술 등의 융합으로 첨단 제조업은 '한계비용 0(제로)'를 논하는 수준으로 효율성이 높아졌다. 특히, 선진 산업국들은 지금까지 지속되어온 높은 생산성 증가를 더 이상 기대할 수 없는 수준에 이르렀다. 물론 지금도 계속해서 새로운 생산 방식이 개발되고 있고 정체되어 가는 생산성을 높이기 위한 시도들이 이어지고 있다. 새로운 생산혁명인 4차 산업혁명의 배경을 이해하기 위해서는 생산성 향상 관점에서 첨단 제조업의 동향을 짚어볼 필요가 있다.

빨라지고 있는 제품 수명 주기

제조업이 첨단화되면서 자동화를 기반으로 대량생산되는 제품의 보급 속도가 급격히 빨라지고 있다. 아래 그림은 새로 등장한 가정용 전자제품이 1,000만 대 보급될 때까지 소요된 기간을 보여 준다.[3] 1876년 개발된 전화는 40년이 걸렸으며, 케이블 TV는 30년, 팩스는 25년, 이동전화는 15년, 개인용 컴퓨터는 10년, 인터넷은 5년으로 보급 속도가 급격히 빨라졌다. 대부분의 사람들이 사용하고 있는 스마트폰은 2007년 6월 말 출시된 후 그해 말까지 6개월 동안 보급 수량이 830만 대 이상에 도달하는 수준으로 빨라졌다. 이렇게 신제품의 보급 속도가 빨라지는 이유는 제조업이 첨단화되어 신제품의 생산을 뒷받침했기 때문이다. 다른 한편으로는 신제품의 수명 주기가 빨라진 만큼 기업들에게는 계속해서 새로운 제품을 개발해야 하는 숙제를 안겨주는 것이기도 하다.

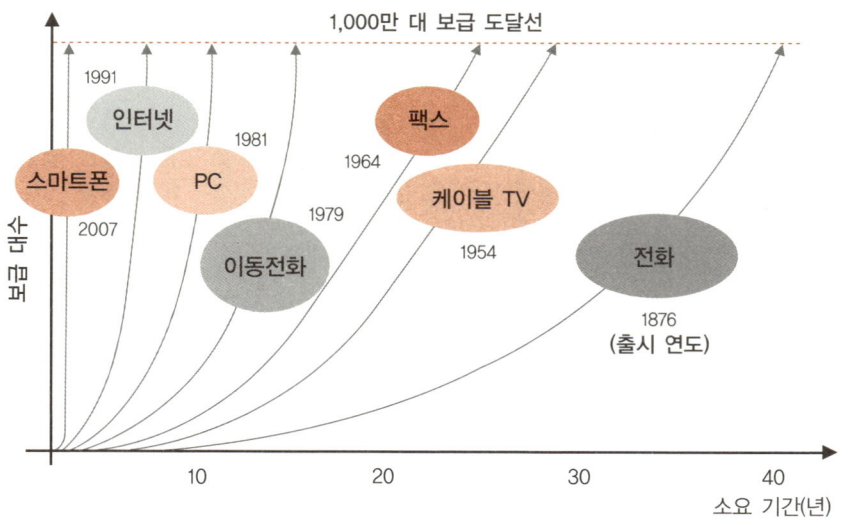

새로운 제품이 1,000만 대 보급될 때까지의 소요 기간

고객의 요구에 대응하거나 경쟁에서 우위를 점하기 위하여 같은 제품군 내에서도 기능이나 디자인이 끊임없이 변해야 한다. 이러한 변화 요구 때문에 제조업은 새로운 모델을 개발하는 기간을 단축해야 하는 것은 물론이고, 실패한 개발품들에 투입된 비용을 포함하여 책정되는 제품 판매가를 최소화해야 한다. 한 스마트폰 제조 회사는 2014년 한 해 동안 무려 50가지 이상의 제품(모델)을 개발하였다. 개발된 모든 제품이 시장에서 성공한 것은 아니고 그중 일부 제품들만이 시장에서 성공을 거두었다. 생산기술의 관점에서 보면 이렇게 많은 제품을 상업 수준으로 개발할 수 있다는 것과 일부 제품의 성공만으로 전체 개발 비용을 상쇄하고도 이익을 남길 수 있다는 것이 놀랍다. 즉, 생산기술이 그만큼 고도화되었기 때문에 가능한 결과로 해석할 수 있다. 이 회사의 경쟁 회사는 극소수 모델의 제품을 적게 판매하고도 더욱 큰 규모의 수익을 올렸는데, 이 점은 더욱 주목해볼 만하다. 스마트폰 산업의 사례는 첨단 제조업은 수요 변화에 효과적으로 대응할 수 있는 제조 역량이 있어야 한다는 것과 전체 수익의 대부분이 일부 기업에 편중되고 있어 많은 기업들이 생존을 보장받기 어려운 상황이라는 것을 잘 보여 준다.

가치사슬의 변화

2017년 5억 대 이상의 스마트폰이 판매되었으며 스마트폰을 제조하는 회사는 수십 곳이 넘는다. 스마트폰을 판매하여 나오는 전체 수익 중 거의 대부분을 두 개 회사가 나누어 갖는다. 어떻게 이런 일이 가능할까? 결론부터 말하면 글로벌 가치사슬이 고착되고 그 영향이 점점 더 심해진 결과이다.

1차 산업혁명 이후의 산업에서는 제조업이 거의 대부분을 차지하였다. 3차 산업혁명이 진행된 20세기 후반 이후 제조업과 관련된 기술이 고도화되면서 제조업의 가치사슬을 구성하는 각 요소가 창출하는 부가가치 또는 수익성의 상대적인 비중에 변화가 생기기 시작하였다. 특히, 가치사슬이 소수의 기업, 한 지역(국가)에서 세계 여러 지역에 흩어져 있는 기업 간 협업으로 확대되어 글로벌한 형태(글로벌 가치사슬)를 갖추게 되었다. 즉, 전문 제조 영역인 조립 생산 영역과 제조 이전 단계에 해당하는 연구 개발, 제품 설계, 소재 개발 영역과 제조 이후 단계에 해당하는 물류, 마케팅, 서비스 영역이 여러 지역에 있는 특화된 플랫폼 기업들로 분화되어 제품의 품질은 향상되고 생산비는 최소화되었다. 이 결과 글로벌 가치사슬 Global Value Chain, GVC을 효율적으로 운용할 수 있는 애플이나 삼성이 스마트폰 시장 이익의 대부분을 가져가는 것이 가능하게 되었다. 이러한 글로벌 가치사슬 형성은 세계 도처의 잘 구축된 생산 플랫폼들을 연결하여 활용한다는 측면에서, 이전의 생산비 절감을 위하여 인건비가 싼 지역으로 생산 기지를 옮기는 기업의 해외 진출 off-shoring과는 구별된다.

제조 공정의 자동화가 고도화됨에 따라 단순 조립 형태의 생산 시스템은 부가가치를 증대하거나 수익성 개선에 더 이상 큰 기여를 하지 못하였다. 오히려 연구 개발이나 제품 설계, 생산된 제품의 적기 공급이나 마케팅에서의 경쟁력이 부가가치나 수익성을 향상시키는 데 더 큰 기여를 하였다. 즉, 국가나 기업이 생산하는 전체 부가가치 중 단순 제조 부문이 차지하는 비중이 상대적으로 줄어 가치사슬의 형태가 제조 중심에서 제조 이전 영역과 제조 이후 영역이 높아지는 스마일 곡선 형태로 변하게 되었다.[4] 가치사슬의 형태는 정보통신 기술이 본격화되기 전인 1980년대 이후 스마일 곡선 형태로 변하기 시작하였으며, 정보통신 기술 붐이 본격화된 이후에는 제조 영역의 기여가 더욱 줄어들었다.

이러한 가치사슬 변화는 제조업의 혁신적인 전문화와 글로벌화의 결과로 나타난 자연스러운 귀결이라고 할 수 있다. 제조 부문의 전문화(플랫폼화)와 한계비용의 축소는 비록 수익 창출 면에서 상대적으로 적은 기여를 하는 것처럼 보이므로 제조 기업들에게 불리해 보인다. 하지만 고정적인 수입원의 역할을 하는 것 외에도 후발 기업이 신규 진입을 시도하는 경우 큰 투자에 비해 얻을 수 있는 이익이 크지 않기 때문에 새로운 기업의 시장 진입을 막는 진입 장벽으로 작용하기도 한다. 반면에 기존 기업도 투자 시기를 놓치면 시장에서의 지위를 유지하는 것이 어렵고 퇴출될 위기에 놓이게 된다. 이런 결과로 경쟁의 폭이 점차 축소되어 시장독점이 심화되고 제조업 기반이 흔들리며 기술 개발이 둔화될 가능성이 높아진다. 또한 GVC로 얻게 되는 이익이 고용 창출, 기술 보호 등과 같은 국가 차원의 이익과 상충될 때 소비자들이 상당한 피해를 입을 수도 있다. 최근 미국의 제조업 회귀re-shoring*와 같은 것이 좋은 사례이다. 노동비용 절감을 위해서 해외로 옮겼던 생산 기지를 국내로 다시 옮겨올 때에는 인건비 증가를 상쇄할 수 있는 기술혁신이 담보되어야 하며, 그렇지 못한 경우 원가 상승으로 인한 부담을 감수해야 한다.

가치사슬의 변화는 제조업 패러다임을 변화시키는 중요한 동인으로 작용하고 있다. 최근 스마일 곡선의 깊이를 줄이기 위한 방안들이 다양하게 연구되

---

* 해외로 옮겼던 생산 기지를 다시 본국으로 옮기는 것을 말한다.

고 있다. 제품 또는 중간제품과 서비스를 결합하는 서비스화*가 하나의 예이다. 일반적인 가치사슬에서 서비스는 제품을 제조한 이후 설치, 유지, 보수 단계에서의 서비스 활동을 말하며, 서비스화는 가치사슬 전반에 걸쳐 서비스 활동이 개입되는 것을 말한다. 특히, 4차 산업혁명의 화두인 맞춤 생산 또는 고객 중심 생산을 위해서는 서비스 부문의 동반 발전이 매우 중요하다.

새로운 제조 기술의 출현

제조업의 바탕이 되는 생산기술은 산업 또는 고객의 요구가 변화하는 것에 대응하여 점점 더 고도화되었다. 새로운 생산기술이 개발되어 기존 생산기술을 대체함으로써 생산성이 획기적으로 향상되었고 생산비용을 크게 줄였다. 때로는 그때까지 존재하지 않았던 생산기술이 개발되어 새로운 산업 수요를 창출하였다.

반도체 제조 기술은 2013년 대용량 초고속 반도체를 가능하게 했던 초정밀 가공 공정 기술에 새로운 수직 적층 방식을 도입하여 3D V-NAND의 새로운 메모리 시대에 접어들었다. 3차원 전자회로를 구성하는 장을 열었기 때문에 초정밀 공정 분야에서 2차원의 한계를 벗어나 디자인의 영역을 무한대로 확장한 것으로 볼 수 있다. 복잡한 형상을 가진 3차원 구조물을 제조하고자 하는 경우 선택할 수 있는 제조 공정의 한계 때문에 정밀주조**나 사출성형*** 같은 방법

---

* 영어로는 servicification이라고 하며 servicizing 또는 manuservice의 표현을 사용하기도 한다.(Low, 2013) 서비스가 제품과 통합되거나 묶여서 상품 생산의 중간 투입 요소로 간접 거래되는 것을 말한다.(Pacific Economic Cooperation Council(PECC), 2011)

** 밀랍이나 파라핀 같은 수지로 만든 복잡한 모양의 부품을 모래 거푸집에 묻어 녹여낸 공간(주형)에 쇳물을 부어 부품을 제조하는 방법이다.

*** 일정한 모양의 공간(금형)에 유동성을 가진 소재를 밀어넣어 굳힌 다음 빼내어 복잡한 형상의 제품을 만드는 방법이다.

을 이용하였다. 이러한 전통적인 방법으로 대량생산 수요에는 대응할 수 있었으나 소량의 맞춤 제품과 같은 새로운 수요에는 대응하기 어려웠다. 하지만 한 층씩 쌓아올려 복잡한 모양의 3차원 구조물을 제조하는 3D 프린팅 기술이 개발됨으로써 어떠한 복잡한 모양의 제품도 공정의 제약 없이 제조할 수 있게 되었다. 3D 프린팅 기술은 고객의 요구에 가장 효과적으로 대응할 수 있는 생산 기법으로 제조 혁신의 전형적인 사례이다.

　새로 개발된 제조 공정은 새로운 소재 기술의 개발과 맞물릴 때 더욱 혁신적인 성과를 만들어 낸다. 나노분말 소재 기술, 잉크 기술, 플라스틱 기술이 융합되어 자유롭게 휠 수 있는 유연한 전자제품을 만들 수 있게 되었으며, 곧 접히는 스마트폰이 출시될 전망이다. 투명하면서도 전기를 잘 통하는 소재, 투명하지만 열은 차단하는 소재, 소리나 공기는 통과하지만 물은 통과하지 못하는 소재, 빛이 휘어져서 통과하는 투명 망토 소재 등 얼핏 보면 모순처럼 보이는 상반된 성능을 가진 소재들이 등장하면서 이를 활용한 혁신 제품들이 나타나고 있다. 이러한 새로운 기능을 가진 소재는 소재 자체가 새로운 경우도 있지만, 우리가 알고 있던 소재에 새로 개발된 나노소재 공정과 같은 제조 공정을 융합한 결과로 나타나는 경우가 대부분이다. 제조 혁신에 있어서 새로운 제조 공정을 개발하는 것과 새로운 소재를 개발하는 것은 서로 뗄 수 없는 관계에 있다.

제조업 부문의 최근 이슈

2008년의 세계 금융 위기는 많은 선진국들이 제조업을 다시 생각하는 계기가 되었다. 국가의 장기적인 부(富)의 생산, 고용 창출, 수출과 재투자로 이어지는 재원이 어디서 오는지를 다시 생각하게 되었다. 제조업을 전반적인 경제활동의 기반이 되는 실질적인 인프라로 보았고, 제조업의 혁신이 과학, 건설, 물류 등 다른 부문에 큰 파급효과를 내는 것에 새삼 주목하였다. 세계 금융 위기 이후 세계 제조업 부문의 현재 이슈는 다음과 같다.[5] 세계 10위권인 우리나라 제조업 역시 이러한 이슈에서 예외는 아니다.

- 서구의 많은 정책 당국자들이 서비스, 특히 금융 서비스에 과도하게 의존하고 있는 경제의 균형을 재조정할 필요가 있다고 주장하고 있다. 제조업을 더욱 강하고 지속 가능한 성장에 필요한 원천으로 보고 있다.
- 제조업 부문은 대출 부족, 현금 유동성 악화, 공급 사슬의 지속 가능성에 대한 두려움, 가격 하락 압력 등 몇 가지 심각한 도전에 직면해 있다.
- 세계 제조업의 중심이 서(서양)로부터 동(동양)으로 옮아가고 있다. 제조업 부문이 인도와 중국에서 빠르게 성장하고 있는 반면 대부분의 선진국에서는 줄어들고 있다.
- 서구의 기업들은 과거 수십 년에 걸쳐 점진적으로 제조업 규모는 줄이면서 제조업의 생산성 향상을 추구해왔다. 그 결과 린 생산 방식lean manufacturing*을 거의 일반적인 제조 패턴으로 받아들이고 있다.
- 새로운 시장은 대량생산과 가격 경쟁에 초점이 맞추어져 있다. 글로벌 경쟁력 지수에서 상위 세 나라가 아시아 국가이며, G7 국가들의 경쟁력 지수가 떨어지고 있다.

* 일본 도요타 사가 독자적으로 개발한 생산 기법이다. 적시에 제품과 부품이 공급되는 JIT(Just-In-Time) 시스템을 갖춤으로써 재고 비용을 줄이고 종업원의 적극적인 참여를 유도하여 생산 품질까지 높이는 혁신적인 운영 방식이다.

- 서구의 제조업은 기술적으로 더욱 첨단화된 산업이나 제품에 집중하는 쪽으로 가치사슬이 옮겨가고 있다. 선진국들은 고객 수요에 효과적으로 대응할 수 있는 기술을 개발하는 경쟁을 하고 있으며, 저임금 구조를 가진 개발도상국이나 저개발국들과는 혁신과 유연성을 통하여 가격 경쟁을 하고 있다.
- 혁신은 제조업 성장에 필요한 가장 중요한 요인 중의 하나이다.
- 첨단 경제는 고객에게 '솔루션'을 제공할 수 있는 생산 구조와 시스템을 구축하고 제품과 서비스를 통합하는 데 집중하고 있다. 가치사슬이나 통합 시스템과 관련성이 거의 없는 순수 생산요소만을 외부에 위탁하여 공급받고 있다.
- 원가 계산은 더 좋은 생산을 위한 결정으로부터 시작된다. 이러한 기본은 서비스 산업과 비영리 조직에서 발전하여왔지만, 새로운 기술 개발에 보조를 맞추어 생산기술과 실행을 동시에 진행하고 있다.
- 경쟁은 제조업 가치사슬의 가장 상위에 있는 국가나 기업 영역에서 심화될 것이며 관세, 보조금, 환율 조작과 같은 보호무역 정책으로 이어질 것이다. 하지만 이러한 보호주의는 이미 글로벌화된 제조업의 전체 동향을 심각하게 방해하지는 못할 것이다.

제조업 부문의 국가 정책

경제에서 제조업이 가지고 있는 중요성이 새롭게 주목받으면서 주요 선진국들은 자국 제조업의 경쟁력을 강화하기 위한 프로그램을 지원하고 있다. 각국의 제조업 경쟁력 강화 전략은 4차 산업혁명 대응과 맞물리면서 더욱 큰 주목을 받고 있다.

미국

주요 선진국들 중 제조업 경쟁력 강화에 가장 주력하고 있는 나라는 미국이다.[6] 미국은 2020년에 다시 세계 1위의 제조업 강국으로 복귀하는 것을 목표로 일련의 국가 프로젝트를 20년 가까이 추진하면서 체계적으로 제조업 부문의 경쟁력을 키워가고 있다. 2009년 첨단 제조업, 첨단 자동차 등 9대 전략 분야를 포함한 '미국혁신전략'을 발표하였고, 2011년과 2015년 두 차례 수정 보완하여 계속 추진하고 있다. 또한 800여 개의 산학 기관이 참여하여 3D 프린팅 같은 혁신 제조 프로젝트를 수행하는 15개의 제조혁신센터를 신설하고 국가의 연구 개발 투자와 기술 사업화 사이의 간격을 좁히고자 하는 '국가제조혁신네트워크' 사업을 2012년부터 추진하고 있다. 2011년부터는 전국적인 제조업 혁신 기구를 구성하여 첨단 제조 기술을 개발하고, 이를 사업화하기 위한 산학협력을 강화하여 양질의 일자리를 만들어 내고 있으며, 최종적으로 제조업의 글로벌 경쟁력을 강화하는 것을 목표로 '첨단제조파트너십' 사업을 추진하고 있다. 이러한 여러 사업을 성공적으로 달성하기 위하여 세제 혜택 등 관련 정책을 종합적으로 적용하고 있다.

제조업 경쟁력을 강화하기 위하여 추진하고 있는 세부 사업의 사례로는 '소재게놈사업'과 '국가나노기술개발사업'을 들 수 있다. 소재게놈사업에서는 신기능 소재 기술이 첨단산업의 발전을 지연시키는 병목 기술이라는 것에 주목하고 개발 기간과 소요 비용을 절반으로 줄이고 성공 가능성을 높이는 것을 목표로 하고 있다. 2000년에 착수하여 계속 추진하고 있는 국가나노기술개발사업을 통해서는 미국이 국제적인 리더십을 유지하기 위하여 산업 및 국방 부문에서 필요한 원천 기술을 확보하려 하고 있다.

미국이 추진하고 있는 제조업 경쟁력 강화 정책에서 얻을 수 있는 시사점은 두 가지로 요약할 수 있다. 첫째, 나노기술과 같은 기초 연구 부문의 투자로부터 점차 실제 산업으로 연결해가며 산학 협력을 포함한 국가 전체 프로그램으로 진행한다는 점이다. 제조업이 여러 기술 단계에 걸쳐 있고 관련되는 영역이 매우 넓은 것을 반영한 것으로 보인다. 둘째, 제조업과 관련된 기술은 개발에 긴 기간이 소요되기 때문에 장기적으로 지원하며, 관련 프로그램을 차례로 착수하여 이전 사업과 중첩되게 함으로써 기술 개발 성과를 효율적으로 활용할 수 있게 하고 있다.

기타 국가

독일은 2006년부터 추진하고 있는 '하이테크 전략 2020'의 10대 프로젝트에 제조업의 디지털화를 지향하는 '인더스트리 4.0 Industry 4.0'을 포함시키고 있다. 인더스트리 4.0은 민관 협동으로 추진되고 있다.

일본은 2015년 '과학기술 이노베이션 종합전략' 계획 속에 IoT, 빅데이터, 인공지능, 로봇 등을 활용하여 새로운 제조 시스템을 구축하는 '혁신적인 생산 기술 개발'을 포함시켜 추진하고 있다.

중국은 2015년 착수한 국가 전략인 '중국 제조 2025'를 통하여 제조업 혁신을 추진하고 있다. 1단계의 마지막 연도인 2025년까지 중국의 제조업을 독일, 일본 수준으로 높여 세계 제조 강국 대열에 진입하며, 2단계인 2025~2035년에는 중국 제조업 수준을 글로벌 제조 강국의 중간 수준까지 높이는 것을 목표로 하고 있다. 3단계인 2035~2049년에는 주요 산업에서 세계시장을 혁신적으로 선도하는 세계 제조업 제1강국으로 도약하는 것을 목표로 하고 있다. 국가 제조업 혁신 센터, 스마트 제조 공정, 공업 기반 강화 공정, 녹색 제조 공정, 공급 장비 혁신 공정 등 제조업 혁신에 초점을 맞춘 5대 중점 프로젝트를 추진하고 있다.

우리나라

우리나라는 2014년 정보 기술과 소프트웨어를 결합해 신산업을 창출하고 기업이 제조 혁신을 주도할 수 있는 '제조업 혁신 3.0'을 발표하였다. '제조업 혁신 3.0'은 융합형 신제조업 창출, 주력 산업 핵심 역량 강화, 제조 혁신 기반 고도화를 주요 내용으로 하고 있다. 스마트센서, CPS, 3D 프린팅, 에너지 절감, IoT, 빅데이터, 클라우드, 홀로그램 등 8대 스마트 제조 기술 개발을 전략적으로 추진하고 있다.

제조업 혁신을 위한 경쟁

선진국들은 더 이상 자동화를 기반으로 하는 고도화된 첨단 제조업으로는 추가적인 생산성의 향상과 고용 창출이 어렵다는 것을 알았다. 제조업 중심(지역적 중심)의 이동으로 선진국들의 경쟁력 기반은 약화되었다. 제품 수명 주기의 극단적인 단축, 소비 패턴의 변화, 지구온난화 등 글로벌 이슈의 영향으로 제조업 혁신의 필요성이 대두되었다. 2007~2008년 세계 금융 위기 이후 제조업에 대한 선진국들의 시각은 달라졌으며, 제조업 혁신을 위한 경쟁이 가열되고 있다.

미래 제조업의 모습
(4차 산업혁명의 배경)

세계 금융 위기를 겪으면서 선진국들을 중심으로 많은 나라들이 제조업 혁신에 관한 논의를 하였다. 그들은 현재의 고도로 효율화된 생산 시스템으로는 더 이상 경쟁력을 강화하거나 유지하는 것이 쉽지 않다는 것을 알았다. 현재의 제조업 패러다임으로는 생산성을 더욱 향상시키고 더 많은 고용을 창출해야 하는 사회적 요구를 충족하기 어렵다는 것을 알았다. 또한 급격하게 변화하고 있는 제조업을 둘러싼 환경에 대응하기 어렵다는 것도 알았다. 이에 그들은 제조업이 당면한 상황을 인식하고 지금까지 제조업의 바탕이 되었던 가격, 성능에 초점을 맞춘 대량생산, 자동화 생산, 글로벌 가치사슬 형성을 뛰어넘을 혁신적인 생산 방식을 모색하였다.

새로운 생산 방식은 기존의 제조업이 가지고 있는 장점은 물론이고, 제조업을 둘러싸고 있는 변화들을 수용할 수 있는 혁신적인 생산 방식이어야 한다. 즉, 새로운 '생산혁명'이어야 한다. 생산혁명은 그것을 뒷받침할 수 있는 수단

(기술)들을 바탕으로 계획되어야 실행에 옮길 수 있다. 따라서 생산혁명은 현 제조업의 단순한 혁신이 아니라, 사회 전반의 요구를 수용하고 새로운 발전을 이끌어 낼 수 있는 새로운 패러다임의 제조업이어야 한다.

4차 산업혁명이 본격 거론되기 이전부터 제조업 혁신에 관한 다양한 분석과 논의가 있어 왔다. 미래 제조업을 설명하는 방법이나 범위에 따라 내용이 조금씩 다르기는 하지만 상당히 공통되는 부분이 많다. 유엔산업개발기구 UNIDO, 경제협력개발기구 OECD가 예측한 내용을 통하여 4차 산업혁명의 배경이 되는 제조업 혁신, 생산혁명의 범위를 살펴본다.

UNIDO는 글로벌 산업 시스템을 변화시킬 메가트렌드로 글로벌화, 지속 가능성, 인구구조 변화(고령화), 도시화, 글로벌 안정을 위협하는 요소, 제품 수명 주기의 급격한 단축, 소비 패턴의 변화 등을 제시하고 있다.[7] 이러한 트렌드에 대응할 수 있는 제조 방식(생산 방식)으로 분산 제조, 신속 대응 제조, 복잡(복합) 제조, 맞춤 제조, 인간 중심 제조, 지속 가능 제조, 혁신 수용 제조 등 일곱 가지를 제시하고 있다. 이를 뒷받침할 유망 기술로는 포토닉스, 바이오기술, 나노기술, 적층 제조 기술, 마이크로 기술, 첨단 소재, 환경/에너지 기술 등 일곱 가지를 꼽고 있다. 각 제조 방식에 포함되는 핵심 내용은 다음과 같다.

- 분산 제조에는 다양한 수준의 동적인 협력, 민첩한 공급 사슬, 제품/공정에 대한 투명한 정보 제공이 포함된다.
- 신속 대응 제조에는 민첩성/수용성/반응성/경쟁력이 큰 제조 기술, 유연한 제조 시스템 및 공급 사슬 흐름, 신속한 제품 구현이 포함된다.
- 복잡(복합) 제조에는 높은 효율성을 가진 제조 수단, 통합 능력, 첨단 기

술의 활용 능력이 포함된다.

- 맞춤 제조는 수용 능력, 지역적/세계적 경쟁을 대비한 맞춤식, 특수 수요 그룹에 대한 제품 활용성, (세계) 저소득층을 위한 제조 기술이 포함된다.
- 인간 중심 제조에는 사람 및 사용자에 초점을 맞추는 것과 인구 분포(연령 분포)를 감안한 공장 시스템이 포함된다.
- 지속 가능 제조에는 지속 가능한 가치 기반의 회사, 효과적이고 효율적인 제조, 지속 가능한 세계적 가치 등 포괄적인 내용이 포함된다.
- 혁신 수용 제조에는 개방형 혁신, 사용자 중심의 혁신 촉진, 사회적 혁신을 위한 대비 등 전반적인 내용이 포함된다.

새로운 제조 방식으로 제시한 분산 제조, 신속 대응 제조, 복잡(복합) 제조, 맞춤 제조, 인간 중심 제조, 지속 가능 제조, 혁신 수용 제조는 각각 독립적이

제조업 혁신의 배경, 새로운 제조 방식, 관련 기술(UNIDO)

아니라 상호 연결되어 있는 부분이 많다. 생산 원가를 절감하거나 물류에 드는 비용이나 시간을 단축하기 위하여 필요한 분산 제조는 다른 여섯 가지 제조 방식과 밀접하게 연관되어 있다. 다른 제조 방식들도 마찬가지이다.

OECD가 분석한 제조업의 경향[3]도 UNIDO가 분석한 내용과 유사하다. 미래 제조업이 변화하는 배경이 되는 동향을 인구구조의 변화, 녹색과 지속 가능성, 지속적으로 가속되고 있는 글로벌화로 압축하고 있다. 이러한 환경 변화(동향)에 대응하여 제조업에 혁신적인 변화를 가져올 기술로는 적층 제조 기술, 나노기술, 바이오기술, 첨단 소재(기술), 녹색 기술, 정보통신 기술 등 여섯 가지를 제시하고 있다. 향후 제조 기술의 혁신적인 발전으로 고객이 원하는 복잡한 제품을 가장 가까운 지역에서 값싸고 신속하게 제조하여 제공할 수 있게 될 것이며, 물류에 소요되는 시간, 비용을 획기적으로 줄일 수 있게 될 것이다.

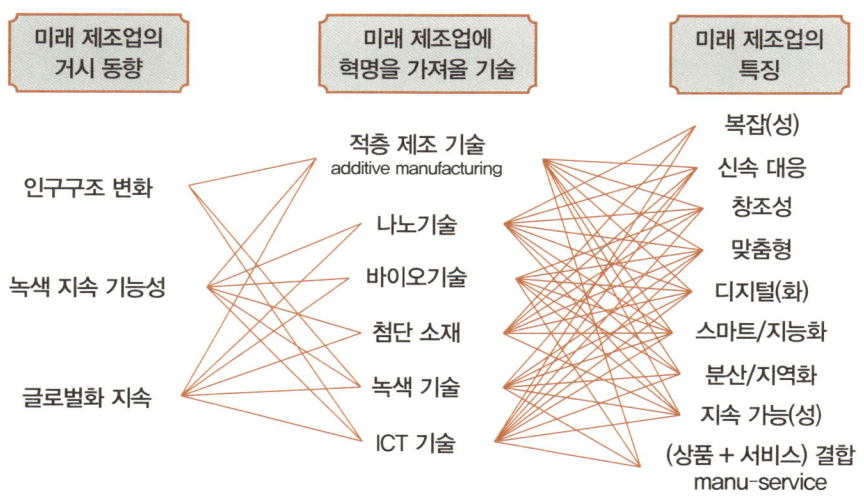

제조업 혁신의 배경, 혁신에 필요한 기술, 미래 제조업의 특징(OECD)

또한 제품 또는 제조 과정을 완전히 디지털화하고 지능화함으로써 고객이나 제조 과정으로부터의 정보를 환류하여 실시간 반영할 수 있게 될 것이다. 이제까지 분리되어 있던 제품과 서비스가 결합된 새로운 사업 형태가 일반화될 것이다. 새로운 환경에 대응하여 제조 기술 자체가 더욱 창조적일 것이며, 다른 한편으로 제조업은 더욱 많은 창조성을 요구할 것이다. 3D 프린팅과 같은 혁신적인 제조 기술이 계속해서 등장할 것이다.

이 두 그림에서 맨 왼쪽에 있는 항목들은 새로운 생산혁명으로 옮아갈 수밖에 없도록 하는 추동 인자로 볼 수 있으며, 중간 부분에 있는 제조 기술 또는 제조 기술과 관련이 있는 항목들은 이러한 요구를 가능하게 하는 가능자로 볼 수 있다.

제조 혁신과 4차 산업혁명

독일은 인더스트리 4.0을 다음과 같이 정의한다.

> 디지털혁명의 기반 위에 인공지능, 로봇, 사물인터넷, 자율주행 자동차, 3D 프린팅, 나노기술 등 새로운 혁신 기술을 접목함으로써 현실(물리적) 세계와 가상 세계를 융합하여 자동화 중심의 대량생산 체계의 한계를 돌파하고 경제, 산업 등 모든 영역에 급격한 변화를 불러올 새로운 생산혁명이다.

인더스트리 4.0은 현재의 '자동화 중심 대량생산 체계가 가지고 있는 한계'를 넘어서는 것이 목표이며, 구축되어 있는 디지털혁명을 기반으로 새로운 혁신 기술들을 수단으로 활용하는 것이다. 따라서 선언적인 의미의 4차 산업혁명이 아니라 현재의 문제점 및 기술 수준에 대한 인식을 바탕으로 실현 가능한, 예측 가능한 생산 혁신을 추구하는 것이다.

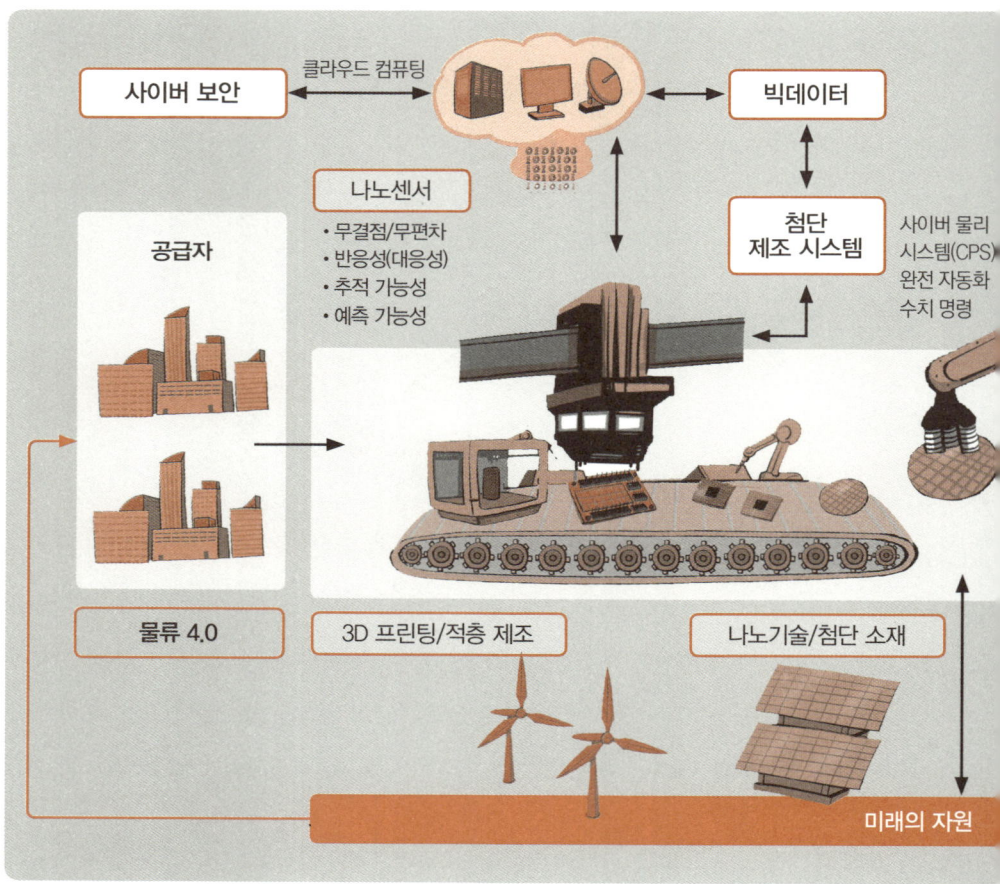

현재의 제조업, 자동화 중심의 대량생산 체제가 직면하고 있는 문제들에 관해서는 2장에서 설명한 바 있다. 이미 말했듯이 제조 기술 또는 제조업이 대응해야 하는 이슈는 자동화 시스템의 혁신만으로는 해결할 수 없다. 새로운 생산체계를 구축해야만 한다. 인더스트리 4.0은 이미 구축되어 있는 디지털혁명에 기반하여 인공지능, 로봇, 사물인터넷, 자율주행 자동차, 3D 프린팅, 나노기술 등

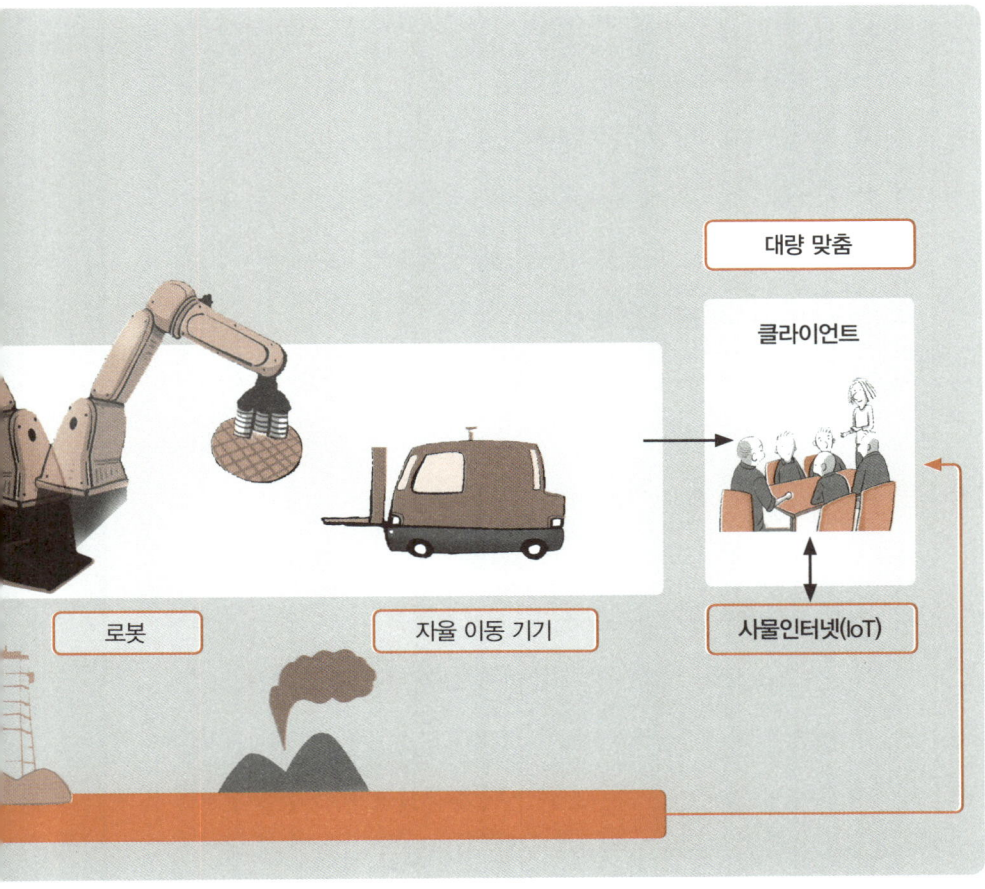

인더스트리 4.0의 생태계

새로운 기술들을 접목하여 새로운 생산 체계 구축을 추구하는 것이다.

앞의 그림은 인더스트리 4.0의 생태계를 보여 준다. 제조업 혁신의 중심이 되는 첨단 제조 시스템이 빅데이터, 클라우드 컴퓨팅과 연결되는 경로를 보여 주며, 이들과의 연결에서 접점의 역할을 하는 나노센서가 갖추어야 하는 특성인 무결점/무편차, 반응성(대응성), 추적 가능성, 예측 가능성을 제시하고 있다. 빅데이터와 연결되는 첨단 제조 시스템은 나노센서를 매개로 하여 실제 시스템physical system과 사이버 시스템cyber system을 연결한 CPSCyber Physical System와 완전 자동화, 시스템 전체의 연결, 기계-기계 간 연결에 필요한 수치 명령이 핵심이다. 첨단 제조 시스템을 구성하는 실제 요소에는 3D 프린팅과 적층 제조, 나노기술과 첨단 소재, 로봇, 자율 이동 기기 등이 있다. 최종으로는 공급자들의 클러스터인 물류 4.0과 수요자(클라이언트)들이 필요로 하는 대량 맞춤을 사물인터넷IoT의 도움을 받아 연결하는 것이다.

그림의 생태계에서 중요한 점은 장비 간, 기계-기계 간은 물론 사람-기계(제조 시스템), 물류-제조 시스템 등 모든 요소들 간을 사물인터넷으로 완전하게 연결하는 것이다. 각각의 연결에는 나노센서가 포함되어 있어서 모든 데이터들이 실시간 수집되고 저장되며 해석되어 제조 시스템 운전이나 물류 등으로 환류된다. 따라서 인더스트리 4.0은 현재의 자동화된 기계, 생산 시스템 중 연결이 되지 않은 부분을 모두 연결하고 기존의 연결을 더욱 향상시키는 것에서부터 시작된다. 이러한 연결을 위해서는 모든 기계나 구성 부품에 센서가 내장되어 있어야 하며 초고속 데이터 전송이 가능한 인터넷에 물려 있어야 한다.

고객의 요구에 대응하여 다양한 전기면도기를 생산하는 필립스의 예는 새

로운 생산 혁신 또는 생산혁명의 한 모습을 보여 주는 사례이다.[8]

필립스는 60개의 서로 다른 면도기 생산 라인에서 약 600개 모델의 전기면도기를 제조하고 있다. 수요 물량이 각기 다른 다양한 모델을 효율적으로 생산하고, 수요자 요구에 대응하여 새로운 모델을 즉시 개발하여 시장에 내놓을 수 있는 유연한 생산 시스템을 구축하여 운영하고 있다.

3개의 헤드를 가진 면도기는 각각 5개 또는 8개의 셀로 구성된 9개 생산 라인에서 조립된다. 플러그-앤-플레이plug-and-play 방식으로 연결되거나 분리될 수 있는 자율 셀로 구성된 독립적인 생산 라인들이 시스템의 유연성을 높이고 유용성을 극대화한다. 지능형 조립 라인에서는 핵심 부분인 부품 공급의 유연성을 높이기 위하여 통합 시각 시스템을 갖춘 로봇이 일정한 방향으로 놓여 있지 않은 부품들의 놓인 형태를 인식하고 정확히 집은 다음 조립 라인으로 공급한다.

필립스의 생산 시스템은 생산하고 있는 제품 모델을 바꾸고자 할 때 생산 시스템이 자율적으로 대응하여 단 몇 분 내에 다른 모델의 제품을 생산할 수 있도록 생산 라인이 재구성된다. 이러한 유연 생산 시스템은 생산 라인의 수를 최소화하며, 모델별 생산량의 차이를 가장 효율적으로 라인에 배정하여 생산 효율을 극대화한다. 또한 기존 장비의 성능을 최대한 활용할 수 있으므로 새로운 장비의 도입을 최소화하고 도입 시기를 늦출 수 있다.

각각의 부품이나 기계에 내장된 센서들로부터 실시간 수집된 디지털 정보가 저장되고 가공(처리)되어 새로운 작업을 위한 입력 정보로 활용된다. 산업 전체에서 생산되는 데이터의 양은 빠르게 늘어나 천문학적인 규모에 도달할 것이며, 이러한 폭발적인 데이터의 증가와 관련이 있는 요소들 역시 폭발적으로 늘어날 전망이다.[9] 인터넷에 연결된 기기의 수는 2015년 150억 개에서 2020년 500억 개로 3배 이상 늘어날 전망이다. 같은 기간 동안 이들로부터 생산되는 데이터의 양은 15ZB*에서 60ZB로 4배 이상 늘어날 것으로 예측하고 있다. 생성되는 데이터를 저장하는 데이터 센터의 수는 2015년 현재 55만 개에서 2020년 67만 개로 늘어날 전망이며, 같은 기간 동안 이들 데이터 센터들이 소모하는 전력 규모는 650TWh**에서 950TWh로 50% 가까이 늘어날 전망이다. 기계 간 연결(M2M)이 확대됨에 따라 관련 시장도 2015년 5조 2,000억 원에서 2020년 16조 5,000억 원으로 약 3배 이상 늘어날 전망이며, 인공지능 시장은 2억 달러에서 2024년 111억 달러로 50배 이상 늘어날 전망이다.

데이터 관련 주요 항목의 변화 전망

항목	2015년	2020년
인터넷에 연결된 기기 수	150억 개	500억 개
데이터 양	15ZB	60ZB
데이터 센터 수	55만 개	67만 개
데이터 센터의 소비 전력	650TWh	950TWh
M2M 시장	5.2조 원	16.5조 원
인공지능 시장	2억 달러	111억 달러(2024)

표에 제시된 수치는 디지털 데이터를 축으로 하는 4차 산업혁명에서 중요하게 고려해야 할 영역들이 무엇이 될지에 대한 힌트를 준다. 2020년까지 예측

* 1ZB(제타바이트) = 10^{21} bytes = 1,000,000,000,000,000,000,000bytes
** 1TWh(테라와트시) = 1,000G(기가)Wh = 1,000,000M(메가)Wh = 1,000,000,000k(킬로)Wh

되는 변화를 현재의 기술로 감당하는 데는 한계가 있으므로 다음과 같은 검토가 필요하다.

- 기계의 동작을 방해하지 않고, 기계 부품에 내장이 가능한 소형화된 센서 소자(모듈)가 제조되어야 한다. 센서가 동작하고 데이터를 송수신하는 데 필요한 전원이 확보되어야 한다. 센서는 충분한 감지 능력 등 충분한 센싱 기능을 가져야 하며, 대량 수요에 적합한 수준의 낮은 가격을 가져야 한다.
- 센서의 수가 급증하면서 전력 수요 또한 급증하게 될 것이므로 저전력으로 동작하는 고성능 센서의 제조가 필요하다.
- 천문학적인 양의 정보를 효과적으로 전송하고 저장, 처리할 수 있는 고속, 대용량, 저전력 소자(또는 시스템)의 개발이 이루어져야 한다.

미리 보는 생산혁명
(제조 부문)

생산혁명이 추구하는 제조업의 모습은 다음 그림과 같이 나타낼 수 있다. 스마트 공장 내에 있는 기계 M1, M2, M3은 각각에 내장되어 있는 센서 소자로 서로 연결된다. M1이 담당하는 공정에 투입된 가공품의 치수에 오차가 있어 이를 바로잡는 데 통상의 경우보다 시간이 더 걸려 M2가 담당하는 공정으로 전달되는 과정이 지연되면 그동안 M2는 대기 작업 목록에 있던 자체 진단을

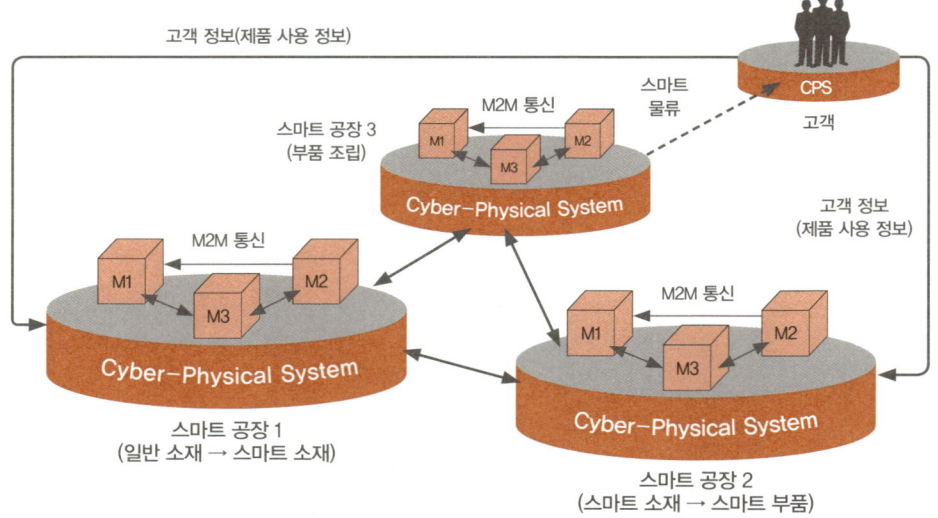

스마트 제조의 형태(거시적)

실시한다. M3는 운전 모드를 대기 상태로 전환하고 작업 라인이 정상화되기를 기다린다. 이러한 일련의 과정은 관리자의 개입 없이 기계 간 통신(M2M 통신)을 통하여 기계들이 자율적으로 수행한다. 관리자는 이때 기계 간 주고받는 디지털 운전 정보를 사이버상에 구현된 디스플레이를 통하여 확인하고 기계들의 운전 상태, 점검이나 보수가 필요한 시점을 모니터링한다. 기계들이 스스로 해결하지 못하는 문제가 발생했을 때 관리자가 해결 방안을 지시한다. 스마트 공장 간에도 디지털 데이터가 교환되어 작업 조건이나 제품 사양의 변화에 실시간 대응하여 운전 조건이 조정된다. 제품 정보가 제품과 함께 고객에게 전달되는 것은 물론 제품의 사용 정보가 실시간 스마트 공장에 환류되어 제품 설계나 공정 조정에 곧바로 반영된다.

위의 그림에서 데이터 흐름은 다음 그림과 같이 도식화할 수 있다. 소재→

부품→완제품으로 이어지는 각 공정이나 공장에서 생산되는 데이터는 기계나 작업 라인에 붙어 있는 센서 소자를 통하여 수집된 다음 데이터 센터로 전달되어 제품이나 공정을 설계하는 데 반영된다. 고객의 새로운 수요를 반영하고, 에너지 비용과 유지나 보수에 투입되는 비용 등을 반영한 원가를 계산하며, 생산량을 보여 주는 데이터로 가공되어 경영 전략을 수립하는 데 활용된다. 이러한 데이터의 흐름 중에는 빅데이터를 이용한 정보 가공과 인공지능의 도움을 받아 문제를 찾아내고 해결하는 중요한 과정이 포함된다. 처리된 데이터는 IoT와 물려 있는 액추에이터에 전달되어 새로운 작업 사이클로 실행된다. 공정을 실행하는 동안 발생하는 미세한 변화는 정보 수집단의 IoT와 정보 실행단의 IoT 간의 데이터 교환으로 자율 조정된다. 고객이 사용 중인 완제품으로부터

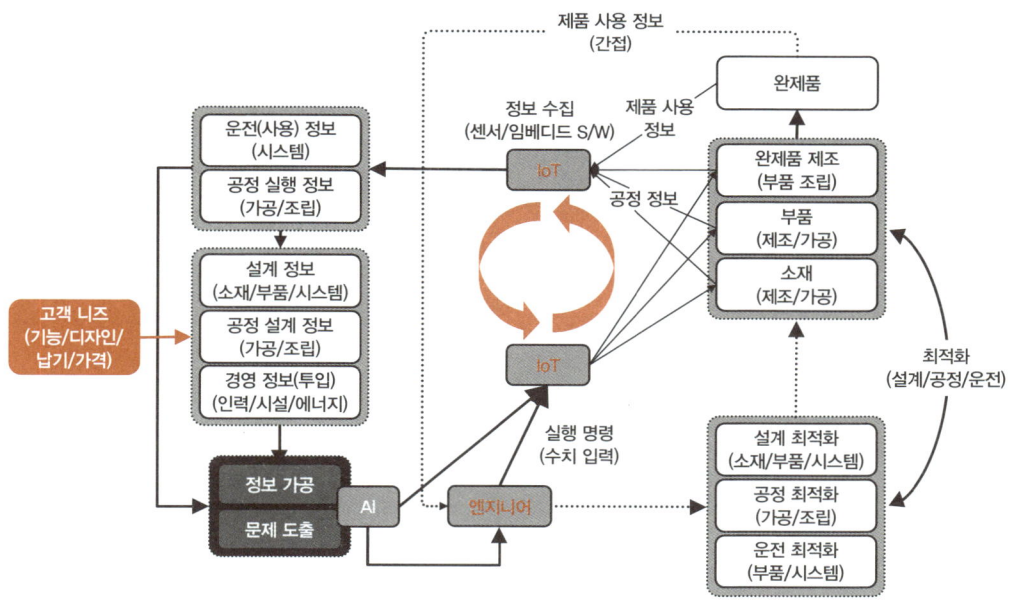

스마트 공장에서의 데이터 흐름

의 데이터 역시 IoT에 입력되어 설계나 제조 공정에 곧바로 반영된다. 그림의 오른쪽 하단의 점선 부분은 엔지니어에 의한 전통적인 최적화 피드백 과정을 나타낸다.

기계 간 통신(M2M 통신)은 장비 자동화의 바탕이 되는 단일 기계 내 모듈 간 통신으로부터 시스템 자동화의 바탕이 되는 생산 라인에 구축되어 있는 기계 간 통신으로 확장되어 공장 전체가 자동화될 것이다. 향후에는 공장 단위의 자동화를 넘어 공장 간, 지역 또는 산업 간으로 자동화가 확대되고 물류 시스템과 연결될 것이다. 자동차, 반도체, 디스플레이 등 첨단산업에서는 이미 생산 라인 간 통신에 기반을 둔 공장 자동화가 성숙되어 있다.

이들 그림에서의 첨단 자동화가 현재의 자동화와 다른 점은 크게 두 가지이

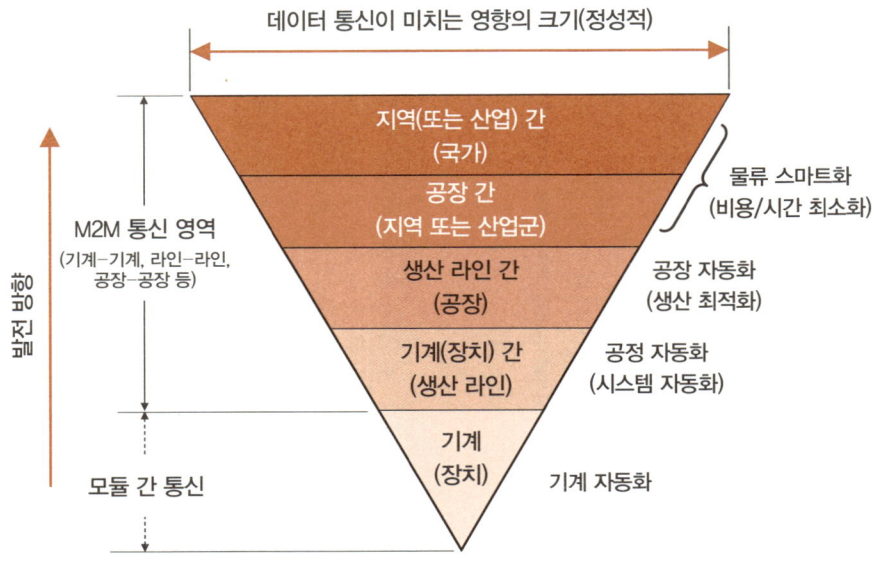

모듈 간 및 기계 간 데이터 통신의 발전 방향 및 영향의 크기

다. 하나는 단순한 자동화가 아니라 사물인터넷, 클라우드 컴퓨팅, 빅데이터, 인공지능 등 디지털 기반을 활용할 수 있는 수단들이 결합되어 생산 라인이 가장 효율적인 방법으로 자율 운전된다는 점이다. 생산 라인이 공정 중에 생기는 변동을 스스로 모니터링하고 변수를 최적화함으로써 최단 시간 내에 대응할 수 있게 된다. 자율 운전으로 시설 투자를 최소화할 수 있고 장비 운전 효율을 극대화할 수 있다.* 다른 하나는 현재의 자동화는 실제 공간에서의 생산 활동에 초점이 맞추어져 있는 반면, 첨단 자동화(자율화)는 실제 공간을 그대로 디지털화한 가상공간에서의 생산 활동이 실제 공간에서의 생산 활동과 같은 수준으로 이루어진다는 점이다.(CPS 생산 시스템)

CPS는 제조 영역에서만 유용하지 않다. 제품과 서비스가 결합되어 변하고 있는 비즈니스 모델에도 매우 유용하다. GE의 발전 비즈니스가 하나의 예이다. 가스터빈을 판매하던 비즈니스 모델에서 가스터빈의 운전 시간 또는 발전소를 운전하여 나오는 발전량이 비즈니스 대상이 되고 있다. GE는 CPS를 통하여 발전기의 운전 상태를 실시간 모니터링할 수 있고, 운전 상태를 최적의 상태로 유지할 수 있다. 이상 신호를 미리 탐지하여 최적 보수 시기를 결정하고, 보수에 소요되는 시간을 단축함으로써 정지 시간을 최소화할 수 있으며, 발전 비용을 축소할 수 있다. GE는 이미 이러한 CPS를 80만 개 이상 운영하고 있다.

CPS 기반의 예측식 정비가 가능해지면서 시설을 운용하는 신뢰도가 매우 높아지고 있다.[10] 빅데이터와 인공지능을 활용하여 최적의 정비 시점에 최

---

* 4차 산업혁명에 대한 기업의 대응으로 필립스의 예를 참조할 수 있다.

적의 방법으로 가장 단시간에 정비를 완료함으로써 장비의 정지 시간을 단축하고 생산성을 높일 수 있다. 매킨지McKinsey의 분석에 따르면 예측식 정비로 10~40%의 유지 비용을 절약할 수 있으며, 장비의 정지 시간은 최대 50%까지 단축할 수 있다.[11] 예측식 정비로 얻을 수 있는 큰 이득의 하나는 정비의 신뢰도가 높아짐으로써 대형 사고를 미리 방지할 수 있다는 점이다. 발전소나 화학 공장 등에서의 대형 사고는 경제 손실은 물론 사회·환경 측면에서도 큰 손실을 가져온다.

생산 시스템 관점에서 생산혁명의 핵심은 생산 시스템의 완전 디지털화, 초연결, 클라우드 기반의 자율화이다. 생산 시스템에는 생산 장비, 생산 라인 또는 공장으로 대별되는 생산 시설은 물론이고 원료, 부품, 제품의 공급이나 배송을 포함하는 물류 시스템이 포함된다. 생산 시스템 디지털화의 최종 목표는 생산 시스템, 물류 시스템에서 시시각각 생산되는 모든 데이터를 빠짐없이 수집하고, 이 데이터를 분석·활용하여 전체 시스템을 가장 효율적으로 관리하는 것이다. 이를 통해 변화하는 시장의 요구에 신속하게 대응할 수 있다. 이러한 관리 대상에는 에너지가 포함되며, 에너지 사용 효율을 극대화하여 비용을 축소할 수 있다. 생산 시스템은 장비와 공장의 운전 조건을 최적화하고, 예측 관리를 통하여 운전 중단을 최소화함으로써 전체 생산 시스템의 효율을 극대화할 수 있다. 즉, 실제 생산 시스템의 모든 데이터를 활용하여 실제 시스템 physical system과 똑같은 디지털 시스템(사이버 시스템cyber system)을 가상공간에 구현하고,*[12] 두 시스템을 인터넷으로 연결함으로써 실시간 환류를 기반으로

* 디지털 트윈(digital twin)이라고도 한다.

자율 운전을 하도록 하는 것이다. 또한 고장 징후를 미리 감지하고 최적 정비 시점을 예측하여 생산 시스템의 정지 시간을 최소화하며 실제 시스템을 최고의 효율로 운전하는 것이다. 최적의 운전 조건이나 정비 시점을 판단하고 실행하기 위하여 인터넷, 빅데이터, 인공지능, 클라우드 컴퓨팅 등의 기능이 사이버 시스템을 구성하는 요소가 되며, 데이터의 초고속 처리 및 전송, 대용량 데이터의 저장을 가능하게 하는 고성능 통신, 컴퓨터, 데이터 관리 시스템 등 하드웨어 요소가 사이버 시스템을 지원해야 한다.

실제 현장에서 생산되는 방대한 양의 데이터를 디지털 시스템(공간)에서 처리하기 위해서는 통합적인 데이터 처리 시스템이 필요하다. 이러한 디지털 트윈 또는 CPS를 운용하기 위하여 개발된 통합 시스템으로는 GE의 '프리딕스Predix', 지멘스Siemens의 '마인드스피어Mindsphere'가 대표적이다.

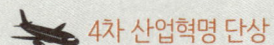 4차 산업혁명 단상

제조업 혁신 트렌드

- 미래의 제조업은 단순한 제품 생산의 혁신이 아니라 글로벌화, 고령화, 지속 가능화 등 사회·경제적 요구 조건을 충족할 수 있어야 한다.
- 미래 제조업을 이끌어 갈 적층 제조(AM Additive Manufacturing, 3D 프린팅 포함)와 같은 새로운 제조 기술은 디지털 데이터 기반을 필요로 하므로 현재보다 훨씬 진전된 디지털 혁신이 도입될 전망이다.
- 현재의 자동화를 뛰어넘어 사물인터넷, 빅데이터, 인공지능 등이 융합된 자율화(첨단 자동화)로 진전될 것이다. 실제 체계 physical system와 사이버(디지털) 체계 cyber system가 조합된 CPS 또는 디지털 트윈 digital twin, IT(정보 기술)와 OT(운영 기술)가 융합된 (IT+OT)가 일반화될 것이다.
- 제조 과정의 유연화 및 자율화, 유지 보수의 효율화로 생산성이 획기적으로 개선될 것이며 제조업 회귀 re-shoring가 촉진될 전망이다.
- 서비스가 융합된 제품으로 옮아가므로 제조업의 비즈니스 모델이 제품 판매 중심으로부터 서비스 판매 중심으로 전환될 전망이다.
- 현재의 디지털 기술 수준은 미래 제조업이 필요로 하는 조건을 충족하는 데 한계가 있기 때문에 제조업 혁신(4차 산업혁명)을 이루기 위해서는 지속적인 기술 개발이 필요하다.

제조업 혁신을 위해 요구되는 것들

- 제조업 전체의 디지털화가 필요하므로 모든 기기들을 인터넷으로 연결하는 것이 필요하다. 즉, 새로운 생산 장비의 제작*이나 기존 장비의 변경이 있어야 한다.
- 부품(모듈)이나 기계에 설치(내장) 가능한 고성능의 소형화된 센서들이 낮은 가격으로 대량 제조되어야 한다. 2020년까지 약 300억 개 이상의 장비가 인터넷에 새로 연결될 것이며, 이 수의 몇 배에 해당하는 센서들이 장비에 설치될 것이다. 센서들이 사용하는 전력량이 급격하게 증가할 전망이므로 저전력 센서나 IoT 모듈의 수요가 증가할 것이다.
- 인터넷에 연결될 수백억 개의 기기와 여기에 내장된 센서들이 생산하는 데이터 양이 폭발적으로 증가할 것이다.(2015년 15ZB에서 2020년 60ZB로 증가) 막대한 양의 데이터를 저장하는 데이터 센터의 수가 급증하고 데이터 센터가 소비하는 전력이 2015년 대비 50% 이상 늘어날 전망이다. 대용량 저전력 소자 및 시스템 개발에 대한 요구가 커질 것이다.
- 빅데이터나 인공지능이 보편화됨에 따라 초고속·대용량·저전력의 조건을 갖춘 소자 및 시스템 개발이 필요할 것이다.

---

* 4차 산업혁명 중에는 기존 장비(3차 산업혁명에서의 장비)의 40~50%가 새로운 장비로 대체될 전망이다. 1차 산업혁명 중에는 100%, 2차 산업혁명 중에는 10~20%, 3차 산업혁명 중에는 80~90%의 장비가 새로운 장비로 대체되었다.

요약

지금까지 산업혁명은 생산혁명, 제조 혁신으로부터 시작되었다. 4차 산업혁명도 예외는 아니다. 제조 혁신에 주목해야 하는 이유는 경쟁력 있는 제조업이 국가 경쟁력(생산성)을 결정하는 요소이며, 경제의 기반이 되는 고용에 큰 영향을 미치기 때문이다. 심지어 서비스업의 성장이나 서비스업이 창출하는 부가가치도 경쟁력 있는 제조업에 바탕을 두고 있다. 제조업은 점점 빨라지고 있는 제품의 수명 주기 단축에 대응해야 하며 세계화되어 가는 가치사슬 변화에 대응해야 한다. 동시에 제조업은 새롭게 등장하는 제조 기술을 빠르게 수용하여 경쟁력을 키워야 하는 환경에 놓여 있다. 선진국들이 그동안 상대적으로 관심을 멀리했던 제조업 부문을 강화하여 이러한 변화에 대응하려는 정책 변화를 추구하고 있다. 미국, 독일 등 선진국들의 제조업 강화 정책은 4차 산업혁명 정책으로 이어지고 있다.

미래의 제조업은 글로벌 거시 동향에 대응하여 혁신적인 제조 방식을 도입할 전망이다. 다양한 제조 방식 도입이 가능한 것은 이미 기반이 되는 적층 제조 기술, 첨단 소재 기술, 나노기술(초정밀 공정 기술) 등 핵심 기술의 상당 부분이 성숙되었기 때문이다. 이러한 기반 기술에 사물인터넷(IoT), 빅데이터, 인공지능(로봇) 등의 이른바 4차 산업혁명의 핵심 기술을 접목하여 제조 혁신, 생산 혁신을 달성하는 것이 4차 산업혁명이다.

4차 산업혁명에서의 제조업이 기존의 제조업과 가장 크게 구별되는 점은 자동화 생산 방식이 자율 생산 방식으로 전환되는 것이다. 부분적으로 연결되어 있던 생산 시스템이 초고속 인터넷으로 완전히 연결되어 사람의 개입이 최소화된 상태로 자율 운전되며, 예측 기반의 운영(유지 보수)으로 최상의 효율성을 달성할 수 있다. 분산 제조로 현지 생산이 가능해지며 3D 프린팅 등 신기술의 보급으로 맞춤 생산과 즉시 생산이 가능해진다. 물류비용 등 간접 비용을 최소화하여 생산 비용을 현저히 낮출 수 있다.

수많은 센서와 액추에이터를 동작시키고, 이들을 초고속 인터넷으로 연결하여 생산하는 막대한 양의 데이터를 처리하는 데 대규모 전력 수요가 일어나므로 이에 대비하는 에너지 정책이 필요하다. 대규모 정전(black out) 같은 불의의 대형 사고 방지, 고효율 전력 그리드와 같은 수단이 있겠지만, 전력 수요는 더욱 증가할 것이므로 세밀한 대책을 수립하여 미리 대응할 필요가 있다.

출처
Source

1) Douglas S. Thomas, "The Current State and Trends of the U.S. Manufacturing Industry", NIST Special Publication 1142, December 2012.

2) Marc Levinson, "U.S. Manufacturing in International Perspective", Congressional Research Service 7-5700 R42135, January 18, 2017.

3) "Enabling the Next Production Revolution: Issue paper" (Background document prepared for the Danish Product Council conference "Shaping the Strategy for Tomorrow's Production"), DSTI/IND(2015)2, OECD, 09-Mar-2015.

4) Gary Gereffi(Duke Univ.), "Global Value Chains and Development-Concepts and Methodologies", GVC Workshop on Technical Tools and Operations, Washinton, DC (June 17, 2016), World Bank Group, Trade & Competitiveness

5) "The Global Manufacturing Sector: Current Issues", CIMA(Chartered Institute of Management Accountants) sector report, August 2010.

6) "Revitalizing American Manufacturing-The Obama Administration's Progress in Establishing a Foundation for Manufacturing Leadership", National Economic Council, The White House, October 2016.

   전정하, "미국의 신산업 육성정책과 시사점", Weekly KDB Report, 2016. 10. 4.

7) "Emerging Trends in Global Manufacturing Industries", United Nations Industrial Development Organization, Vienna 2013, IfM(Management Technology Policy), Univ. of Cambridge

8) "Automation Profiles: Robots Help Philips Shave Assembly Costs", Assembly Magazine (John Sprovieri), June 1, 2012.

9) 김기남, The 1st International Conference of Engineering Institutions in South Korea and Germany, Sept. 4, 2017.

10) Jaap Bloem, Menno van Doorn, Sander Duivestein, David Excoffier, René Maas, Erik van Ommeren, "The Fourth Industrial Revolution-Things to Tighten the Link between IT and OT", VINT Research Report, Sogeti VINT, 2014.

11) James Manyika, Michael Chui, Peter Bisson, Jonathan Woetzel, Richard Dobbs, Jacques

Bughin, and Dan Aharon, "The Internet of Things: Mapping the Value beyond the Hype", McKinsey & Company, June 2015.

12) Industry 4.0 and the Digital Twin-Manufacturing Meets Its Match, Deloitte University Press, 2017.

4차 산업혁명 말말말

노벨 화학상 수상자인 미국 스탠퍼드대 교수 로저 콘버그(Roger D. Kornberg)는 "정보 기술의 발전으로 진행되던 3차 산업혁명과 달리 4차 산업혁명은 인간 생물학(Human Biology)의 시대가 될 것이다."라고 말하였다. 그는 "우리는 지금 생물학에 대한 1%도 안 되는 지식만 가졌을 뿐이고, 알려지지 않은 99%의 생물학에 대한 지식이 발견된다면 4차 산업혁명 시대의 인간의 삶은 상당히 변화할 것이다."라고 말했다.

독일의 인더스트리 4.0은 4차 산업혁명이 일어나는 도화선이 되었다. 우리나라도 이에 걸맞는 '제조업 혁신 3.0' 전략을 추진하고 있다. 우리나라는 과연 제조업과 IT 융합을 통해 생산 현장, 제품, 지역 생태계를 혁신하고, 제조업을 혁신할 수 있을까?

The Fourth Industrial Revolution

미래를 여는 나침반 4차 산업혁명 보고서

4장

4차 산업혁명의 현재와 미래

독일이 2010년 이후 본격 추진하기 시작한 '인더스트리 4.0Industry 4.0'은 주요 국이 4차 산업혁명을 추진하는 도화선이 되었다. 주요 선진국들은 예외 없이 차세대 생산혁명에 관한 국가 차원의 프로그램을 추진하고 있다. 명칭에 관계없이 생산혁명(제조 혁신)을 통하여 자국의 성장 동력을 확보하고 국가 경쟁력을 높이는 데 초점이 맞추어져 있다. 2011년 미국은 '첨단제조파트너십 2.0Advanced Manufacturing Partnership 2.0'을, 영국은 '캐터펄트센터Catapult Centers' 프로그램을 시작하였다. 이탈리아는 2012년에, 벨기에는 2014년에 '지능형 공장 클러스터Intelligent Factories Clusters'의 이름으로 각각 착수하였다. 일본은 2014년 '재흥/로봇 전략Revitalization/Robots Strategy'을, 중국은 2015년 '중국 제조 2025Made in China 2025'를, 프랑스는 2015년 '미래산업Industrie du Futur'을, 우리나라는 2015년 '제조업 혁신 3.0'을 각각 착수하였다. 이러한 국가 차원의 대형 프로그램 외에도 단독 또는 이들 프로그램과 연결하여 추진하고 있는 프로그램들이 다수 있다.

유럽의 대응

EU의 선진 산업국들은 자국 사정에 맞춘 생산 혁신 프로그램들을 추진하고 있다. EU는 각 회원국의 프로그램과는 별도로 EU 전체 차원에서 독일의 인더스트리 4.0을 인정하고 공동보조를 맞추고 있다. 독일은 세계 경제 위기가 발생하기 전부터 제조업 혁신을 위한 준비를 해왔다. 1999년 사물인터넷IoT, 2000

년 맞춤형 수요 증가에 대한 대응 논의, 2004~2005년 스마트 공장, 2006년 사이버–실제 통합 시스템Cyber-Physical Systems, CPS, 2007년 서비스 인터넷Internet of Service 등의 순차적인 과정을 통해 이해당사자 간 장기간의 논의를 거쳐 2010년 인더스트리 4.0을 발의하고 2011년 착수하였다. 인더스트리 4.0을 출범시킨 이후 2012년 실행 계획, 2015년 실현 전략을 차례로 수립하였고, 2017년 10대 강령을 제정하는 등 인더스트리 4.0을 실행에 옮기고 있다. 인더스트리 4.0은 2008년 경제 위기 후 제조업의 중요성이 다시 부각되기 훨씬 전부터 독일 제조업의 경쟁력을 강화하기 위하여 장기간에 걸쳐 준비되어온 것이다. 장기간

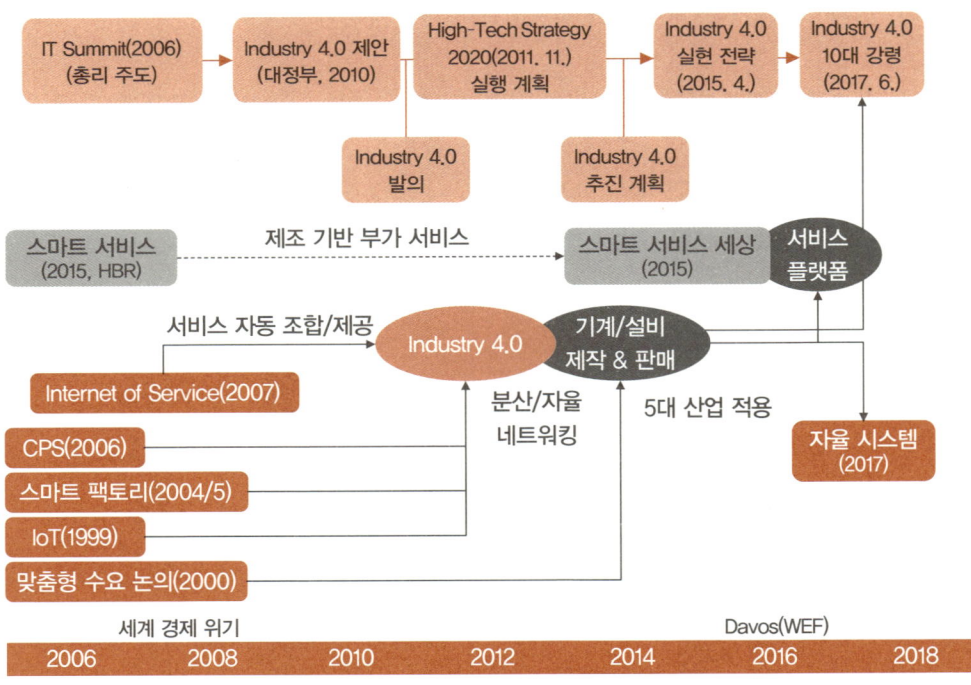

독일의 인더스트리 4.0 추진 과정[1]

의 논의를 거치는 동안 다양한 의견이 수렴되고 관련되는 여러 분야들이 망라됨으로써 국가적인 추진에 필요한 동력을 확보하였다. 유럽의회도 유럽연합EU 차원에서 EU 내 국가들의 제조업 경쟁력 강화의 필요성을 인정하고, 인더스트리 4.0을 골격으로 하는 제조 혁신을 추진하고 있다.

인더스트리 4.0은 IoT-서비스-데이터-사람 간을 초고속으로 연결(네트워크화)하여 미래 제조업을 변화시키는 것을 추구하며, 완전히 새로운 시작이 아니라 제조업과 관련이 있는 전체 가치사슬 과정의 조직화와 경영에 있어서 진보된 단계를 말한다. 인더스트리 4.0은 다음 표와 같은 네 가지 특징을 가지고 있다.[2]

인더스트리 4.0의 특징

특징	대상	특기 사항
수직적 네트워킹	스마트 생산 시스템(스마트 공장 및 스마트 제품), 스마트 물류/생산/마케팅의 네트워킹, 스마트 서비스	수요 지향적, 개인화된 고객 맞춤식의 생산 운용
수평적 통합	새로운 세대의 글로벌 가치 창출 네트워크를 통하여 실시간 최적화된 네트워크 구축(사업 파트너와 고객의 통합, 새로운 사업 협력 모델)	통합된 투명성, 높은 수준의 유연성, 글로벌 최적화
통합적 엔지니어링	전체 가치사슬(전체 제품 수명 주기)	생산 과정뿐만 아니라 최종 제품까지 포함
급속한 기술 발전*을 통한 가속	새로운 기술이 아니더라도 대규모 시장에 적용 가능한 기술(데이터 및 정보)	개인별 맞춤식 솔루션, 유연성, 비용 절감 가능

* exponential technologies: 가격이나 크기를 줄일 수 있거나 계산 능력을 크게 키울 수 있는 기술을 말한다. AI, 첨단 로봇 및 센서 기술, 기능성 나노소재 및 나노센서, 3D 프린팅(AM) 등을 들 수 있다.

수직적 네트워킹 결과물의 대표적인 영역은 CPS이다. CPS는 제조업을 포함하는 산업뿐만 아니라 에너지와 물류를 포함하는 이동성, 헬스 케어, 가정 등 서비스 인터넷과 사물 인터넷 사이에 있는 모든 영역에 적용된다. 즉, CPS는 실제 공간의 상황을 실시간 가상공간에서 디지털로 구현할 수 있는 모든 영역에 적용할 수 있다.

수평적 통합은 넓은 영역에 걸쳐 사업 파트너와 고객을 통합하는 협력 사업 모델을 추구하는 것으로, 수평적 통합의 바탕이 되는 것은 높은 수준의 투명성과 유연성이다.

인더스트리 4.0은 수직적 네트워킹과 수평적 통합을 바탕으로 원료의 가공에서부터 수명을 다한 제품(부품)을 폐기하는 단계까지 전체 제품 수명 주기를 고려한 통합적 공학 체계를 구축하여 자원 부족과 친환경 이슈에 대응하고 있다.

마지막으로 신기술 개발과 함께 개인별 맞춤 생산, 현지에서 즉시 생산하여 물류비용을 절감하는 등 새로운 산업 환경 변화에 대응하기 위하여 현재의 기술 기반을 적극적으로 활용함으로써 새로운 패러다임으로의 빠른 전환을 추구하고 있다.

디지털화는 인더스트리 4.0을 뒷받침하는 핵심 기반이다. 디지털화는 산업 영역뿐만 아니라 디지털화와는 거리가 있어 보였던 창작 분야 등 사회 모든 영역에서 진행될 전망이다. 인더스트리 4.0 초기에는 제조업 부문에서 진행되는 디지털화가 전체 디지털화를 선도할 것이다. 제조업 부문의 디지털화에는 몇 가지 파괴적 기술들이 영역별로 중요한 역할을 하게 될 전망이다.

제조업 부문의 디지털화를 가능하게 할 파괴적 기술들(맥킨지McKinsey)

기술 영역	데이터, 계산 능력, 연결도	분석 및 지능	인간-기계 상호작용	디지털-실제 변환
세부 기술	빅데이터와 개방 데이터 계산, 저장, 센서의 획기적인 비용 축소	지식 작업의 디지털화 및 자동화 인공지능 및 기계학습의 발전에 돌파구	터치 장치 및 차세대형 GUI 소비자형 장치를 통한 빠른 확산	적층 제조(AM) (예: 3D 프린팅) 소재 영역 확장, 프린터 가격의 빠른 하락, 향상된 정밀도/품질
	IoT/M2M 소규모 하드웨어 및 연결 비용 축소	첨단 분석 개선된 알고리즘 및 크게 향상된 데이터 활용성	가상 및 증강 현실 머리 착용형 광학 디스플레이의 돌파구	첨단 로봇 (예: 인간-로봇 협력) 인공지능, 기계 시각, M2M 통신, 값싼 액추에이터 분야의 발전
	클라우드 기술 데이터의 집중화 및 저장의 가시화			에너지 획득 및 저장 점증하는 저렴한 에너지 저장, 혁신적인 에너지 획득 방법

독일이 추진하고 있는 인더스트리 4.0은 데이터와 해석(능력)을 핵심 역량으로 하여 디지털화와 수직·수평 가치사슬의 통합, 제품과 서비스(제공)의 디지털화, 디지털 사업 모델과 고객 연계 등 세 가지 전략을 추진하고 있다. 세 가지 전략은 여덟 가지 디지털 기술을 플랫폼으로 하고 있다. 디지털화와 수직·수평 가치사슬의 통합 전략에는 모바일 기기, IoT 플랫폼, 클라우드 컴퓨팅이 플랫폼 기술의 역할을 한다. 제품과 서비스(제공)의 디지털화 전략을 추진하는 데에는 증강현실과 웨어러블 기기, 고객의 다단계 상호작용 및 프로파일링, 빅데이터 분석 및 첨단 알고리즘, 스마트 센서가 플랫폼 기술로서의 역할을 한다. 디지털 사업 모델과 고객 연계를 위해서는 위치 탐지 기술, 첨단 인간-기계 인터페이스, 인증 및 가짜 탐지, 3D 프린팅이 플랫폼 기술로서 기여한다.

지금까지의 인더스트리 4.0에 관한 설명 전반은 현재 구축되어 있는 제조설비나 현재의 제조 기술에 디지털 기술을 접목하거나 통합하는 것을 전제로 한다. 따라서 이전의 인더스트리 1.0~3.0(1~3차 산업혁명)과 비교하여 인더스트리 4.0은 낮은 장비 대체율로 큰 파급효과를 거둘 수 있는 환경을 가지고 있다. 즉, 고도로 첨단화된 생산 시설을 크게 변경하지 않고도 디지털화하고 융합함으로써 인더스트리 4.0이 추구하는 목적을 달성할 수 있는 환경이 구축되어 있다. 맥킨지McKinsey 분석에 따르면 인더스트리 4.0은 1차 산업혁명에서 수차나 증기기관으로 돌리던 기계의 동력 부분을 2차 산업혁명 동안 전기(에너지)에 의해 동작되는 전기모터로 대체하는 것만으로 큰 효과를 볼 수 있었던 것과 비슷하게 낮은 장비 대체율로 효과를 볼 수 있을 것으로 예상하고 있다.[3] 1차 산업혁명에서 2차 산업혁명으로 넘어가는 과정에서 장비 대체율은 10~20%였다. 4차 산업혁명이 진행되면서 현재 장비의 40~50%가 대체될 것으로 예상된다.

인더스트리 4.0으로 얻을 수 있는 경제 효과는 2020년 기준 약 90조 달러가 될 것으로 예측하고 있다.[4] 이는 3차 산업혁명이 거둔 경제 효과(약 20조 달러)의 4.5배에 해당한다. 또한 인더스트리 4.0의 결과로 얻게 될 고용 창출 효과는 2015년 대비 2025년 기준 약 6% 증가할 것으로 예측하고 있다.[5] 디지털화에 따라 여러 부문에서 새로운 기술자나 숙련공이 필요하기 때문에 기계공학 분야, 식음료 분야 등에서 상당한 고용이 창출될 것으로 예상된다. 하지만 이미 디지털화가 많이 진행된 자동차 산업 부문에서는 상대적으로 적은 고용 창출 효과가 나타날 것으로 전망된다.

독일은 다양한 CPS 부문을 실행에 옮기기 위하여 분야별로 지원을 지속하고 있다. 다음 그림은 2005~2021년까지 독일이 추진할 사물인터넷IoT, 서비스 인터넷IoS, 에너지 인터넷IoE 분야의 현황을 나타낸 것이다.[3] 4~5년 기간의 지원 프로그램을 이어가고 있는 것을 알 수 있다. 4~5년 주기의 프로그램을 연속으로 추진하는 이유는 대략 5년 주기로 사업 성과를 분석하여 변화된 환경을 반영하고 성과를 높이기 위한 것으로 보인다.

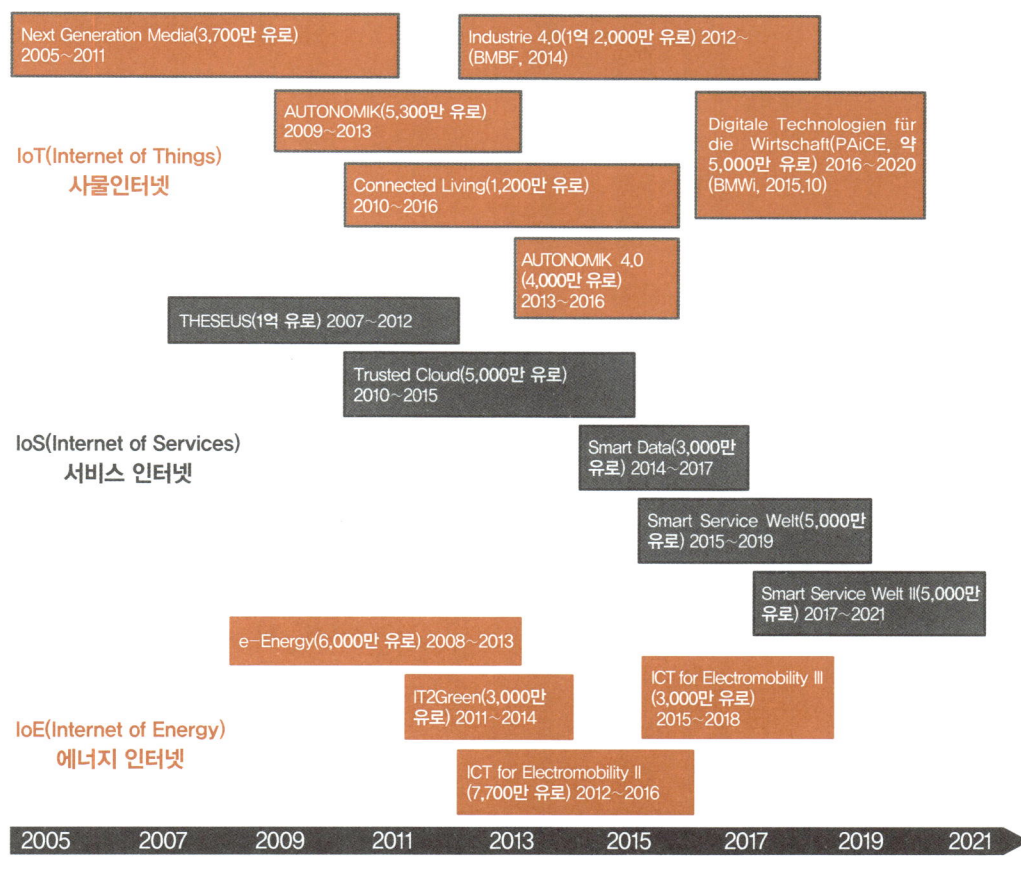

인더스트리 4.0 프로그램 관련 IoT, IoS, IoE 부문의 사업 추진 현황

미국의 대응: 산업 인터넷 컨소시엄(IIC)

독일의 인더스트리 4.0에 자극을 받은 미국은 산업 인터넷 컨소시엄Industrial Internet Consortium, IIC을 추진하고 있다. IIC는 인더스트리 4.0과 매우 유사하면서도 상당한 차이가 있다.[6] 인더스트리 4.0은 중소기업을 주된 대상으로 하는 정부 주도형인 데 비해 IIC는 다국적 대기업을 중심으로 하는 민간 주도형이라는 점이 가장 큰 차이이다. 인더스트리 4.0이 제조업 부문을 대상으로 한 것이라면 IIC는 제조업뿐만 아니라 에너지에서 농업에 이르기까지 많은 산업 부문을

인더스트리 4.0과 산업 인터넷 컨소시엄의 비교(MAPI 재단)

비교 대상	인더스트리 4.0	산업 인터넷 컨소시엄(IIC)
핵심 주도자	독일 정부	다국적 대기업
핵심 이해 관계자	정부, 학계, 업계	업계, 학계, 정부
산업혁명 구분	4차 산업혁명	3차 산업혁명
지원 플랫폼	정부의 산업 정책	개방형 회원제의 비영리 컨소시엄
집중 영역	산업	제조업, 에너지, 수송, 헬스 케어, 유틸리티, 도시, 농업
집중 기술	공급 사슬 조정, 내재형 시스템, 자동화, 로봇	소자 통신, 데이터 흐름, 소자 제어 및 통합, 예측 분석, 산업 자동화
전반적 대상	하드웨어	소프트웨어, 하드웨어, 통합
지리적 대상	독일 및 독일 기업	글로벌 시장
대상 기업	중소기업	모든 기업
최적화 대상	생산 최적화	자산 최적화
표준화 대상	과제에 따라	표준 관련 기구의 추천
경제적 접근	규범적 경제	낙관적 경제
업계 접근	대응적	선행적

대상으로 하고 있다. 물론 인더스트리 4.0 역시 초기에는 산업 부문에 초점이 맞추어져 있지만 에너지, 물류, 헬스 케어, 가정 등의 영역으로 확장될 것이다. 인더스트리 4.0의 주된 관심이 '생산(제조)'에 있다면 IIC의 주된 관심은 '자산'에 있다. 인더스트리 4.0과 IIC의 비교에서 흥미로운 점은 독일은 인더스트리 4.0을 추진하면서 4차 산업혁명을 염두에 두고 있지만, 미국이 추진하고 있는 IIC는 여전히 3차 산업혁명의 틀 내에서 고려하고 있다는 것이다.

세계경제포럼이 제시하고 있는 산업 인터넷 프로젝트를 살펴보면, 산업 인터넷의 최종적인 관심은 새로운 비즈니스 모델이나 산업 생태계를 창출하고 전반적인 경제성장으로 이어가는 것이다. 실행할 영역과 공공 정책을 선택한 이후 산업 인터넷을 도입함에 따라 새로운 기회가 생기는 반면, 기존 산업이나 비즈니스가 붕괴되는 파괴적 전환 과정을 거친다. 전환 과정 동안에는 새로운 제품과 서비스를 창출하는 것으로부터 작업 방식을 변형하는 것까지 다양한 실행 방안의 수행이 필요하다. 현재 시점에서 산업 인터넷을 추진할 수 있는 것은 클라우드 등 여섯 가지 핵심 요인이 성숙되어 있기 때문이다. 반면에 보안, 현재의 운용 기술OT 및 인프라, 낮은 상호 운용성, 프라이버시, IT 대기업 외의 낮은 신규 투자, 높은 위험도 등 극복해야 할 장애 요인들도 있다.

산업 인터넷의 추진으로 거둘 수 있는 경제 성과는 글로벌 총생산을 기준으로 약 70조 달러 규모로 추산된다.[7] 이 중 29조 달러는 개발 경제에서 올 것이며 첨단 경제 부문에는 41조 달러의 효과가 있을 전망이다. 즉, 산업 인터넷이 큰 영향을 미치게 될 부문은 개발 부문보다는 첨단 경제 부문이다. 또한 산업 인터넷은 전체적으로 경제 부문보다는 경제 외적인 부문에 큰 영향을 미칠 전망이다. 현재를 기준으로 평가했을 때 산업 인터넷으로 얻을 수 있는 기회는 글로벌 경제의 46% 수준이다. 산업 인터넷에서 예측하는 성과(70조 달러)는 인더스트리 4.0이 예상하고 있는 경제 성과인 90조 달러(2020년) 규모보다는 적다.

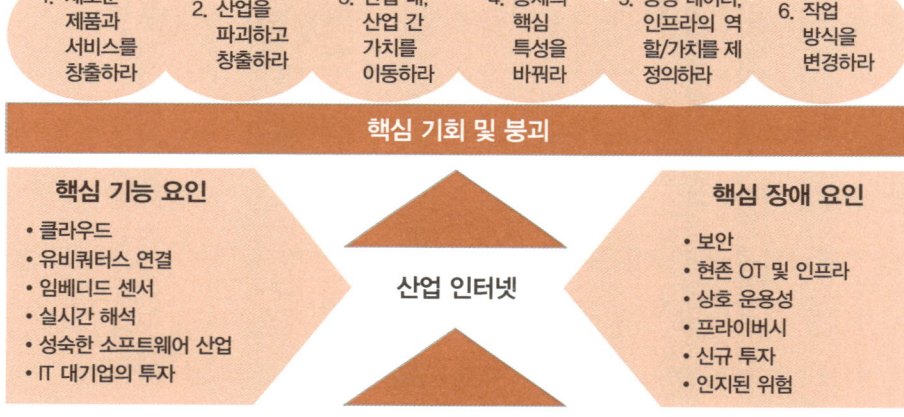

세계경제포럼의 산업 인터넷 프로젝트 프레임

일본의 대응

4차 산업혁명 시대에 국제적인 리더십을 갖고자 하는 일본이 세운 전략은 '새로운 산업구조의 비전'에 압축되어 있다. 일본의 4차 산업혁명 추진 전략은 2015년 내각이 결정한 '일본재흥전략'을 수정한 것이다. 전략 수립의 전체 배경이나 필요성은 인더스트리 4.0과 크게 다르지 않다. 일본은 다음 7개의 전략을 추진하고 있다.

- 데이터 활용을 촉진하는 환경 구축
- 인적자원의 개발 및 채용, 고용 시스템의 유연성 향상
- 혁신 및 기술 개발의 가속(Society 5.0)
- 재정 역량 강화
- 산업 및 고용 구조의 전환 촉진
- 4차 산업혁명 효과의 중소기업 및 지역 경제로의 확산
- 4차 산업혁명을 위하여 복잡한 경제 및 사회 시스템의 확립

7개의 전략 중에서 인더스트리 4.0에 직접 대응하는 부분은 '혁신 및 기술 개발의 가속'이며, 'Society 5.0'의 명칭을 붙여 특별한 전략으로 추진하고 있다. Society 5.0은 기업, 대학, 연구 기관들의 폐쇄적인 연구 개발로 기관 간 연구비 확보, 인적자원, 기술, 데이터의 이동이 효율적이지 못하다는 것과 일본 창업기업start-up이 아직까지는 글로벌 수준에서 경쟁할 역량을 가지고 있으나 일본이 글로벌 창업가 및 지원자 네트워크에서 배제되어 있음을 인식해야 한다는

문제의식을 바탕으로 하고 있다. 전략을 추진하는 기본 방향은 산학 협력 부문에서 향후 10년간 대학 및 연구 기관에 대한 투자 규모를 3배로 늘리며, 창업기업을 지역 시장에서 글로벌 시장으로 연결하는 지원 시스템을 강화하는 것이다. 또한 글로벌 창업가나 이를 지원하는 사람을 위한 네트워크의 허브가 되도록 하며, 대기업과 창업기업 간의 전략적 협력을 강화하는 것이다.

다음은 글로벌 네트워크 분석법으로 2003년과 2013년 국제 공동으로 저술한 논문을 분석한 결과이다.[8] 일본은 상당한 성장을 보였으나 급격한 성장을 보인 중국에는 훨씬 미치지 못하고 있다. 또한 미국, 독일, 영국, 프랑스의 성장에도 밀리는 것으로 나타났다.* 새로운 산업구조의 비전에서 Society 5.0 전략으로 추진하는 내용은 일본의 '과학기술기본계획'에 담겨 있다. 제5기 과학기술기본계획(2016~2020)에는 제4기에 도입한 '과제 해결형 접근'에 '미래 창생

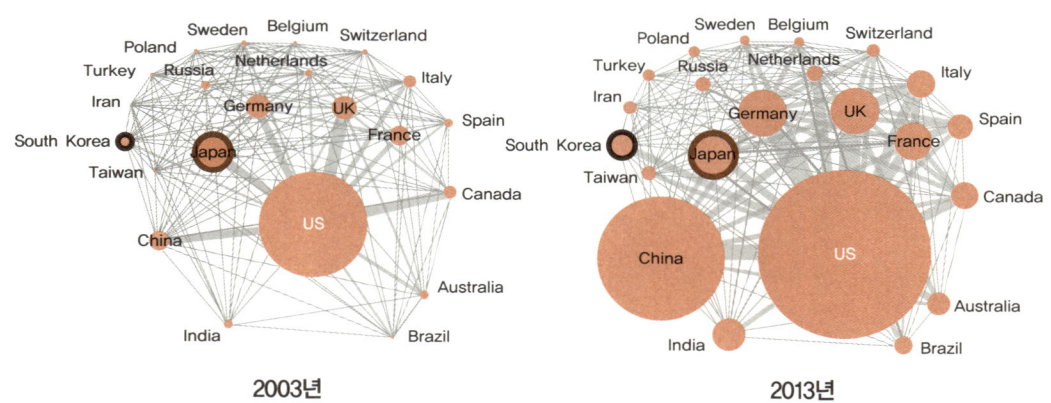

*원의 크기는 과학 논문의 수를 나타낸다.
*연결된 선은 공동 저자 논문 수를 나타낸다.

국제 공동 저작 논문 분석을 통한 글로벌 네트워크 구축 현황

* 우리나라도 상당한 성장을 보이긴 하였으나, 주요 경쟁국들보다 낮은 성장을 보였다.

형 접근'에 대한 고려를 추가하였는데, 특히 나노기술과 재료과학을 초스마트 사회의 바탕이 되는 '중요한 기반 기술'로서의 위치에 두고 있다.

일본이 말하는 초스마트 사회는 '필요한 물건과 서비스를, 필요한 사람에게, 필요한 시간에, 필요한 만큼을 제공하여 사회의 다양한 니즈에 효율적으로 섬세하게 대응할 수 있도록 하는 것으로, 모든 사람이 질 좋은 서비스를 받을 수 있고, 연령·성별·지역·언어 등에 관계없이 편안하게 살 수 있는 사회'이다. ICT를 최대한 활용하여 사이버 공간과 물리적 공간(현실 세계)을 융합시키는 활동을 통해 사람들에게 풍요로움을 가져다주는 미래 사회의 모습을 공유하고 미래 사회 실현을 위한 일련의 활동으로서 'Society 5.0'을 강력하게 추진하고 있다.

실현 활동으로, 초스마트 사회의 경쟁력 향상을 위해 다음과 같은 기반 기술 등의 강화를 꾀하고 있다.

- 초스마트 사회 서비스 플랫폼 구축에 필요한 IoT 시스템 구축 기술, 빅데이터 기술, AI 기술 등 기반 기술을 개발한다.
- 개별 시스템에서 새로운 가치 창출의 핵심 강점을 갖는 혁신적인 구조 재료 및 신기능 재료 등 다양한 구성 요소의 고도화에 따라 시스템의 차별화된 '소재·나노 기술'을 기반 기술로 개발한다.
- 10년 정도 앞을 내다보는 중장기 시각에서 각 기술별 높은 성취 목표를 설정한다. 특히, 기초 연구에서부터 사회 실현까지 선형 모델로 진행하는 것이 아니라, 서로 자극하는 나선형 연구 개발을 통하여 새로운 과학을 창출하고 혁신 기술의 실현, 실용화, 사업화를 동시에 병행하여 추진할 수 있는 환경을 정비하여 기반 기술을 강화한다.

중국의 대응:
중국 제조 2025(Made in China 2025)

독일의 인더스트리 4.0에 상응하는 중국의 제조업 혁신 전략은 2015년 5월 18일 발표한 '중국 제조 2025'이다. 중국 제조 2025는 중국의 제조업 수준을 독일, 일본 수준으로 끌어올리는 1단계(2015~2025), 글로벌 제조 강국(미국)의 중간 수준까지 높이는 2단계(2025~2035), 세계시장을 선도하는 세계 제조업 제1강국이 되는 3단계(2035~2049)로 구성되어 있다. 이에 따라 중국 제조 2025는 중국의 성장 동력이 될 10대 산업을 지정하여 육성하고 있다.* 이러한 목표를 달성하기 위하여 중국은 산업구조 고도화를 위한 제조업 혁신력 강화, IT와 제조업의 융합을 지속적으로 확대, 제조업 품질 향상으로 브랜드 창출, 친환경 제조업 육성을 추진하고 있다. 2025년까지 목표로 하는 주요 지표는 다음 표와 같다.[9]

중국은 제조 역량을 끌어올려 중국 제조 2025의 목표를 달성하기 위해 법률에 기반을 둔 정부 행정을 활용하여 구조적인 체계를 재편하고 있으며, 공정한 시장 환경 조성과 재정 지원 정책, 회계 및 조세 정책을 강화하는 전략을 실행하고 있다. 또한 여러 수준의 재능 육성 체계를 구축하고 중소기업 정책을 강화하며, 제조업 부문의 개방성을 높이는 전략을 추진하고 있다. 이러한 전략을 수행하기 위하여 필요한 조직과 적용 체계를 구축하고 있다.

---

* 10대 산업으로 ① 차세대 정보 기술(반도체, 정보통신, OS 및 산업용 S/W), ② 고정밀 수치제어 및 로봇, ③ 항공우주 장비(항공 장비, 우주 장비), ④ 해양 장비 및 첨단 기술 선박, ⑤ 선진 궤도 교통 설비, ⑥ 에너지 절약 및 신에너지 자동차, ⑦ 전력 설비, ⑧ 농업기계 장비, ⑨ 신소재, ⑩ 바이오 의약 및 고성능 의료 기기를 지정하였다.

중국 제조 2025의 연도별 주요 지표

분류	지표	2013	2015	2020	2025
혁신 역량	규모 이상 제조업체 매출액 대비 R&D 지출 비중(%)	0.88	0.95	1.26	1.68
	규모 이상 제조업체 매출 1억 위안당 발명 특허 수(건)	0.36	0.44	0.7	1.1
질적 성과	제조업 품질 경쟁력 지수[1]	83.1	83.5	84.5	85.5
	제조업 부가가치 증가율 제고 (2015년 대비 증가 비율(%))	-	-	2.0	4.0
	제조업 노동생산성 증가율(%)	-	-	7.5[2]	6.5[3]
IT 제조업 융합	인터넷 보급률[4](%)	37	50	70	82
	디지털 R&D 설계 도구 보급률[5](%)	52	58	72	84
	핵심 공정 CNC 비중[6](%)	27	33	50	64
친환경 성장	규모 이상 기업의 산업 생산량 단위당 에너지 소모 감축 비율(%) (2015년 이후)	-	-	18	34
	산업 생산량 단위당 이산화탄소 배출 감축 비율(%) (2015년 이후)	-	-	22	40
	산업 생산량 단위당 수자원 사용 감축 비율(%) (2015년 이후)	-	-	23	41
	공업용 고체 폐기물 사용률(%)	62	65	73	79

주: 1) 중국 제조업의 수준을 평가한 경제·기술 종합 지수
   2) 13차 5개년 계획 기간(2016~2020) 중 연평균 증가율
   3) 14차 5개년 계획 기간(2021~2025) 중 연평균 증가율
   4) 인터넷 보급률은 유선 인터넷 보급률을 의미: 유선 인터넷 보급률 = 유선 인터넷 사용 가구 수 ÷ 총 가구 수
   5) 디지털 R&D 설계 도구 보급률 = 디지털 R&D 설계 도구를 보유한 규모 이상 기업 수 ÷ 총 규모 이상 기업 수(샘플 조사 기업 수: 3만 개)
   6) 핵심 공정 CNC 비중은 규모 이상 기업의 핵심 공정 CNC 비중의 평균치

우리나라의 대응

우리나라도 독일의 인더스트리 4.0과 유사한 내용을 담은 '제조업 혁신 3.0'을 2015년부터 추진하고 있다. 제조업과 IT 융합을 통해 생산 현장, 제품, 지역 생태계를 혁신하고, 성공 사례를 조기에 창출한 후 제조업 전반으로 확산시켜 제조업을 혁신하는 목표 아래 진행하고 있다. 이를 위하여 4대 추진 방향과 13대 세부 추진 과제를 설정하고 실행에 옮기고 있다.

2020년까지 1만 개(2018년 3월, 2022년까지 2만 개로 수정)의 공장을 스마트화하고 빅데이터, 클라우드, 홀로그램, CPS, 스마트 센서, IoT, 3D 프린팅 등

제조업 혁신 3.0의 추진 방향 및 세부 추진 과제

4대 추진 방향	13대 세부 추진 과제
1. 스마트 생산 방식 확산	① 스마트 공장 보급·확산
	② 8대 스마트 제조 기술 개발
	③ 제조업 소프트 파워 강화
	④ 생산 설비 고도화 투자 촉진
2. 창조 경제 대표 신산업 창출	① 스마트 융합 제품 조기 가시화
	② 30대 지능형 소재·부품 개발 및 사업화
	③ 민간 R&D 및 실증 투자 촉진
3. 지역 제조업의 스마트 혁신	① 창조경제혁신센터를 통한 제조업 창업 활성화
	② 지역 거점 산업 단지의 스마트화
	③ 지역별 특화 스마트 신산업 육성
4. 사업 재편 촉진 및 혁신 기반 조성	① 기업의 자발적 사업 재편 촉진
	② 융합 신제품 규제 시스템 개선
	③ 제조업 혁신을 뒷받침하는 선제적 인력 양성

스마트 제조 기술을 개발하며, 제조업 소프트 파워 강화, 지능형 소재·부품 개발, 규제 개선, 인력 양성 등을 추진하고 있다. 제조업 혁신 3.0은 정부가 주도하지만 민관이 공동 재원을 마련하는 등 산업계가 참여하는 프로그램이다.

4차 산업혁명을 선도하는 주요 기술 분야에서 우리나라의 경쟁력은 다음과 같다.[10]

4차 산업혁명 관련 주요 기술 수준 비교

산업명	최고 기술 보유국	최고 기술 보유국 대비 한국 수준		
		기술 수준 그룹	기술 수준 (%)	기술 격차 (년)
5세대 이동통신	미국	선도	84.7	2.1
지능형 반도체	미국	선도	83.8	3.1
실감형 콘텐츠	미국	선도	83.1	2.8
웨어러블 스마트 디바이스	미국	선도	82.5	2.9
스마트 자동차	미국	추격	79.2	3.7
융복합 소재	미국	추격	79.0	3.7
신재생에너지 하이브리드 시스템	미국	추격	78.5	4.0
빅데이터	미국	추격	78.4	3.7
지능형 사물인터넷	미국	추격	77.7	4.2
맞춤형 웰니스 케어	미국	추격	76.7	4.3
지능형 로봇	미국	추격	74.8	4.2

우리나라는 최고 선진국인 미국 대비 75~85% 수준에 해당하는 기술력을 가지고 있다. 우리나라가 선도하고 있는 기술 영역(80% 이상의 기술력 보유 영역)은 5세대 이동통신, 지능형 반도체, 실감형 콘텐츠, 웨어러블 스마트 디바

이스 등이다. 우리가 선도하고 있는 영역에서 최고 기술 보유국과 우리와의 기술 격차는 2~3년이다. 75~80% 범위에 있는 추격 그룹에 속한 기술 영역들은 약 4년 정도의 기술 격차를 가지고 있다. 지금과 같은 빠른 기술 발전 속도를 감안하면 일차적으로는 기술 격차를 더욱 좁히는 데 역량을 집중해야 하며, 최소한 더 벌어지지는 않도록 해야 한다. 4차 산업혁명에 대한 각국의 대응이 본격화되면서 선진국들의 집중 투자가 이루어진 결과 이들 영역들의 발전 속도가 더욱 빨라지고 있어서 우리 역시 적극적인 대응을 할 필요가 있다.

우리나라는 2015년에야 제조업 혁신 3.0에 착수하였다. 따라서 아직 우리나라의 4차 산업혁명의 추진 수준이나 성공 가능성을 객관적으로 평가하기 어렵다. 독일이나 미국이 우리보다 먼저 4차 산업혁명에 착수하긴 하였으나, 그들도 아직 초기 단계에 있으므로 이들과의 비교에 큰 의미를 부여하긴 어렵다. 오히려 현재의 경쟁력 차이가 그대로 반영될 가능성이 높다. 이러한 한계에도 불구하고 세계경제포럼 World Economic Forum, WEF은 각국의 4차 산업혁명 상대 경쟁력을 평가한 바 있다. WEF가 4차 산업혁명의 영역(4개 영역*)을 사용하여 평가한 상대적인 글로벌 경쟁력 순위를 보면 다음 표와 같다.[11]

---

* WEF가 4차 산업혁명에서 경제적인 성공 여부를 판단하기 위하여 분류한 영역이다. ① 노동 대체를 위한 자본, ② 기술 및 불평등, ③ 인프라 구조 및 관성(기존 환경을 쉽게 버리지 못하는 것), ④ 법 체계의 견고함 및 유연성이다.

4차 산업혁명의 영역을 활용하여 분석한 각국의 상대적 경쟁력 순위

국가	노동 구조 유연성	기술 수준	적응 기술 교육	인프라 구조 적절성	법적 보호	전반적 파급효과	개발(DM) 시장: 부상(EM) 개척(FM)
스위스	1	4	1	4.0	6.75	3.4	DM
싱가포르	2	1	9	3.5	9.00	4.9	DM
네덜란드	17	3	8	6.5	12.50	9.4	DM
핀란드	26	2	2	19.0	1.25	10.1	DM
미국	4	6	4	14.0	23.00	10.2	DM
영국	5	18	12	6.0	10.00	10.2	DM
홍콩	3	13	27	4.5	10.00	11.5	DM
노르웨이	9	7	13	19.0	11.50	11.9	DM
덴마크	10	9	10	15.5	17.75	12.5	DM
뉴질랜드	6	10	24	21.5	6.25	13.6	DM
스웨덴	20	12	7	12.0	19.75	14.2	DM
일본	21	21	5	12.0	18.00	15.4	DM
독일	28	17	6	9.5	18.75	15.9	DM
아일랜드	13	15	21	19.0	11.50	15.9	DM
캐나다	7	19	22	16.0	20.50	16.9	DM
대만	22	14	11	20.0	31.25	19.7	EM
호주	36	8	23	18.5	17.75	20.7	DM
오스트리아	40	16	17	19.5	17.25	22.0	DM
벨기에	54	5	16	17.5	21.5	22.8	DM
프랑스	51	25	18	12.0	31.00	27.4	DM
이스라엘	45	28	3	26.0	38.50	28.1	DM
말레이시아	19	36	20	35.5	34.50	29.0	EM
포르투갈	66	26	28	24.5	32.25	35.4	DM
체코	47	29	35	35.0	44.75	38.2	EM
한국	83	23	19	20.0	62.25	41.5	EM

(계속)

국가	노동 구조 유연성	기술 수준	적응 기술 교육	인프라 구조 적절성	법적 보호	전반적 파급효과	개발(DM) 시장: 부상(EM) 개척(FM)
칠레	63	33	50	42.0	39.25	35.4	EM
스페인	92	30	37	17.5	61.25	47.6	DM
중국	37	68	31	56.5	64.25	51.4	EM
카자흐스탄	18	60	72	59.5	68.25	55.6	FM
폴란드	81	31	64	48.5	58.00	56.5	EM
러시아	50	38	68	47.5	114.00	63.5	EM
태국	67	56	57	51.0	88.00	63.8	EM
이탈리아	126	45	32	31.5	87.75	64.5	DM
헝가리	77	57	51	48.0	90.25	64.7	EM
남아공	107	83	38	59.0	42.75	66.0	EM
그리스	116	43	77	35.0	67.00	67.6	FM
필리핀	82	63	48	79.0	78.00	70.0	EM
인도네시아	115	65	360	73.5	70.25	70.8	EM
터키	127	55	60	58.5	77.75	75.7	EM
콜롬비아	86	70	76	77.0	102.75	82.4	EM
인도	103	90	42	100.5	81.50	83.4	EM
멕시코	114	86	59	66.0	100.00	85.0	EM
브라질	122	93	84	64.0	97.75	92.2	FM
페루	64	82	116	88.5	113.25	92.8	EM
아르헨티나	139	39	93	78.0	125.75	95.0	FM

표에서 상대적인 수치(등위) 값이 작을수록 경쟁력이 높은 것에 해당한다. 우리나라는 전반적 파급효과에서 25번째 위치에 있다. 다섯 개 항목 중 가장 순위가 낮은 항목은 노동 구조의 유연성(83위)이며 다른 항목에 비하여 특히

낮다. 법적인 보호 부문에서도 낮은 수준(62.25, 최고 수준은 3.4)에 있다. 반면에 기술skill 수준과 새로운 직업 선택을 위한 적응 기술 교육 항목은 20위권으로 비교적 높은 위치에 있다. 인프라 구조의 적절성 역시 높은 수준(20.0, 최고 수준은 3.5)에 있다. 4차 산업혁명에서 가장 크게 변하게 될 부분으로 노동(직업) 부문이 거론되고 있다. 많은 직업이 사라지고 새로운 직업이 출현하겠지만 전체 직업의 수가 줄어들 것이라는 전망이 많다. 새로운 직업을 선택할 수 있게 하는 적응 기술 교육을 허용하는 항목에서 비교적 상위(19위)에 있는 우리나라는 그 기반을 노동 구조의 유연성에서의 불리함을 극복하는 데 어떻게 활용할 것인가가 4차 산업혁명에서의 성공을 위해 풀어야 할 숙제 중의 하나이다.

외국 기업의 대응

선도 기업 간 경쟁(Siemens vs. GE)[12]

민간 부문에서 4차 산업혁명은 독일이 주도하는 인더스트리 4.0의 개념에 바탕을 둔 그룹과 미국이 주도하는 산업 인터넷(컨소시엄)에 바탕을 둔 그룹의 두 진영이 선도하고 있다. 세부적으로는 국가별 특성을 반영한 기업별 추진 방안을 가지고 있다. 두 진영을 대표하는 기업은 지멘스Siemens와 GEGeneral Electric이다. 두 진영을 대표하는 기업이라고 하는 이유는 4차 산업혁명에 참여하는 기업들 중 규모가 가장 큰 점도 있지만, 그보다도 각 진영이 표방하고 있는 개념을 반영한 변화를 추구하고 있는 회사들이기 때문이다. 두 기업은 향후 전개될 4차 산업혁명 시대의 새로운 세계시장을 두고 이미 치열한 경쟁을 벌이고 있다. 현재는 지멘스가 선점한 영역을 GE가 파고들고 있는 상황이다.

GE가 베를린에서 'Minds + Machines Conference'를 개최하고 'Predix'를 소개한 지 몇 주 후 지멘스는 Predix에 대응하는 클라우드 기반의 IoT 운영 시스템인 'Mindsphere'를 미국 현지의 R&D 센터에서 공개하였다. 지멘스는 Mindsphere를 사용하여 기계를 네트워크화하고 앱을 개발할 수 있으며 유지 보수와 같은 영역에 예측 기반의 디지털 서비스를 제공할 수 있다. GE와 지멘스는 이처럼 IoT 분야와 4차 산업혁명의 시장을 장악하기 위하여 경쟁하고 있다. GE는 2018~2020년 사이 수익성이 높은 디지털 비즈니스로 전환하는 것을 목표로 하고 있으며, 지멘스 역시 생산의 디지털화 및 자동화에서 구축한 입지를 바탕으로 철도, 의료 기술 등 다른 분야의 디지털화로 사업 영역을 확장하고 있다.

GE는 본부를 코네티컷에서 MIT와 하버드대가 있는 보스턴으로 옮겼다. GE는 제품의 품질이나 공정에서의 결함을 없애는 Six Sigma 중심으로부터 종업원들을 스타트업(창업기업)처럼 민첩하게 하기 위하여 자체 개발한 'FastWork' 시스템으로 옮아가고 있다. GE는 2020년까지 세계 10대 소프트웨어 개발 회사 중 하나가 되는 것을 목표로 하고 있다.

지멘스는 스타트업 아이디어에 첫 5년 동안 10억 달러를 지원하는 등 새로운 Next47 사업단에 빠르고 능동적인 사고방식을 강하게 요구하고 있다. 지멘스는 디지털 비즈니스로부터 매년 두 자리 이상의 성장을 기대하고 있다. 2015/16년 회계연도에 전년 대비 12% 증가한 48억 달러(43억 유로)의 매출을 올렸다. 이 중 33억 유로는 소프트웨어 솔루션을 제공하는 디지털 서비스 분야에서 올린 매출이다.

아직까지 기업들이 두 회사의 소프트웨어 플랫폼을 얼마나 사용하고 있는지 정확하게 알 수는 없으나, GE 자료에 따르면 약 700개 기업이 Predix를 사용하고 있다. 이는 Mindsphere를 사용하는 기업보다는 많은 숫자이나 최근 Mindsphere를 사용하는 기업들이 두 자리 이상의 속도로 급격하게 늘고 있다. 지멘스 제품은 디지털 모형에 변화가 생겼을 때 생산 라인에서 나타날 수 있는 모든 변화를 자동으로 계산할 수 있다.

사업 방향 전환: GE, 소프트웨어 부문에 투자[13]

세계적인 장수 기업인 GE는 매출 규모에서 소프트웨어 기업인 애플, 마이크로소프트MS, 구글 등에 추월당했다. GE는 연간 40억 달러의 산업용 소프트웨어를 팔고 있다. 하지만 산업용 소프트웨어는 여러 분야에 분산되어 있고 항상 최첨단을 유지하지도 않는다. GE는 지금까지 제트엔진이나 의료용 스캐너를 구성하는 소재나 장치를 잘 알고 있기 때문에 이러한 분야와 관련이 있는 소프트웨어 개발을 어느 누구보다 잘할 수 있다고 스스로 믿고 있다. 그러나 IBM과 같이 분석을 전문으로 하는 회사들이 비용이 많이 드는 가스터빈의 고장을 계산해냄으로써 GE를 점점 더 위협하고 있다. GE는 연간 600억 달러어치의 산업용 장비를 팔고 있으나, 실제로 가장 수익성이 높은 비즈니스는 장비를 파는 것보다는 판매한 기계들을 대상으로 서비스를 제공하는 부문이다. 그런데 자신들의 이익이 되어야 할 서비스 부문의 상당한 부분을 소프트웨어 기업들이 가져가고 있다. GE의 이멜트Jeffrey Immelt 회장은 GE가 산업에서 축적한 데이터를 다른 기업들이 사용하는 것을 용인할 수 없다는 생각을 해왔고, 2012년 'Industrial Internet(산업 인터넷)'을 대안으로 내놓았다. GE는 산업 인터넷을 구체화하기 위하여 실리콘밸리 주변에 새로운 연구소를 만들고 800명의 프로그래머와 데이터 과학자를 채용하였다.

GE는 많은 기업들이 더 많은 분석 소프트웨어를 사용함으로써 경제 수익이 1% 향상되는 것을 추구하는 'The Power of 1 Percent(1%의 힘)'를 추진하고 있다. 많은 기업들이 자동차 또는 사람들을 연결하는 서비스 부문에 관심을 가지는 동안 GE는 세계 GDP의 대부분을 제조업이 차지하고 있다는 점에 주목하였다. GE는 운영 소프트웨어나 제어 시스템에서 특별히 새로운 것을 가지고 있지 않다. GE는 이런 시스템들을 재발명하여 산업 인터넷 Version 1.0을 만들었다. 이를 통해 사무실에 앉아 멀리 떨어져 있는 현장에 설치된 가스터빈이나 유정으로부터 오는 데이터를 실시간 확인하고 예상되는 문제를 파악할 수 있다. 예측 기반의 유지 보수를 함으로써 설비의 운전 정지 시간을 최소화하고 운전 비용을 획기적으로 줄일 수 있다. 하루에 약 5테라바이트의 데이터가 GE의 산업 인터넷을 통해 들어온다. 제트엔진 하나에는 수백 개의 센서가 설치되어 있다. 지금까지는 이륙할 때와 착륙할 때, 운항 중 1회만 제트엔진의 데이터를 수집해 왔으나 최근에는 운항 중 생성되는 모든 데이터를 확보할 수 있다. GE는 다른 회사가 개발한 소프트웨어를 채택하거나 스스로 개발한 소프트웨어를 사용하고 있다. GE가 자신이 공급한 장비들에서 생산되는 엄청난 양의 데이터를 다루는 빅데이터 분야로 진출하는 이유는, 소프트웨어 회사인 구글처럼 되고 싶어서가 아니라, 빅데이터를 활용하면 GE의 장점인 제조 부문을 획기적으로 발전시킬 수 있기 때문이다.

공정 유연화의 필요성: 필립스 전기면도기 제조 공정의 예[14]

> 필립스는 고객의 다양한 요구에 대응하기 위하여 약 600개 모델의 전기면도기를 제조하고 있다. 이처럼 수요 물량이 다른 다양한 모델을 효율적으로 생산하고, 새로운 요구에 대응하여 새로운 모델을 적시에 개발하여 시장에 내놓기 위해서는 어떠한 생산 시스템을 갖추어야 할까?

필립스는 새로운 생산 시스템의 해답을 유연성에서 찾았다. 제품 모델을 바꾸고자 할 때 기계나 생산 라인을 물리적으로 바꾸는 것이 아니라, 단 몇 분 내에 시스템이 새로운 부품을 받아들여 새로운 모델의 제품을 생산할 수 있도록 시스템을 재구성하는 것이다. 이 방법으로 생산 라인의 수를 최소화할 수 있으며, 제품 모델별로 요구되는 생산량의 차이를 효율적으로 생산 라인에 배정하여 필요한 만큼 생산함으로써 생산 효율을 극대화할 수 있다. 특히, 기존에 구축한 장비의 성능을 최대한 활용할 수 있으므로 새로운 장비의 도입을 최소화할 수 있다.

면도기를 사용하는 고객들은 면도기 성능에 매우 민감하게 반응하기 때문에 높은 수준의 품질을 일정하게 유지하는 것이 중요하다. 필립스는 면도기의 수많은 제품 모델 간 변화와 높은 품질을 요구하는 소비자의 니즈에 대응하기 위하여 수동 조립 방식 대신 품질 제어가 가능한 자동 조립을 선택하였다. 필립스는 최근 60개의 서로 다른 면도기 제품 라인을 가동하고 있다. 각 면도기 제품 라인에서도 제품 간 약간씩 차이가 있으므로 전체 면도기 제품 모델은 약 600개 정도가 된다. 다양한 제품을 시장 수요에 맞추어 생산하기 위해서는 매일매일 생산 라인의 조정이 필요하다.

필립스는 이러한 생산 시스템을 갖추기 위해 복잡한 생산 체계 문제를 해결하고자 하였고, 그 대안으로 미래형 조립 개념을 도입하였다. 미래의 면도기가 어떤 형태를 갖추게 될 것인가를 생각할 필요 없이 10년 후에도 경제적으로 면도기를 생산할 수 있는 장비를 갖추는 것에 투자한다는 확신을 가져야 했다. 아직까지 존재하지 않는 조립 기계를 만드는 것은 그야말로 큰 도전이었다. 도전 과제를 해결하기 위해 필립스는 로봇과 부품 공급기를 제작하는 Adept Technology Adept와 시스템 통합을 전문으로 하는 Bremer Werk für Montagesysteme GmBH BWM와 협력하기로 하였다. BWM의 엔지니어들은 새로운 생산 라인 구축에 6축 로봇, SCARA 로봇, 시각 시스템, 부품 공급기, 제어기가 필요하다는 것을 파악하였고 필요한 모든 조건을 충족하는 Adept를 선택하였다. BWM은 이전에 수행했던 다른 업무에서 Adept가 제공하는 기기들의 성능을 확인한 경험이 있었다.

첫 번째 과제는 유연성을 극대화하는 방법을 찾는 것이었다. 면도기는 3개의 주요 부품으로 구성되어 있고, 서로 다른 라인에서 차례로 독립적으로 조립된다. 조립 시스템 자체가 모듈화되어 있다. 3개의 헤드를 가진 면도기는 각각 5개 내지 8개의 셀로 구성된 9개 라인에서 조립된다. 각 셀은 자율적으로 운전되며 플러그-앤-플레이 plug and play 방식으로 연결되거나 분리될 수 있다. 자율

셀을 가지고 있는 작고 상호 독립적인 라인들이 시스템의 유연성과 유용성을 극대화한다.

두 번째 과제는 조립 라인에 부품을 공급하는 부품 공급기였다. 지능형 조립 라인에서는 유연성을 가진 공급 시스템이 핵심이다. 복잡한 형상을 가진 부품들이 일정하게 놓여 있지 않을 때에도 로봇이 각 부품이 놓인 형태를 인식하고 정확하게 조립 라인으로 공급할 수 있어야 한다. 로봇에 부착된 시각 센서를 통해 부품이 놓여 있는 형태 정보를 분석하여 어떻게 부품을 집고 부품을 집은 다음 얼마만큼 회전시켜 조립될 위치에 넣을지를 결정해야 한다. 이런 형식은 10년 후에도 달라지지 않을 것이다. 이러한 시각 안내 시스템을 로봇에 장착하였고 통합 시각 시스템을 갖춘 로봇은 다양한 작업에 완벽하게 대응하였다.

 4차 산업혁명 단상

부품 공급기는 어떻게 작동할까?(유연한 부품 공급 필요성에 대응하는 예)

호퍼에 담긴 부품들을 트레이에 쏟은 다음 트레이에 진동을 주어 부품들을 흩어놓는다. 부품들은 제각각 다른 방향으로 놓인다. 트레이 위에 배치된 시각 시스템이 부품이 놓여 있는 방향을 인식하고 로봇이 정확한 방향으로 부품을 집을 수 있도록 정보를 제공한다. 로봇은 부품을 집어 정확한 조립 위치에 투입한다. 시각 시스템과 로봇(6축 동작)이 협업하여 제멋대로 놓인 부품들을 정확하게 집어 조립하는 일을 반복적으로 수행한다. 부품이 놓인 방향이 제각각이기 때문에 사실상 똑같은 반복 작업은 아니다. 부품을 트레이에 쏟아 놓는 방법(진동 형태 등), 시각 프로그램(부품 형태 정보) 등 몇 가지를 간단히 조정함으로써 다양한 작업 조건 변화에 쉽게 대응할 수 있다.

우리나라 기업의 대응

전반적인 동향

중소기업에서 대기업까지 대부분의 사업 영역에서 4차 산업혁명 관련 기술들을 적용하는 사례가 빠르게 늘고 있다. 중소기업들은 인공지능AI을 이용하여 제품을 설계하고 AI와 로봇을 융합한 기술을 이용하여 제품을 제작하는 공정을 구축하여 최종 제품을 조립하는 부분에 직접 활용하고 있는 경우가 많다. 대기업들은 제조 공정 전체는 물론이고 물류 시스템을 포함하는 거대 영역에 4차 산업혁명 관련 기술을 본격 도입하기 시작하였다. 기업 부문의 4차 산업혁명 관련 활동은 개발되어 있는 기술을 활용하고 있는 수준(스마트 팩토리)이 대부분이며, 4차 산업혁명 관련 핵심 기술 자체를 개발하고 있는 기업은 몇몇 대기업을 포함하여 일부 기업에 한정되어 있다. 특히, 전자 산업, 가전 산업 등의 산업에서 IoT, AI, VR/AR 등 4차 산업혁명 관련 기술을 도입하거나 개발하고 있다.

기업 사례

단편적일 수 있지만 기업의 몇몇 사례를 들어 국내 기업들이 4차 산업혁명에 어떻게 대응하고 있는지를 살펴본다.

2014년 수출 기준 세계 3위의 세계적인 철강 회사인 포스코는 지멘스나 GE가 채택하고 있는 것과 유사한 디지털 트윈을 생산 라인에 적용하기 시작

포스코의 스마트 팩토리[15]

하였다.

    자동차용 주석 도금 강판의 제조 공정에서 도금 층의 두께를 실시간 제어하는 인공지능 기반의 시스템을 운용하고 있다. 합금 성분, 공정 조건들의 다양한 조합으로부터 결정되는 철강제의 특성을 수요자(고객)의 니즈와 신속하게 일치시키기 위하여 축적된 데이터를 빅데이터화하여 신제품 개발에 활용하는 일도 추진하고 있다. 생산 라인의 스마트화, 빅데이터의 활용 등에 필요한 기술은 포스텍과의 협력을 통하여 얻고 있다.

    세계 1위의 메모리 반도체 기업인 삼성전자는 대규모 데이터 처리에 소요될 초대용량 메모리 반도체* 부문의 선두를 유지하기 위해 노력하고 있는데,

---

* 현재 메모리 반도체는 선폭 기준 10나노미터급 수준에 도달하였다.

미국 뉴욕 바클레이스 센터(Barclays Center)에서 열린 '삼성 갤럭시 노트9 2018 언팩' 행사
삼성전자는 '삼성 갤럭시 언팩 2018'을 열고 '갤럭시 노트9'을 공개했다.
갤럭시 노트9에는 최초로 빅스비 2.0 버전인 뉴 빅스비가 탑재되어 있다.[16]

그중 하나로 파운드리 서비스*를 주요 사업 영역으로 확대하고 있다. SK 하이닉스 역시 파운드리 서비스 영역을 확대하고 있다. 삼성전자는 스마트폰에 음성 서비스를 제공하는 인공지능인 빅스비Bixby를 탑재하였고, 자체 혁신 조직 중의 하나인 삼성넥스트를 통하여 빅데이터, 인공지능, 소프트웨어 등 60개 스타트업(창업기업)에 적극적인 투자를 하고 있다. 세계적인 GPU 업체인 엔비디아NVIDIA와 공동으로 그래픽 처리 장치GPU에서 사용할 수 있는 빅데이터 분석

---

* 외부 업체가 설계한 반도체 제품을 위탁받아 생산·공급하는, 공장을 가진 전문 생산 업체를 파운드리(foundry)라고 하며, 위탁 제품을 생산·공급하는 서비스를 파운드리 서비스라고 한다.(공장이 없이 파운드리에 위탁 생산만을 하는 방식을 팹리스 생산이라고 한다.) 4차 산업혁명 시대에 파운드리 서비스가 특히 중요한 이유는 거액의 투자 없이 새로운 반도체 제품(아이디어 제품)을 생산하는 것을 촉진할 수 있기 때문이다.

기술SQL database을 보유하고 있는 '블레이징DBBlazingDB'에 투자하는 등 4차 산업혁명 관련 기술들을 적극 개발하고 있다.

현대자동차는 신차 개발에 통합 시뮬레이션 모델을 적용하여 제어 시스템을 개발하고, 새로운 시스템의 성능을 설계하며, 문제 현상을 분석하고 해결하고 있다. 신차 개발에는 가상 환경을 이용하여 교통 상황, 노면 상태, 날씨 등의 영향을 분석하고 있다. 또한 IoT를 활용하여 실제 주행 시 환경이 미치는 영향을 예측하고, 차량 상태를 사전에 예측함으로써 고장률 '0zero'에 도전하고 있다. 현대자동차는 고객의 감성과 차량 성능이 조화된 고객 맞춤형 차량의 개발을 추진하고 있다.

2017 서울 모터쇼에서의 현대자동차 'IoT 존'
현대자동차가 서울 모터쇼에서 'IoT 존'을 운영하며, 시스코와 공동 개발 중인 커넥티드 카에 관람객이 탑승해 사물인터넷 기술로 집안의 조명·가전제품 등을 조작해보도록 하고 있다.[17]

패키징 전문 중견기업인 네페스는 사람의 뇌를 본뜬 뉴로모픽 소자 전문업체인 General Vision과 협력하여 인공지능 전용칩인 NM500을 생산하고 있다. 두산인프라코어는 CPS를 건설 장비 작업에 적용하여 대형 광산 작업장의 무인 수송 시스템, 무인 운전 건설 장비(작업물 및 장비 특성(성능)을 통합한 시뮬레이션 필요) 등을 개발하고 있다.

    4차 산업혁명에 대한 대중의 관심은 2016년 이후 급격히 높아지고 있다. 국내 기업들 또한 큰 관심 속에 변화해야 할 필요성(생산성 향상, 생산 패러다임의 전환)에 공감하고 있다. IoT, AI, VR/AR 등의 신기술을 채택함으로써 얻을 수 있는 효과가 상당하기 때문에 향후 국내 기업들의 변신은 더욱 빨라질 전망이다.

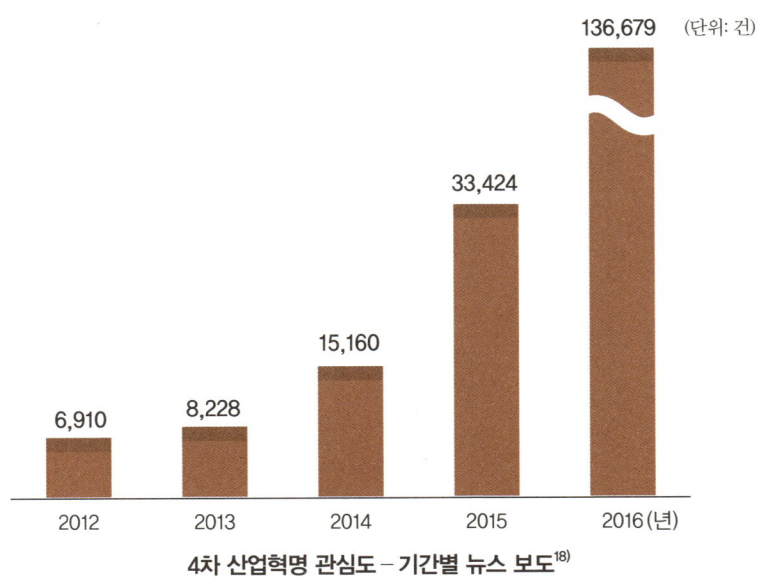

4차 산업혁명 관심도 – 기간별 뉴스 보도[18]

요약

독일이 인더스트리 4.0에 착수한 2010년 이후 여러 선진국들이 4차 산업혁명과 관련된 정책을 실행에 옮기고 있다. 인더스트리 4.0과 대조를 이루는 대표적인 국가 정책으로는 미국이 추진하고 있는 '산업 인터넷(2011년)'이 있다. 영국의 'Catapult Centers(2011년)', 일본의 '로봇/재흥 전략(2014년)', 중국의 '중국 제조 2025(2015년)' 등 여러 국가들이 제각각의 이름으로 4차 산업혁명을 진행하고 있다.

유럽의 4차 산업혁명을 선도하고 있는 독일은 2000년 이전부터 인더스트리 4.0을 차근차근 준비해왔다. 유럽연합의 국가들은 독일의 인더스트리 4.0에 공동 보조를 취하면서 자국의 실정에 맞는 정책을 수립하여 실행에 옮기고 있다. 인더스트리 4.0은 디지털 공간에 구현된 가상의 시스템과 디지털화된 실제 시스템이 실시간 연결되어 있는 스마트 생산 시스템(Cyber-Physical System, CPS)에 초점이 맞추어져 있다. 수직적 네트워킹, 수평적 통합, 가치사슬 전반의 통합 엔지니어링, 인공지능이나 첨단 로봇과 같은 급속한 기술 발전을 통한 가속을 특징으로 한다. 인더스트리 4.0은 이미 산업 부문에서 성과를 나타내기 시작하였으며 확산이 가속되고 있다.

미국이 추진하고 있는 산업 인터넷 컨소시엄(Industrial Internet Consortium, IIC)은 생산 시스템을 포함한 모든 산업 부문을 대상으로 하고 있다. 따라서 IIC는 생산 시스템보다는 이를 포함한 '자산'에 초점을 두고 있다. 인더스트리 4.0이 'CPS'를 깃발로 내세웠다면 IIC는 CPS와 유사한 의미의 '디지털 쌍둥이(digital twin)'를 깃발로 내걸었다.

일본은 초스마트 사회가 도래할 것에 대비하여 '새로운 산업구조의 비전'에 4차 산업혁명의 전략을 담고 있다. 7개의 전략 중 '혁신 및 기술 개발의 가속(Society 5.0)'이 인더스트리 4.0에 대응하는 전략이다. 첨단 제조업 부문에서 선진국들에게 뒤처져 있는 중국은 혁신 역량, 질적 성과 등에서 정량적인 목표를 설정하고 선진국들을 추격하고 있다. 우리나라는 2015년부터 인더스트리 4.0과 유사한 '제조업 혁신 3.0'을 추진하고 있다. 4대 추진 방향과 13대 세부 추진 과제를 설정하여 정책적으로 지원하고 있다.

공공 부문과 달리 민간 부문에서는 산업 패러다임이 매우 빠르게 전환되고 있다. 독일과 미국의 양 진영을 대표하는 기업인 지멘스와 GE가 패러다임 전환을 적극적으로 주도하고 있으며, 영향력을 확대하기 위하여 경쟁하고 있다. 제조업 중심의 이들 기업이 디지털 영역(소프트웨어 중심의 정보통신 기술 영역)으로 사업을 확대함에 따라 디지털 영역에 있던 구글, 마이크로소프트, 시스코 등의 회사들은 디지털 정보를 생산하는 기반이 되는 제조업 부문으로 사업 영역을 확대하고 있다. 첨단 제품을 생산하는 기업들은 자율화 생산 기술을 적극적으로 도입하고 있으며 성공 사례들이 늘고 있다. 우리나라 기업들 역시 산업 부문의 패러다임 전환에 발 빠르게 대응하여 생산 효율을 높이는 사례들이 나타나고 있다.

출처
Source

1) 김은, "독일 인더스트리 4.0 최근 동향 및 시사점", 2017. 8. 22.(발표 자료에서 인용)

2) "Industry 4.0 – Challenges and Solutions for the Digital Transformation and Use of Exponential Technologies", Deloitte(Audit, Tax, Consulting, Corporate Finance)

3) "Industry 4.0 – How to Navigate Digitization of the Manufacturing Sector", McKinsey Digital 2015, McKinsey & Company

4) Stefan Heng, "Industry 4.0 – Upgrading of Germany's Industrial Capabilities on the Horizon", Deutsche Bank Research, April 23, 2014.

5) Michael Rüβmann et al., "Industry 4.0 – The Future of Productivity and Growth in Manufacturing Industries", The Boston Consulting Group(BCG), April 2015.

6) Kris Bledowski, "The Internet of Things: Industrie 4.0 vs. the Industrial Internet", MAPI Foundation, July 23, 2015.

7) Peter C. Evans and Marco Annunziata, "Industrial Internet: Pushing the Boundaries of Minds and Machines", GE Imagination at Work, November 26, 2012.

8) Drafted by the National Institute of Science and Technology Policy based on "Scopus" by Elsevier.

9) 진페이, 《중국 제조 2025》, MCN미디어, 2017.

10) 〈한국경제〉, 2017. 4. 28.

11) "Extreme Automation and Connectivity: The Global, Regional, and Investment Implications of the Fourth Industrial Revolution", UBS White Paper for the World Economic Forum Annual Meeting 2016, January 2016.

12) "GE, Siemens Fight for Automation Advantage", Handelsblatt Global (Thomas Jahn), June 19, 2017.

13) "GE's $1 Billion Software Bet", MIT Technology Review(Antonio Regalado), May 20, 2014.

14) "Automation Profiles: Robots Help Philips Shave Assembly Costs", Assembly Magazine(John Sprovieri), June 1, 2012.

15) POSCO Newsroom(https://newsroom.posco.com/en/introduction/)

16) 〈인공지능신문〉, 2018. 8. 10.

17) 〈교통신문〉, 2017. 4. 7.

18) 〈서울경제〉, 2017. 1. 2.

4차 산업혁명 말말말

세계적인 경제학자 제레미 리프킨(Jeremy Rifkin)은 1995년 펴낸 《노동의 종말(The End of Work)》에서 이미 "1세기 이내에 시장 부문의 대량 노동은 사실상 세계의 모든 산업국가에서 사라질 것이다."라고 내다봤다. 또한 최근 언론의 인터뷰에서는 "우리의 모든 교육 방식이 1차 산업혁명이 있었던 19세기의 방식과 똑같다"고 말했다. 이는 미래의 로봇과 인공지능 때문에 일자리가 거의 없는 세계에서 인간은 더욱 창의적인 교육을 받아야 한다는 것을 강조한 말이다.

사람 수준으로 생각하고 판단하는 로봇이 걸어다니고, 자율주행 자동차가 달리는 만화에서나 가능했던 상상이 곧 현실이 될 전망이다. 수많은 직업이 사라지고, 수백만 개의 일자리가 줄어들며, 인공지능이 인간을 위협하리라는 두려운 전망까지 들려온다. 어떻게 해야 할까?

The Fourth Industrial Revolution

미래를 여는 나침반 4차 산업혁명 보고서

5장

4차 산업혁명의 전망

혼란스러운 전망

사람 수준으로 생각하고 판단하는 자율로봇이 인간을 대체하고, 자율주행 자동차가 거리를 달리는, 만화에서나 가능했던 상상이 곧 현실이 될 거라는 전망이다. 많은 수의 직업이 사라지고 수백만 개의 일자리가 줄어들며 인공지능이 인간을 위협하게 될 거라는 두려운 전망까지 들려온다. 이처럼 4차 산업혁명의 미래를 전망하는 논의는 혼란스러울 정도로 매우 다양하다. 물론 이러한 내용들이 나름대로 의미가 있긴 하지만, 모두의 공감을 얻거나 4차 산업혁명이 가져올 다양한 변화를 가늠해보기에는 부족함이 있다. 미래에 전개될 새로운 영역들을 예측하는 것이기 때문에 아마도 그럴 수밖에 없을지도 모른다. 4차 산업혁명이 전개되는 여러 영역들과 관련이 있는 기술들이 성숙 정도가 각기 다르고, 신기술을 수용하는 데 필요한 여건도 각기 다르기 때문에, 기술의 실질적인 효과가 가시적으로 나타나는 시기를 예측하는 것은 쉽지 않다. 따라서 어느 시기에 관심을 두고 분석하느냐에 따라 선도 기술이 미치는 영향이 다르게 예측될 수밖에 없고, 4차 산업혁명의 모습도 다르게 그려질 수밖에 없다. 이러한 혼란스러움을 조금이라도 줄이기 위하여 4차 산업혁명을 영역과 시기를 나누어 살펴보았다.

현재의 산업과 기술을 기반으로 하여 새로운 기술이 선도하는 4차 산업혁명은 시간이 지나면서 산업 전반, 사회 전반으로 확산되어 갈 것이며(시간), 4차 산업혁명이 진전됨에 따라 영향을 미치는 영역은 점점 확장될 것이다(범위). 다음의 그림과 같이 여러 영역들이 단계별이든 동심형이든 확연히 구분되어 진

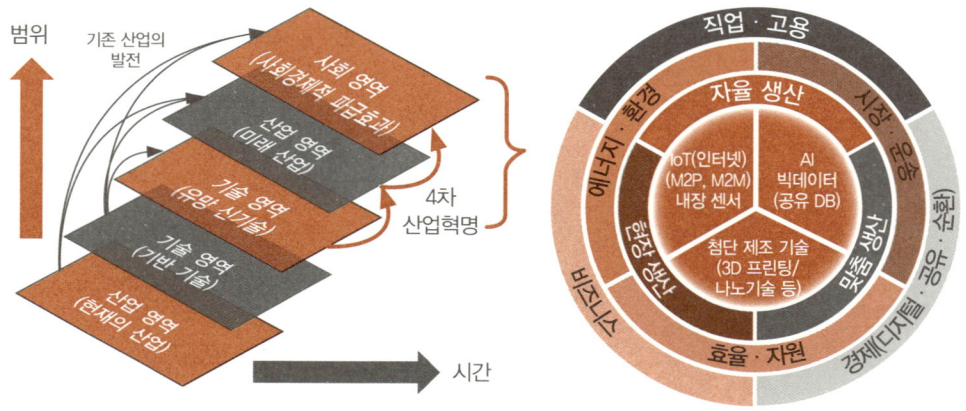

4차 산업혁명의 진행 방향

전되기보다는 중첩 과정을 거쳐 진행될 것은 분명하다. 이미 기술이 높은 수준으로 성숙되었고, 이를 수용할 수 있는 환경이 잘 갖추어진 영역이 있는가 하면 환경이 성숙하는 데 시간이 좀 더 필요한 영역도 있기 때문이다. 따라서 시간(시기)과 범위를 고려하지 않고, 즉 발전 단계를 고려하지 않고 4차 산업혁명이 한참 진행된 시점에서 나타날 변화를 언급하는 것은 필요 이상의 기대감을 주거나 상당한 불안감을 줄 수 있다.

공개된 자료들을 요약하여 4차 산업혁명이 기술, 산업, 사회 영역(계층)에 미칠 영향을 정리하였다. 이 자료들은 다양한 문헌들에서 발췌하였기 때문에 제시한 자료의 일부는 불확실한 내용을 포함할 수 있다. 그럼에도 불구하고 자료를 제시하는 이유는 4차 산업혁명을 어떻게 예측하고 있는지를 알아봄으로써 4차 산업혁명을 조금 더 분명하게 이해하는 데 도움을 주기 위해서이다.

기술 변화

빅데이터, 로봇, 인공지능 등 4차 산업혁명을 선도하게 될 기술들이 이미 산업은 물론 사회 전반에 영향을 미치기 시작하였지만 본격적인 기여를 하게 되는 시점은 대략 2023년경으로 예측하고 있다. 초연결을 뒷받침할 초고속 인터넷 인프라가 2020년 이후 구축되어 고속 광통신과 5G 모바일 통신의 기반이 될 것이기 때문이다. 이때쯤 되면 인간의 뇌를 구성하는 신경세포인 뉴런처럼 아주 적은 에너지로 동작하는 칩이 개발되어 대용량의 데이터를 낮은 전력으로 초고속 처리할 수 있게 될 것이다. 이러한 새로운 요소 기술의 발전으로 가상현실이나 증강현실, 자율주행 자동차, 지능형 자율로봇 등이 산업 부문을 혁신시키는 것은 물론이고 사회 전반으로 광범위하게 확산될 것이다. 가정이나 개인이 3D 프린팅을 이용하여 그때그때 필요한 다양한 제품을 직접 만들어 사용하는 사례가 늘어날 것이다. 예를 들어, 나만의 레고 블록을 만들어 즐기는 것이 가능할 것이다. 물론 이렇게 만든 제품이 상품성이 있으면 개인 사업자가 되어 상업 제품으로 팔 수도 있다. 2025년경에는 인공지능이 생산 시스템 전반으로 확산되어 생산 효율이 극대화될 것이다. 생산 효율이 극대화된다는 것은 단순히 불량률을 극도로 낮추고 단위 시간에 가장 많은 수의 제품을 생산하는 것을 말하지는 않는다. 소재(원료)와 에너지 소모를 최소화하여 자원을 절약하고 환경 부담을 극소화하는 종합적인 의미에서의 극대화를 말한다.

4차 산업혁명을 선도할 주요 기술의 실현 시기

기술 영역	4차 산업혁명 관련 내용	실현 시기
1Tbps 이상 인터넷	초고속 광통신 인프라(KOREN 등의 중추)	2020년
인간 뇌를 닮은 소자	뇌가 소모하는 에너지 수준의 저전력 대용량 소자(인공지능 등에 활용)	2022년
양자 컴퓨팅	대규모 정보처리(기상 예측 등 빅데이터 활용)	2025년
가상현실/증강현실	상호작용형 엔터테인먼트 시장 11% 이상 점유	2020년
자율주행 자동차	자율주행 자동차가 신차 판매의 12% 점유	2023년
지능형 로봇	네트워크형 지능 로봇의 가정 보급률 8% 도달	2024년
빅데이터 기반 질병 예방	10만 명 이상의 데이터 기반 서비스 시점	2021년
3D 프린팅	일반 가정 보급률 3% 시점	2021년
AI에 의한 제조 혁신	조립 라인 자율 운전, 장비 유지 및 보수, 제품 설계에 본격 사용되는 시점	2025년

산업 변화

산업의 변화는 항상 기술의 변화와 맞물려 있다. 주요 선도 기술들이 산업 전반에 뿌리를 내리면서 산업 형태는 지금과는 확연히 달라질 것이다. 수치제어를 기반으로 하는 자동화 방식이 인공지능이 운전하는 자율화 방식으로 전환될 것이다. 현재의 소품종 대량생산 방식 중심에서 3D 프린팅과 같은 새로운 생산 방식이 도입되어 다품종 맞춤 생산 방식이 중요한 위치를 차지할 것이다. 일정한 규격의 제품을 미리 대량으로 만든 후 수요자에게 공급하는 방식으로부터 주문자와 가장 가까운 지역에서 주문 내용을 반영한 제품을 즉시 생산하여 단시간 내에 공급하는 on-demand(맞춤 생산), on-site(현장 생산), on-time(즉시 생산) 방식이 자리 잡을 것이다. 생산 시스템을 구성하는 요소인 기계, 생산 라인, 공장, 물류 시스템이 모두 실시간 연결되어 최소의 에너지를 사용하여 최대의 생산 효율을 달성하는 제조 혁신이 일어날 것이다. 규격품을 저가로 대량 제조하는 생산 중심의 산업이 고객의 소비 성향을 중시하는 소량 다품종의 맞춤 생산 중심으로 옮아갈 것이다. 전체적으로 평균 소득이 증가하고 중산층의 소비 패턴이 개성을 중시하는 방향으로 변화하면서 맞춤 생산에 대한 요구가 늘어날 것이며, 제품과 서비스가 결합되는 새로운 비즈니스가 일반화될 것이다. 빅데이터를 기반으로 하는 예측 진단 혹은 CPS의 확대로 산업 시설은 최저 유지비로 최고의 운전 효율을 얻게 될 것이다. 생산 전반이 자율화되어 인건비 부담이 거의 사라지게 됨으로써 저임금 국가로 진출하였던 기업들의 회귀가 촉진되어 국제분업이 위축되고 선진국과 개발도상국, 미개발국 간의 격차가 더욱 심화될 것이다.

산업 영역별 현재(2017)와 미래(2030)

산업 영역	현재(2017)	미래(~2030)	특기 사항
제조 방식	자동화(수치제어) 산업용 로봇	자율화(인공지능) 자율형 로봇	빅데이터, 인공지능, IoT
생산 방식	소품종 대량생산	다품종 맞춤 생산	3D 프린팅
생산 형태	계획 생산(창고 시스템)	주문생산(현지/즉시)	제조-물류 실시간 연계
연결 범위	생산 라인~공장	공장~물류	빅데이터, IoT
소비 역할	생산 주도 소비	소비 주도 생산	제품-서비스의 결합
소비 형태	가격 중심(대량 소비)	수요 중심(맞춤 소비)	성능 또는 기호 중심
유지 보수	데이터 기반 진단	빅데이터 기반 예측 진단	가동 중지 최소화
국제분업	off-shoring(비용 절감)	re-shoring(제조업 강화)	제조업의 고용 연계

사회 변화

확대되고 있는 공유 경제와 디지털 경제의 규모가 대단히 커질 것이다. 특히, 공유 경제는 2025년까지 현재 규모의 20배 이상이 될 것이다. 디지털 경제는 이미 자리를 잡았지만 상업 부문에서 더욱 큰 부분을 차지할 것이다. 인터넷에 연결된 기기의 수가 2020년 500억 개 이상이 되어 초연결이 실현될 것이며, 생산되는 데이터 양이 현재보다 10배 이상 늘어날 것이다. 데이터 양이 늘어나는 것과 함께 유효 데이터의 비율은 약 150% 이상 높아져 유효 데이터 양이 현재의 15배 이상이 될 것이다. 자율로봇, 증강현실 기술 등 고령 인력이 산업 활동에 참여할 수 있는 환경이 조성되어 생산 연령의 한계가 64세 이상으로 높아질 것이다. 프로슈머형 직업이 보편화됨으로써 탈사업장 형태의 직업이 늘어날 것이다. 사회를 불안정하게 할 요소의 하나로 디지털 양극화가 중요한 이슈가 될 것이다.

사회 영역별 현재와 미래

사회 영역	현재	미래	특기 사항
공유 경제	150억 달러(2014)	3,350억 달러(2025)	자동차 시장 축소 등
디지털 경제	49%(2015)	58%(2021)	상업 부문 지수
	37%(2015)	38%(2021)	제조 부문 지수
인터넷 연결 기기	150억 개(2015)	500억 개(2020)	IoT 보급 확대
유효 데이터	4.4제타바이트 중 22% (2013)	44제타바이트 중 37% (2020)	데이터 양과 유효 데이터 비중이 동반 상승
생산 연령	15~64세	생산 연령 연장	노동 환경 변화
노동 형태	사업장 중심	탈사업장 확대	프로슈머 증가
불안정 요소	경제 양극화	디지털(정보) 양극화	–

4차 산업혁명 전망

4차 산업혁명을 선도할 기술들

어떤 기술이 4차 산업혁명을 선도하게 될지를 언급한 많은 자료들이 있지만, 자료마다 제시하는 핵심 기술이 다를 뿐만 아니라 제시된 기술 간의 관계도 분명하지 않다. 아직까지 4차 산업혁명을 선도할 기술을 체계적으로 분석한 사례를 찾아보기 어렵다. 현재 언급되고 있는 선도 기술들은 4차 산업혁명 시대에 유망한 기술 정도로 보아도 큰 무리가 없을 것이다. 앞서 살펴본 1~3차 산업혁명의 진전 과정에서 중요한 역할을 했던 선도 기술들이 스스로 진화*했을 뿐만 아니라, 선도 기술 간 상호 융합하는 과정을 통하여 전체 산업이 빠르게 발전하였다는 점에 주목하자. '독립적인 영역을 가진 기술로서 스스로 진화할 수 있으며, 다른 기술과의 융합으로 4차 산업혁명의 발전에 핵심적으로 기여할 수 있는 새로운 기술이나 새로운 산업을 창출할 수 있는 기술'을 4차 산업혁명을 선도할 기술로 정의한다.(진화와 융합의 관점에서 정의) 이러한 정의를 사용할 경우 다른 문헌들이 제시한 기술들을 포용할 수 있으며, 빅데이터 기술과 같은 일부 기술은 디지털 정보DB와 컴퓨팅으로 세분되는 기술로 보는 차이가 나타날 수 있다. 물론 4차 산업혁명 선도 기술 자체가 몇 개로 고정된 것이 아니라 계속해서 새로운 기술들이 추가될 것이고, 이들 간 융합으로 새로운 기술이 탄생할 것이기 때문에 선도 기술의 수는 물론 각 기술의 영역도 확대될 전망이다. 이러한 기준을 충족하는 선도 기술은 다음과 같다.

---

* 범용 기술(General Purpose Technology, GPT)로서의 특징이다.

- 인터넷(초고속 인터넷, 유·무선 인터넷)
- 모바일 기기
- 컴퓨팅(초고속 컴퓨팅, 클라우드 컴퓨팅)
- 인공지능
- 로봇(작업 로봇과 이동 로봇 등, 유·무선 인터넷에 연결된 로봇)
- 스마트 센서
- 디지털 소재(모든 정보가 디지털화된 소재)
- 디지털 공정(모든 정보가 디지털화된 공정, 제조 및 조립의 공정뿐만 아니라 시스템 운전 공정 포함)

다음 그림은 선도 기술을 핵심 요소 기술로 하는 4차 산업혁명의 발전(진화)을 동적인 측면에서 설명하기 위하여 도식화한 4차 산업혁명의 유전자 구조(기술 이중 나선technology double helix)이다. 8개의 선도 기술은 두 가닥의 나선형을 이루는 기반 기술과 활용 수단을 구성하는 단위 기술로서의 역할을 한다. 선도 기술은 기반 기술과 활용 수단으로서의 성격을 동시에 가지고 있다. 그림은 다양한 조합이 존재하는 유전자의 일부를 예시로 나타낸 것이다. 4차 산업혁명의 나선형 유전자 중 한 가닥은 이미 존재하는 기술을 활용하는 것(기반 기술technology strand)을 나타내며, 다른 한 가닥은 기반 기술의 각 요소와 결합하여 새로운 기술이 창출되는 활용 수단tool strand을 나타낸다. 하나의 기술은 기반 기술이기도 하지만 다른 기술의 활용 수단이 되기도 한다. 인터넷은 디지털 공정과 융합하여 '현장 생산'을 가능하게 하는 기반 기술이지만 (클라우드) 컴퓨팅이라는 수단을 활용하기 위한 기반 기술에 해당한다. 두 나선 간의 연결 영역(회색 표시 영역)은 양끝의 선도 기술이 조합되어 구현되는 신기술을 의미한다. 그림과 같이 선도 기술 간의 조합으로 4차 산업혁명의 DNA가 계속해서 만들어지고 복제 과정을 통하여 4차 산업혁명이 발전한다.

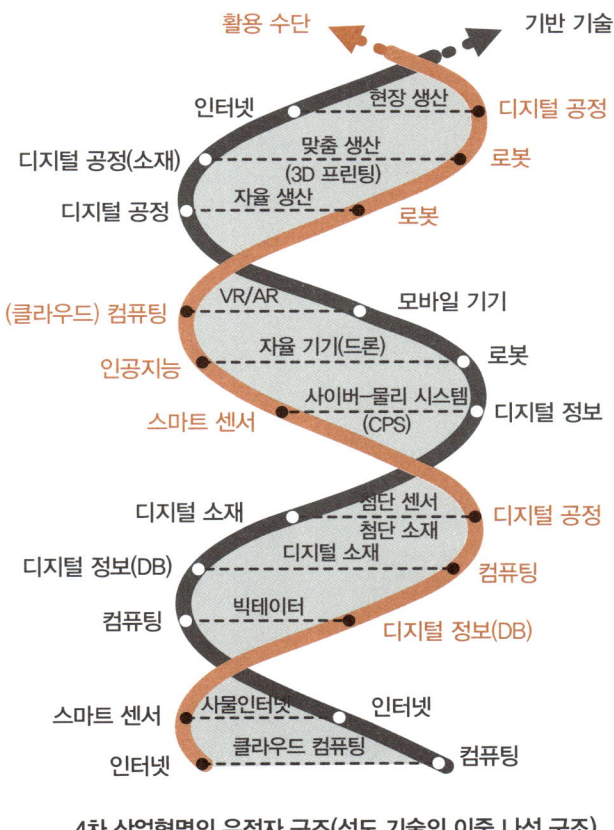

4차 산업혁명의 유전자 구조(선도 기술의 이중 나선 구조)

주요 선도 기술의 발전 전망

4차 산업혁명이 나아갈 방향이나 속도를 정확히 예측하기는 어렵다. 주요 선도 기술도 기술 성숙도가 각각 다르고 기술의 발전 형태나 다른 기술과의 융합 과정이 다르기 때문이다. 4차 산업혁명 초기 산업혁명을 촉발시키는 역할을 하는 선도 기술이 있는가 하면 어떤 선도 기술은 기술이 조금 더 성숙한 다음이나 주변 환경이 갖추어진 이후 4차 산업혁명에 기여하게 될 것이다. 또한 선도 기술 간 융합으로 새로운 기술들이 출현하면서 4차 산업혁명의 진전이 가속될 것이다. 아래 그림은 3차 산업혁명으로부터 4차 산업혁명으로 옮아가는 동안 핵심 기반인 빅데이터, 클라우드 컴퓨팅, 사물인터넷이 시뮬레이션, 인공지능, 시스템에 적용되어 3D 프린팅을 포함하는 적층 제조Additive Manufacturing, AM, 자율 기계 및 시스템, 인간-기계 통합의 생산 방식 변화로 이어지는 것을 도식적으로 보여 준다.

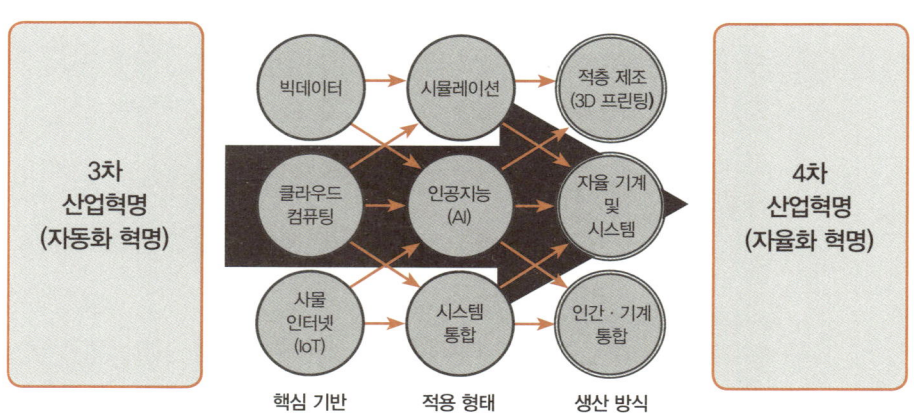

3차 산업혁명으로부터 4차 산업혁명으로의 발전 과정

4차 산업혁명의 바탕이 되는 인터넷은 이에 연결되는 IoT, 일반 기기, 모바일 기기들이 스마트화함에 따라 더욱 강력한 플랫폼이 될 것이다. 스마트화는 2000년대 들어 웹 2.0, 페이스북이 출현한 이후 급격히 진화하였다.[1] 스마트화는 개인이 사용하는 기기들로부터 시작되었으나 현재는 사회 전체로 확산되고 있다. 2012년 빅데이터의 활용에 본격적인 시동이 걸렸고 현재 많은 업무들이 클라우드 환경에서 이루어지고 있지만, 클라우드 환경으로부터 오는 경제 효과는 아직까지 주로 IT 영역에 집중되어 있다. 2020년 500억 개 이상의 사물이 연결되는 초연결 환경에서는 생산, 물류, 소비의 모든 영역이 스마트화된 환경에 놓일 것이다. 이러한 초연결 환경이 4차 산업혁명을 가능하게 하는 배경이 될 것이다.

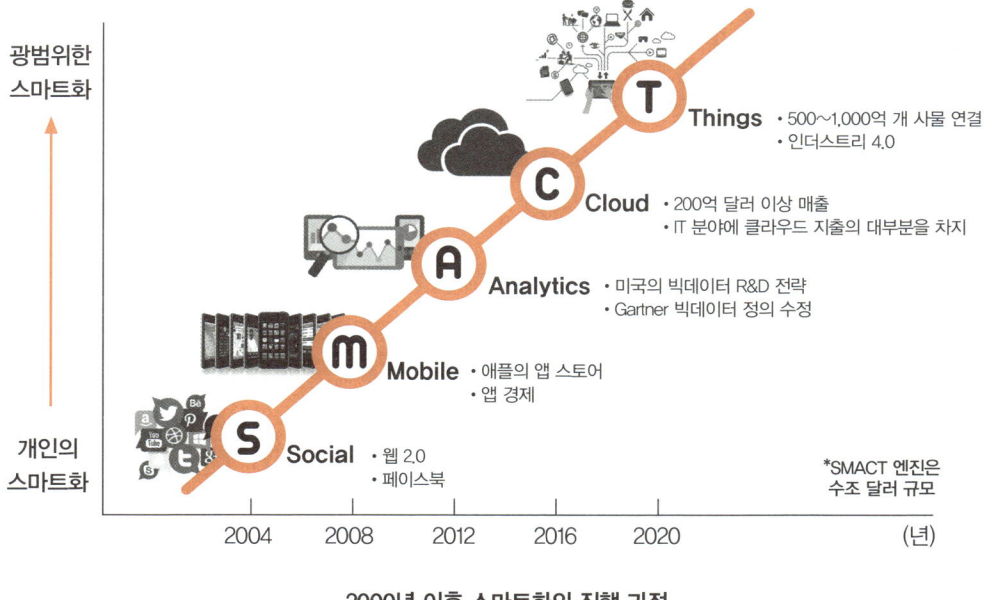

2000년 이후 스마트화의 진행 과정

4차 산업혁명을 선도할 기술 중의 하나인 자율 생산, 자율 운전을 뒷받침하게 될 인공지능 기술, 로봇 기술의 성숙도를 알아보기 위하여 관련 기술들을 요약하여 정리하면 다음의 두 그림과 같다.

AI의 바탕이 되는 논리학(논리/수학/언어(프로그램))은 매우 오랜 역사를 가지고 있다. 1940년대 후반 이후 컴퓨터 기술의 발전과 함께 AI는 빠르게 발전하였다. AI는 체스, 장기 등의 게임에서 인간과 대결하여 승리함으로써 지능을 높여왔다. 특히, 2016년 이세돌과 알파고AlphaGo의 대결은 AI의 존재감을 일반인들에게까지 인식시키는 계기가 되었다. 이러한 AI의 발전에는 1950년대 후반부터 본격 발전해온 지식 활용 알고리즘, 1960년대 중반 이후의 자연언어 처리 기술과 전문가용 시스템 기술 발전이 큰 기여를 하였다. 그림은 AI 기술이 오랜 기간 동안 체계적으로 발전해왔으며 4차 산업혁명이 필요로 하는 수준으로 성숙되었다는 것을 보여 준다.

4차 산업혁명을 선도할 또 다른 주요 기술인 '로봇 기술' 역시 100년 이상의 매우 오랜 기간에 걸쳐 발전되어 왔으며 높은 기술 성숙도를 가지고 있다. 1940년대 초반 이미 로봇 산업의 출현을 예측하였으며, 로봇법 관련 내용이 제안된 바 있다. 로봇 제품은 1939년 처음 출시된 이래 1990년대 지능형 로봇으로 발전하였으며, 복잡한 작업을 수행하는 산업용 로봇으로부터 생활 지원 로봇, 헬스 케어 지원 로봇 등 다양한 형태로 활용되고 있다.

가트너Gartner의 2013년, 2016년 미래 유망 기술 전망을 요약하여 정리하면 4차 산업혁명과 관련이 있는 기술들이 산업화되는 시기를 예측해볼 수 있다. 가트너 보고서에 제시되어 있는 기술들을 4차 산업혁명을 선도할 기술군으로

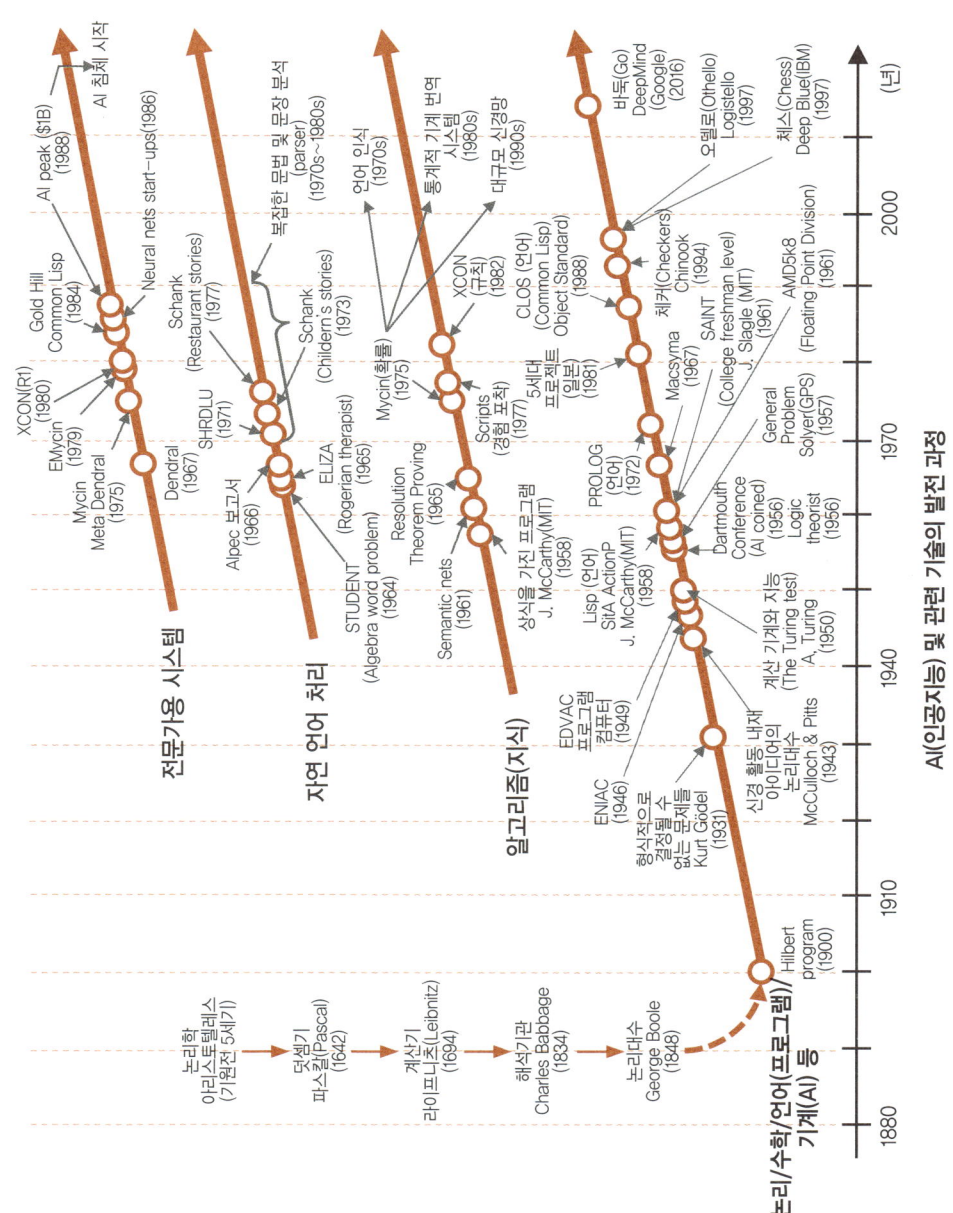

5장 4차 산업혁명의 전망 231

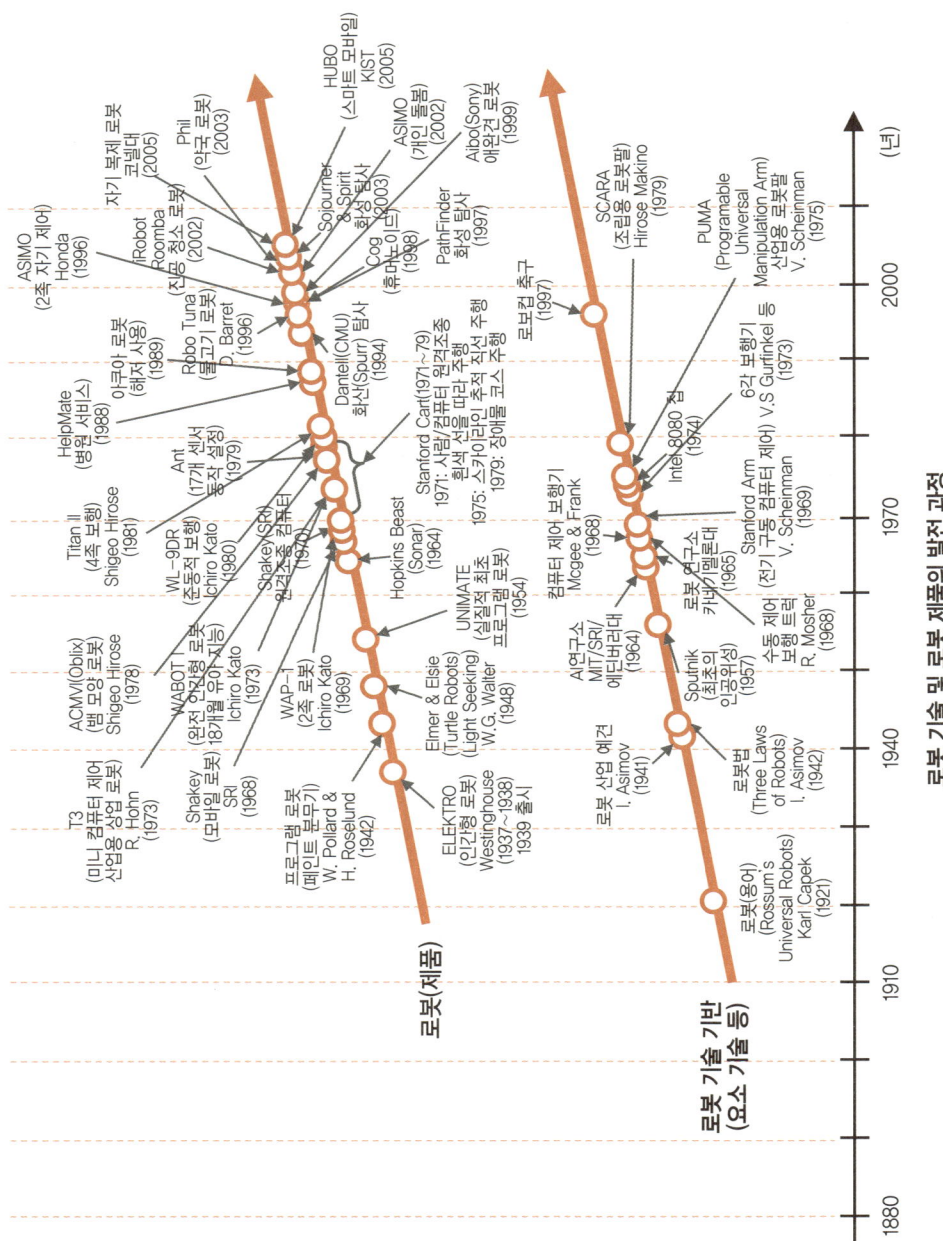

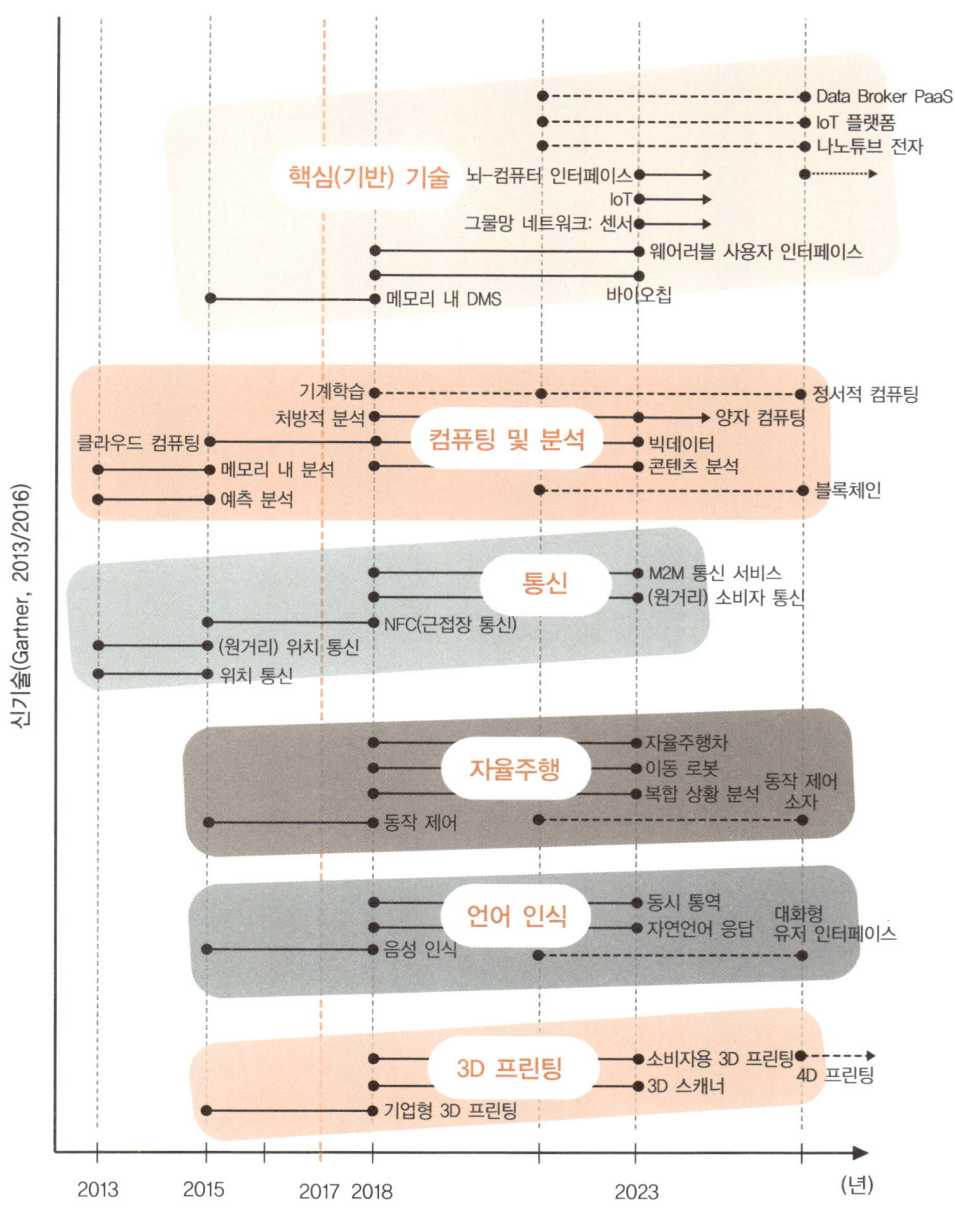

주요 선도 기술의 산업화 시기

5장 4차 산업혁명의 전망 233

분류하여 산업화될 시기로 나타내면 앞의 그림과 같다.(거시적 로드맵)

이 중 3D 프린팅 기술을 예로 들어보면, 기업형 3D 프린팅은 이미 산업화가 진행 중이며, 일반 소비자용 3D 프린팅이나 3D 스캐너는 조만간 산업화될 전망이다. 4D 프린팅 기술은 2025년 이후 산업화가 진행될 것으로 보인다. 언어 인식, 자율주행, 통신, 컴퓨팅 및 분석 등 여러 핵심 기술들이 대부분 상당한 수준으로 기술이 성숙되어 있으며, 일부 기술들이 산업화되고 있다. 특히, 2023년까지는 대부분의 기술이 산업화될 것으로 예측되므로 4차 산업혁명이 본격화되는 시기는 대략 2023년 정도가 될 것으로 예측할 수 있다.

생산혁명으로서의 4차 산업혁명

생산 체제

생산혁명 관점에서 4차 산업혁명이 가진 특징은 이른바 사이버-실제 시스템의 통합Cyber-Physical System, CPS으로 요약될 수 있다. CPS는 실제 공간의 시스템physical system을 완전히 디지털화하여 가상공간에 구현한 디지털 시스템cyber system과 일치시킨 것이다. 실제 시스템과 똑같은 디지털 시스템이라는 의미로 '디지털 트윈digital twin'이라고 부르기도 한다.

실제 공간에서 생산되는 모든 데이터를 스마트 센서가 실시간 수집하고 수집한 정보는 인터넷을 통하여 디지털 공간으로 전송되어 화면에 구현된다. 획득한 데이터로 실제 공간에서 일어나는 변화를 모니터링하고 빅데이터 기술로 분석하여 이상(異常) 현상을 찾아낸다. 이상 현상을 해결하는 데 필요한 최적화된 해결책을 AI가 제시하거나 AI가 자율적으로 수행한다. 처리된 모든 결과가 실제 정보와 함께 실시간 디스플레이된다.

이러한 CPS는 생산 시스템뿐만 아니라 발전소와 같은 거대 시설을 운영하고 스마트 그리드와 같은 넓은 영역에 걸친 에너지를 관리하며, 가까운 지역으로부터 세계 전역으로의 물류 관리, 개인의 보건, 가정용 기기의 동작 등 거의 모든 부분에 적용된다.

GE는 가스터빈 엔진의 각 부품(모듈)에 온도 센서, 압력 센서, 속도 센서, 진동 센서 등 100개 이상의 센서를 장착하여 가동 중인 엔진으로부터 나오는 모든 데이터를 수집한다. 수집한 데이터는 영상으로 표시되며 필요한 부분을 세부적으로 선택하여 데이터를 상세하게 확인할 수 있다. 운전 중인 엔진에 이상이 생길 경우 문제를 일으킨 부품, 손상의 정도 등을 취합하여 위험 수준, 정비 시점, 정비 방법 등을 곧바로 제시한다. 따라서 갑작스럽게 발생하는 대형 사고를 미리 막을 수 있다.

CPS를 구축하는 데 전제가 되는 환경은 생산 체제의 '완전 디지털화'이다. 모든 위치(부품)에서의 정보가 실시간 수집될 수 있어야 한다. 수집된 정보는 지연 없이 데이터 저장 시스템으로 전송되어 저장되고 클라우드상에서 빅데이터 분석 혹은 AI에 의한 분석이 실시간 진행될 수 있어야 한다. 모든 센서 혹은 IoT 모듈이 유선(광케이블)으로 연결될 수는 없으므로 무선 인터넷으로 실시간 연결될 수 있어야 한다. 클라우드상에서 처리된 데이터는 대형 디스플레이 또는 모바일 기기에 표시되며 필요한 명령(정보)을 곧바로 입력할 수 있다. 따라서 인터넷, 빅데이터, 인공지능, 클라우드 컴퓨팅 등의 데이터 처리 기능이 사이버 시스템을 구성하는 소프트웨어S/W 요소가 되며, 데이터의 생산, 초고속 처리 및 전송, 대용량 데이터의 저장, 데이터의 실시간 디스플레이를 가능하게 하는 고성능 통신, 컴퓨터, 데이터 관리 등이 사이버 시스템을 지원하는 하드웨어H/W 요소가 된다.

CPS 구성 요소는 다음 그림과 같이 도식화할 수 있다. 실제 시스템과 사이버 시스템에서의 현재와 미래를 함께 나타내었다.

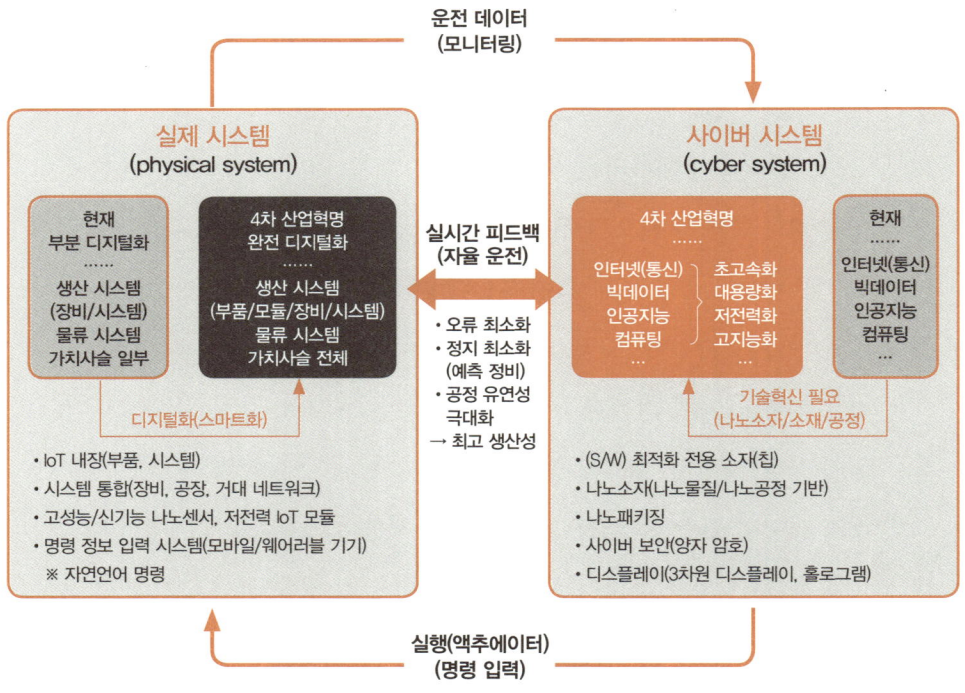

사이버-실제 시스템(cyber-physical system)의 현재와 미래

현재의 자동화된 생산 시스템이 자동차 조립라인, 반도체 생산 라인과 같은 첨단 영역에서 많이 디지털화되긴 하였지만 아직 완전한 디지털화에는 이르지 못하고 있다. 생산 라인을 구성하는 부품, 모듈, 시스템(라인) 전체에 IoT 모듈(스마트 센서 포함)이 내장되어야만 완전한 디지털화가 가능하다. 모바일 기기를 이용하여 현장 또는 원거리에서 현재 상태를 실시간 모니터링하고 명령 정보를 입력할 수 있어야 한다. 궁극적으로는 기계언어가 아닌 '자연언어'로 명령 정보를 입력할 수 있어야 한다. 생산 시스템뿐만 아니라 가치사슬 전체, 고객과 연결되는 물류 시스템까지 디지털화하여 정보를 실시간 수집하고, 수집한 정보를 사이버 시스템으로 전송할 수 있어야 한다. 물론 사이버 시스템으로부터 전송되어온 처리된 정보를 자동(자율)으로 실제 시스템에 입력하여 실행되도록 하거나 관리자가 확인한 후 처리할 수 있어야 한다.

현재의 자동화된 생산 시스템에서 생산되는 정보량보다 훨씬 더 많은 양의 정보가 완전 디지털화된 생산 시스템으로부터 생산될 것이다. 엄청난 양의 정보를 전송하고 저장하며 처리하기 위해서는 인터넷(통신) 및 연산(컴퓨팅)의 속도가 획기적으로 빨라져야 하며, 데이터 저장 용량 또한 더욱 커져야 한다. 즉, 실제 시스템에서 생산되는 데이터를 지연 없이 실시간 처리할 수 있는 수준으로 초고속화, 대용량화가 필요하며, 이에 소요되는 소비 전력을 획기적으로 줄여야 한다.

현재의 실제 시스템은 생산 시스템이나 물류 시스템의 일부분이 디지털화된 낮은 수준의 데이터 최적화를 활용하는 단계에 있다. 또 생산 체제에 디지털 데이터를 기반으로 하는 빅데이터나 AI를 도입하는 초기에 있다. 생산 시스템은 장비별 또는 생산 라인별 낮은 수준으로 최적화된 디지털 데이터를 기반으로 하는 자동 운전이 대부분이며, 예방 진단 중심으로 관리되고 있다. 장비의 운전에 필요한 명령 정보는 훈련된 전문 인력이 기계언어로 코딩된 정보 또는 수치 형태로 입력하고 있다. 생산 체제를 완전 디지털화하기 위해서는 생산 체제를 구성하는 모든 부분으로부터 실시간 정보를 받을 수 있도록 정보 획득이 필요한 모든 부분에 감지 센서와 통신 기능을 갖춘 IoT 소자들이 배치되어야 하며, 이들을 연결하는 네트워크가 구축되어야 한다. 실시간으로 대용량의 정보를 생산하여 곧바로 전달하기 위해서는 고성능 센서(나노센서)와 초고속 통신 기능을 갖춘 IoT 소자가 필요하다. 네트워크로 연결된 생산 체제 내의 각기 다른 요소들에게 필요한 정보를 각각의 언어로 입력하는 것은 대단히 어렵기 때문에 언어(명령 정보)의 형식이 통일되어야 한다. 궁극적으로는 자연언어로 된 총괄 명령을 장소에 구애받지 않고 입력할 수 있는 입력 체계가 필요하다. 따라서 자연언어를 인식할 수 있는 휴대용 또는 착용형 입력장치인 모바일, 웨어러블 기기들이 필요하다.

한편, 사이버 시스템도 현재 사용하고 있는 수준의 인터넷(통신), 빅데이터, AI, 클라우드 컴퓨팅으로는 완전 디지털화된 생산 체제가 생산하는 초대용량의 데이터를 처리하여 최적화된 데이터로 가공하고 실행하는 데 한계가 있다. 따라서 초대용량 데이터 처리가 가능할 수 있도록 초고속화, 대용량화에 필요한 하드웨어 요소 기술의 발전이 필요하다. 최소량의 실시간 데이터로부터 실행 데이터를 만들어 낼 수 있는 AI용 전용칩의 개발도 필요하다. 대용량 데이터를 처리하는 데 많은 양의 전력이 소모되므로 디지털화의 진전과 함께 폭증하게 될 전력 소비량을 줄일 수 있도록 CPS를 구성하는 모든 요소들이 저전력화되어야 한다. 소프트웨어(알고리즘) 기술만으로는 저전력화에 한계가 있으므로 나노소자, 나노패키징 등 하드웨어 기술이 동시에 개발되어야 한다. 4차 산업혁명에서 우려되는 사이버 안전 역시 소프트웨어 방식만으로는 한계가 있기 때문에 양자 암호 등 나노기술에 기반을 둔 하드웨어 기술의 발전이 필요하다.

가치사슬(나노기술의 사례)

4차 산업혁명 체제로 전환되어 가는 과정에서 주요 선도 기술의 가치사슬은 4차 산업혁명에 영향(기여)을 미치는 영역과 이와는 반대로 4차 산업혁명의 결과를 수용하는 영역이 어우러져 지금보다 더욱 촘촘해지고 복잡하게 얽히게 될 것이다. 선도 기술의 하나로 평가되고 있는 나노기술을 예로 들어보자. 나노기술의 가치사슬이 4차 산업혁명과 연결되는 과정은 다음 쪽 그림처럼 요약할 수 있다.

    4차 산업혁명을 선도하는 (자율)로봇, 인공지능, 빅데이터 등 주요 기술은 나노기술 가치사슬 전반에 걸쳐 활용되어 생산성을 크게 높인다.(그림에서 '4차 산업혁명 활용 영역') 고도의 정밀한 제어를 필요로 하는 복잡한 장비나 공정을 오류 없이 운전할 수 있도록 하며(품질 안정, 신뢰도 향상), 공정 변경에 유연하게 대응할 수 있도록 함으로써 소량 다품종 생산(수요 변화 대응)을 가능하게 한다. 물론 가치사슬상의 장비들은 이미 필요한 데이터를 생산하고 명령을 수행할 수 있는 IoT 센서들을 장착하고 있다.

    나노기술 가치사슬상의 각 단계에서 산출되는 나노소재, 나노부품, 나노제품은 4차 산업혁명의 발전에 필요한 신물성, 신기능, 신수요, 친환경화 등 수요에 대응할 수 있는 기술 기반을 제공한다.(그림에서 '4차 산업혁명 촉진 영역')

나노기술이 4차 산업혁명에 가장 핵심적으로 기여하는 분야는 고감도와 높은 선택성 등 신기능을 이용하는 나노센서, 초대용량 데이터의 고속 처리와 전송과 관련이 있는 초고속화, 대용량화, 저전력화 분야이다. 즉, 나노기술은 소프트웨어 요소의 성능을 직접 강화시키기보다는 소프트웨어의 성능과 직결되는 하드웨어 분야를 발전시키는 기반이 된다. 여기에 활용되는 대표적인 나노기술은 나노소재를 제조하거나 나노소재를 사용하여 나노센서를 제조하는 것과 같은 나노소재 공정, AI용 전용칩이나 대용량 메모리칩 등 나노소자를 제조하는 나노공정이다. 나노기술 가치사슬 전반에 걸쳐 4차 산업혁명의 주요 기술을 효과적으로 활용하기 위해서는 나노소재(나노물질), 나노공정에 관한 정보가 디지털화되어 있어야 한다.

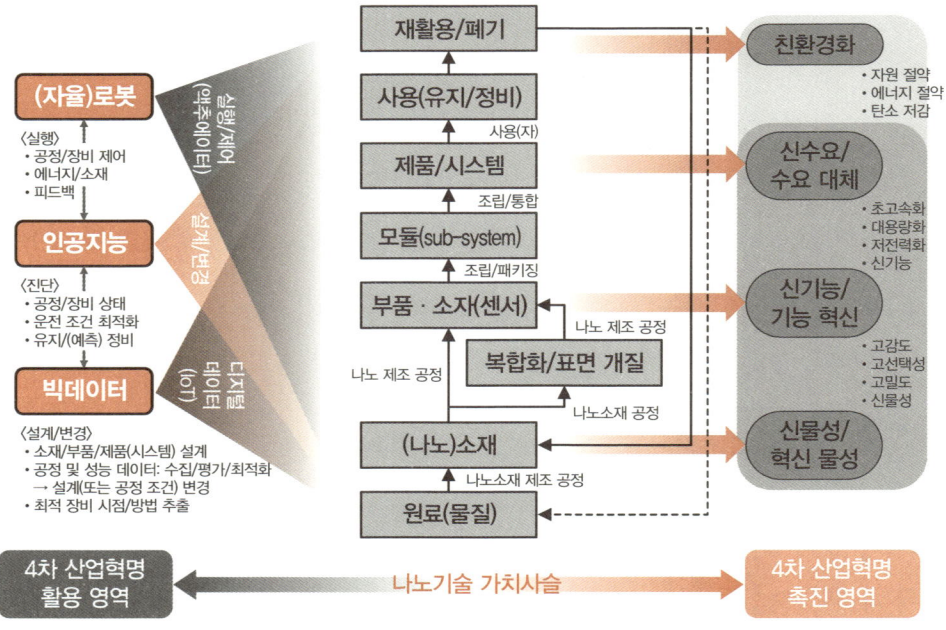

가치사슬과 4차 산업혁명 간의 관계

대두되고 있는 이슈들

4차 산업혁명이 여러 영역에서 예상보다 빠르게 진행되고 있다. 이에 적절히 대응하지 못하여 나타나거나 상당히 먼 미래에 부딪힐 것으로 예상되는 이슈들이 있다.

데이터 수집 및 처리(초고속화 · 대용량화 · 저전력화)

4차 산업혁명의 특징은 산업 전반의 디지털화이다. 이에 따라 천문학적인 규모로 데이터가 생산될 것이고, 그 데이터를 처리하고 저장해야 할 것이다. 2020년 500억 개의 기기가 인터넷으로 연결되고, 개인용과 사무용 컴퓨터의 수와 용량이 모두 커짐에 따라 더욱 많은 전력이 필요할 것이다. 내연기관 자동차가 전기 자동차로 바뀌면서 전기 수요가 늘어날 것이며, 자율주행 자동차의 구동에 필요한 전력과 함께 초고속 대용량 네트워크를 운용하는 데 필요한 전력이 늘어날 것이다.

IoT 소자가 수집하는 어마어마한 용량의 데이터를 처리하고 저장하기 위해서는 수많은 프로세서(칩)와 메모리(칩)가 필요하다. 데이터 양이 늘어날수록 이들의 수요도 함께 늘어나야 한다. 주목해야 할 점은 IoT 소자, 프로세서, 메모리와 함께 데이터를 송수신하는 통신 소자 등을 대기시키거나 동작시킬 때 엄청난 규모의 전기에너지(전력)가 필요하다는 것이다. 급격하게 늘어날 전기 수요를 감당하지 못하면 4차 산업혁명은 지연될 수밖에 없다. 자율주행 전기 자동차는 단순히 전기 자동차를 구동하는 데 사용되는 전기뿐만 아니라, 자율 운전을 지원하는 데 필요한 수많은 센서와 통신 모듈을 동작시키는 데도 많은 양의 전기가 필요하다. 발전량을 무한히 늘리기 어렵기 때문에 소요되는 전력량을 줄일 수 있는 방법을 찾아야만 한다. 전자소자의 수가 늘어나는 만큼 각각의 소자가 소비하는 전력을 줄이는 저전력화가 필요하다.

데이터 저장(대용량화 · 저전력화)

2015년 15ZB이던 데이터 양은 2020년 60ZB로 4배 이상 증가할 전망이다. 데이터 양이 크게 증가함에 따라 데이터를 저장할 수 있는 데이터 센터 역시 늘어날 수밖에 없다. 2015년 55만 개였던 데이터 센터가 2020년 67만 개로 늘어날 것으로 예측하고 있다. 이들 데이터 센터들이 사용하는 전력은 2015년 650TWh에서 2020년 950TWh로 늘어날 전망이다. 따라서 데이터 센터들이 필요로 하는 전력량은 데이터 센터를 운영하는 국가들의 전력 정책에서 큰 부분을 차지한다.

데이터 센터는 데이터를 저장하고 관리하는 장비(IT 장비)뿐만 아니라 시설을 유지하는 데 필요한 공조, 냉각 시설로 구성되어 있다.[2] 다음 그림은 데이터 센터의 구조를 나타내는 개략도이며, 원 안은 타이완에 있는 구글 데이터 센터의 공조 시설을 보여 주는 사진이다. IT 장비뿐만 아니라 공조 및 냉각 시설을 가동하는 데 대규모 전력이 필요하다. IT 장비 부분에서 가장 큰 에너지를 사용하는 영역은 메모리(저장memory) 영역이다. 저전력으로 구동되는 대용량 메모리 칩을 사용하면 메모리 자체가 소비하는 전력도 줄지만 메모리가 동작

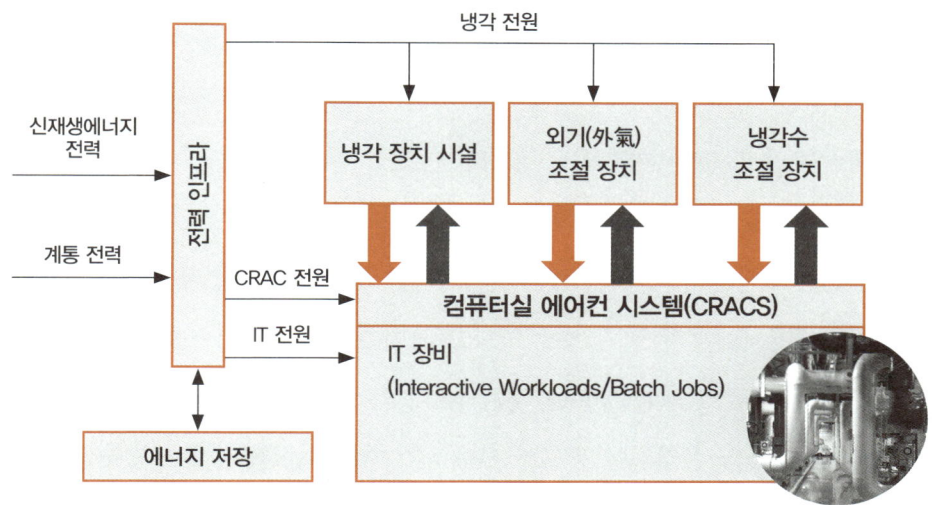

데이터 센터의 구조

데이터 센터의 냉각 파이프

할 때 나오는 열을 식히기 위한 냉각 부하도 줄기 때문에 에너지 소비량을 더욱 줄일 수 있다.

데이터 센터를 신재생에너지만으로 운영하기 위한 방안도 검토되고 있다. 태양광이나 풍력을 이용하기 위해서는 생산된 에너지를 대용량으로 저장하는 것이 필요하다.(위의 그림에서 '에너지 저장' 부분) 나노소재를 사용하는 대용량 이차전지가 활용될 수 있는 부분이다. 우리나라에 대규모 데이터 센터가 없다고 하더라도 초대용량 메모리 소자(나노소자), 고성능 이차전지의 시장을 염두에 둘 수 있다. 신재생에너지를 사용하여 데이터 센터가 사용하는 에너지 양을 획기적으로 줄일 수 있으면 운영에 드는 비용이 줄어들기 때문에 데이터 센터를 여러 지역에 설치할 수 있다.

전용칩(지능화 · 고속화 · 저전력화)

2016년 3월 9일~15일까지 서울에서 열린 이세돌 구단과 구글의 인공지능 DeepMind인 알파고AlphaGo와의 바둑 대결은 인공지능이 가져올 파괴력을 사람들의 뇌리에 깊이 새겨넣는 계기가 되었다. 이때 이세돌의 뇌(인간의 뇌)는 약 20W 수준의 에너지를 사용한 반면 1,202개의 CPU(중앙처리장치)와 176개의 GPU(그래픽처리장치)로 구성된 알파고는 약 1MW의 에너지를 사용하였다. 알파고는 이세돌의 뇌가 사용한 에너지보다 약 5만 배 이상을 사용한 것이다. 이는 인공지능을 실질적인 용도로 사용하기 위해서는 에너지 소모량을 획기적으로 줄여야 한다는 것을 일깨워주었다. 그러나 곧이어 나온 알파고 마스터 AlphaGo Master와 알파고 제로AlphaGo Zero는 엄청난 에너지를 소모하는 문제도 충분히 해결할 수 있는 가능성을 보여 주었다. 알파고 제로는 기존의 기보를 참

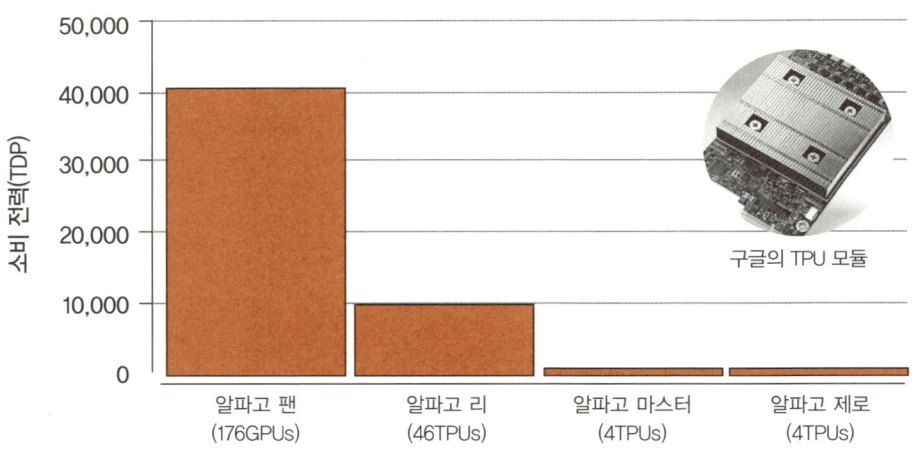

알파고 버전별 전력 소모량: 열 설계 전력(TDP) 기준

고하지 않고 스스로 학습하는 것은 물론이고, 사람의 도움을 받지 않고도 3일 만에 이세돌, 21일 만에 커제의 수준에 도달하였고, 40일 후에는 세계 최강의 수준에 이르렀다. 하지만 알파고의 지능이 급격히 높아진 것에 반해, 그 후속 버전들의 에너지 사용량은 급감하였다.

이처럼 알파고의 성능이 획기적으로 향상되면서도 오히려 전력 소모량이 대폭 줄어든 이유는 전기를 많이 소모하는 여러 개의 GPU 대신에 새로운 소자인 TPU(텐서 처리 유닛)를 개발하여 사용했기 때문이다. 같은 TPU라도 여러 개가 분산된 형태AlphaGo Lee보다 단일 모듈 형태AlphaGo Master, AlphaGo Zero가 소비전력을 더욱 줄일 수 있다.

앞으로 자율주행 자동차, 가전제품 등에 소요되는 인공지능 칩의 수요가 폭발적으로 증가할 것이다. 또한 사고 방지 등을 위해 초고속으로 정보를 처리할 필요성이 증가할 것이므로 초고속화와 저전력화를 동시에 달성할 수 있는 대책이 필요하다.

IoT(저전력화 · 고기능화 · 신기능화)

IoT와 연결된 대상물은 2013년 70억~100억 개였는데, 2020년에는 260억~300억 개로 약 3배 이상 증가할 전망이다.[3] 설치 기준으로 IoT의 수요는 2015년 약 7억 2,000만 개에서 2020년 약 23억 개, 2025년 약 57억 개로 늘어날 전망이다.(다음 쪽의 그림) IoT 하나의 대기 전력은 약 0.4~8.0W 범위에 있다. 인터넷 연결에 필요한 게이트웨이gateways 대기 전력은 1.6~1.7W 수준이다. 이러한 데이터를 기반으로 연간 세계의 대기 전력 소모량을 산출하면 대기 전력은 연평균 20%씩 증가한다.(다음 쪽의 그림) 대기 전력 소모량은 2015년 약 7.5TW였으며 2025년에는 45TW로 6배 증가할 전망이다.[4] 참고로 2015년 우리나라의 전기 소비량은 505TWh이다. 2025년에는 우리나라가 사용하는 전체 전기량의 약 9%에 해당하는 전기가 IoT 소자를 운용하는 데 쓰일 전망이다.

따라서 IoT의 보급이 확대되면서 늘어나는 소요 전력을 상쇄시킬 수 있는 기술 개발이 필요하다. IoT 칩의 설계는 물론이고, 저전력으로 동작시킬 수 있는 센서 모듈, 통신 모듈의 개발이 필요하다. 용도에 따라서는 자체적으로 정보를 처리할 수 있는 저전력 프로세서의 개발도 필요하다.

IoT의 핵심 요소는 특정 요소를 감지하는 '센서'이다. 향후 넓은 감지 영역

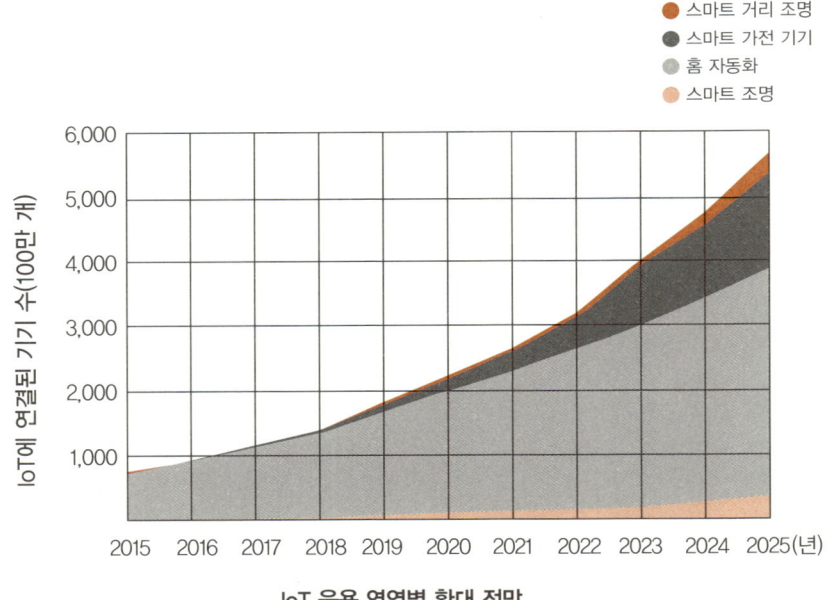

IoT 응용 영역별 확대 전망

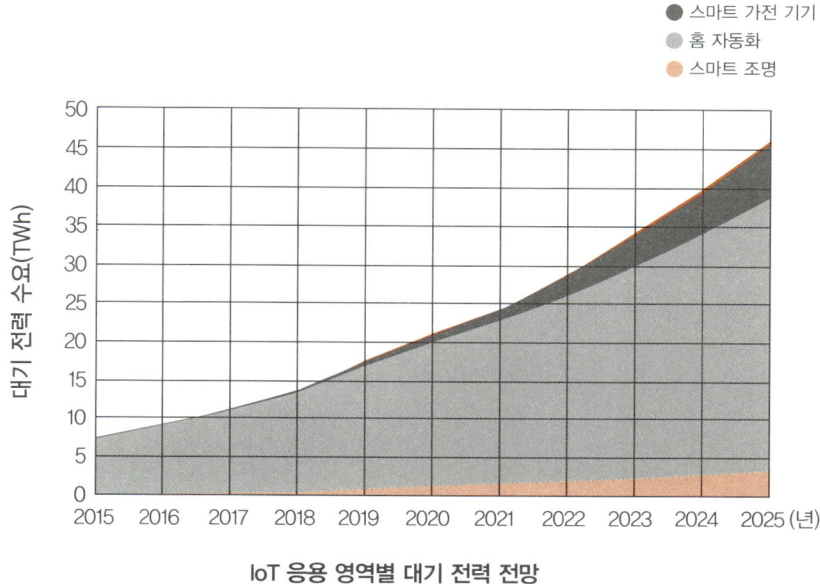

IoT 응용 영역별 대기 전력 전망

에서 높은 민감도를 가진 센서가 요구될 것이다. 새로운 대상을 감지해야 할 필요성이 대두될 것이므로 새로운 특성을 가진 센서 개발의 필요성이 증가할 것이다. 즉, 신기능 센서 제작에 필요한 다양한 소재 개발이 필요할 것이다.

요약

4차 산업혁명의 미래에 대한 다양한 전망이 쏟아져 나오고 있다. 인공지능으로 무장한 자율로봇이 인간의 영역을 침범하게 될 것이라는 전망부터 많은 수의 일자리들이 없어질 것이라는 전망까지 다양하다. 점차 기술 발전 주기가 짧아지는 것을 감안하더라도 4차 산업혁명은 향후 대략 30여 년에 걸쳐 진행될 것이다. 30년은커녕 당장 5년 후의 세상을 예측하기도 쉽지 않은 상황에서 긍정적이든 부정적이든 4차 산업혁명에 관한 전망에 대하여 민감하게 반응할 필요는 없어 보인다. 지금 예측하는 것과는 전혀 다른 방향으로 진행될 수도 있고, 장기간에 걸쳐 변화가 일어나므로 그에 대응하는 움직임들이 나타날 것이기 때문이다.

4차 산업혁명은 기술의 변화에서부터 시작하여 산업의 변화, 사회의 변화로 이어질 것이다. 각 부분에서 미래에 나타날 변화들을 예측하여 연결해가면 지금 우려하고 있는 일들이 어느 시기에 현실로 나타날지 어느 정도 가늠해볼 수 있다. 문제는 그런 작업들이 정밀하게 이루어지지 않은 관계로 대부분 추측에 의존하고 있다는 점이다.

4차 산업사회를 구성하는 계층별로 나타날 변화를 정성적으로 살펴보았다. 우리가 이 시점에서 예측해볼 수 있는 것은 4차 산업혁명을 선도할 것이라고 생각하고 있는 기술들이 진화하는 과정에서 나타날 수 있는 변화들이다. 즉, 인터넷, 모바일 기기, 컴퓨팅, 인공지능, 로봇, 스마트 센서, 디지털 소재, 디지털 공정 등의 주요 기술은 4차 산업혁명의 유전체를 구성하는 유전자들이다. 이들 유전자들은 짧게는 수십 년, 길게는 수백 년 전부터 개별적으로 진화되어왔다. 이러한 유전자들이 21세기의 산업 환경에서 만나 다양한 기술들을 만들어 냄으로써 4차 산업혁명을 이끌어 갈 것이다. 이들이 만들어 내는 신기술들은 4차 산업혁명의 출발점인 생산혁명으로 현실화된 후 빠르게 확대 재생산될 것이다.

4차 산업혁명이 진행되는 동안 해결해야 할 이슈가 계속해서 나타날 것이다. 에너지 이슈는 그중 하나이다. 생산 체계의 광범위한 디지털화는 데이터 양의 폭발을 의미하며 엄청난 양의 데이터를 전송, 처리(컴퓨팅), 저장하는 데 소요되는 에너지 소모량이 폭발적으로 늘어나는 것을 의미한다. 물론 에너지 소모를 획기적으로 축소한 전용칩을 개발하는 등의 노력이 수반될 것이다.

출처
Source

1) "SMACT and the City-New Technologies in Urban Environment", VINT Research Report, 2014.

2) M. Arlitt et al., "Towards the Design and Operation of Net-zero Energy Data Centers"

3) Harald Bauer, Mark Patel, and Jan Veira, "The Internet of Things: Sizing up the Opportunity", McKinsey & Company Semiconductors, December 2014.

4) "Energy Efficiency of the Internet of Things—Technology and Energy Assessment Report", Prepared for IEA 4E ENDA, April 2016.

4차 산업혁명의 미래는 아무도 모른다. 시시각각 변하는 퍼즐 조각과 같다. 손에 쥐고 맞추어야 할 자리를 찾는 동안에도 변하고 있다. 그래서 이 퍼즐 조각들이 만들어 낼 전략은 다양할 수밖에 없고, 그 전략에 따라 승자가 될 수도 패자가 될 수도 있다.

The Fourth Industrial Revolution

미래를 여는 나침반 4차 산업혁명 보고서

6장

4차 산업혁명의 대응 전략 설계에 필요한 퍼즐 조각들

4차 산업혁명의 미래는?

인간은 늘 축적해온 지식과 경험을 바탕으로 미래를 예측한다. 미래에 대한 불안감과 함께 미래에는 새로운 세계, 새로운 가능성이 있을 것이라는 호기심과 기대감이 있다. 현재 진행되고 있는 4차 산업혁명도 비슷한 맥락이 아닐까? 지나간 역사를 통해 얻은 지식과 경험을 바탕으로 새로운 산업혁명을 꿈꾸고 있는 것이다.

많은 상상이 현실이 되어왔고, 늘 예측을 훨씬 뛰어넘는 성과를 이룩해왔다. 현실에 바탕을 두고 미래를 예측하였지만 그것과는 다른 결과들이 나타났다. 많은 관심을 받고 있는 4차 산업혁명은 어떠할까? 허구로 구성한 상상 속의 4차 산업혁명이 아니라 지금까지 축적한 지식과 경험을 바탕으로 예측한 4차 산업혁명이더라도 감히 말하건대 몇십 년 후 4차 산업혁명은 우리의 예측을 훨씬 뛰어넘는, 어쩌면 우리의 예측과 전혀 다른 모습을 하고 있을 것이다.

현재 시점에서 4차 산업혁명의 미래를 예측하는 데 한계가 있다 하더라도 우리는 4차 산업혁명을 예측하지 않을 수 없다. 현재의 산업 패러다임을 대체할 새로운 산업 패러다임의 필요성을 인식하고 있는 선진국들이 이미 시동을 걸었고, 우리 또한 같은 환경에 놓여 있기 때문이다. 선진국들이 꿈꾸는 4차 산업혁명의 모습이 우리가 생각하고 있는 것과 같든 같지 않든, 4차 산업혁명의 미래가 예측을 벗어날 것이 당연하게 생각될지라도, 우리는 4차 산업혁명의 모습을 예측해야만 한다. 이미 상상하고 있는 것처럼, 4차 산업혁명이 진행될수록 이전의 산업혁명을 거치면서 가속되어온 정도를 훨씬 뛰어넘는 속도로 빠르게 넓은 영역에서 큰 변화가 나타날 것이다.

4차 산업혁명 초기에 변화의 방향을 잘못 예측하고 대응하면 진행 속도가 워낙 빠르기 때문에 돌이킬 수 없는 결과를 초래할 위험이 있다. 우리 스스로 4차 산업혁명의 미래를 예측할 능력이 부족하다면 섣부른 예측보다는 선진국들의 움직임을 주의 깊게 관찰하고, 그런 움직임의 이면에 깔려 있는 상황을 정확히 이해하는 것이 필요하다. 4차 산업혁명을 선도하여 승자가 되기는 어려울 수 있지만, 최소한 선진국들과 보조를 같이 함으로써 위험을 공유하거나 분산시킬 수는 있다. 선진국들 사이에 벌어지는 경쟁의 향방에 따라 4차 산업혁명을 주도하는 그룹이 형성될 것이므로, 이에 대응할 수 있는 유연하고 치밀한 전략을 수립해야 한다. 염두에 두어야 할 점은 미리 방향을 고정하는 것이 아니라 4차 산업혁명이 전개되는 상황에 대응하여 방향을 바꿀 수 있는 '방향키'를 갖는 것이다.

발전의 속도가 지금보다 느렸을 때는 설령 미래를 잘못 예측했다 하더라도 노력하여 만회할 기회가 있었다. 하지만 4차 산업혁명 시대에는 전혀 다른 상황이 전개될 가능성이 크다. 잘못된 예측을 바로잡고 만회할 기회가 아예 없을 수 있다. 멀찌감치 앞서 가버린 경쟁국이나 기업을 쫓아가기 힘든 것은 물론이고 두터워진 기술 보호로 선진 기술을 도입하여 공백을 메우는 것이 어려워질 것이기 때문이다.

4차 산업혁명의 핵심, 플랫폼

4차 산업혁명의 특징을 나타내는 중심어 중의 하나는 '속도'이다. 이미 광속이라는 말이 쓰일 정도로 모든 것이 빨리 변하는 시대에 살고 있지만, 4차 산업혁명이 진행될수록 변화의 속도는 더욱 빨라질 것이다. 이렇게 빨리 변화하는 세상을 개인이나 기업이 따라잡는 것은 결코 쉽지 않다. 한 사람이 새로운 기술 개발에 성공하는 것은 물론이고, 하나의 아이디어로부터 사업을 일으켜 성공한다는 것은 대단히 어려운 일이다. 이러한 속도 때문에 집단지성을 활용하는 방법론이 이슈가 된 지 오래였지만 지금은 변화의 속도가 더욱 빨라졌다.

이렇게 빠른 변화에 대응하여 자리 잡아가고 있는 영역이 이른바 '플랫폼' 영역이다. 플랫폼은 원래 기차나 버스를 타기 쉽도록 높여놓은 승강장을 말하는 것이지만, 최근에는 플랫폼 기술, 플랫폼 비즈니스, 기술 플랫폼, 컴퓨팅 플랫폼 등 다양한 용도로 쓰이고 있다. 여기서 말하는 플랫폼이란 공급자와 수요자 등 복수 그룹이 참여하여 각 그룹이 얻고자 하는 가치를 공정한 거래를 통해 교환할 수 있도록 구축한 환경을 말한다. 플랫폼 참여자들 간에 상호작용이 일어나면서 모두에게 새로운 가치와 혜택을 제공하는 상생의 생태계를 말한다. 플랫폼 환경을 구성하는 조직은 전문화된 능력을 보유하고 있어서 참여자들이 원하는 서비스를 가장 전문적으로 제공할 수 있다. 참여자들은 고도의 전문성을 갖추기 위하여 비용과 시간을 투입할 필요가 없으며, 전문성을 향상시키기 위하여 별도의 재원을 투입할 필요도 없다. 플랫폼 조직은 참여자들이 필요로 하는 서비스를 제공함으로써 얻게 되는 수익으로 더욱 전문화되고 고급화된 서비스를 저렴한 비용으로 제공할 수 있다.

4차 산업혁명이 요구하는 빠른 변화에 대응하기 위해서는 4차 산업혁명에 참여하는 개인이든 기업이든 모두가 자신의 영역에서 플랫폼이 되어야 한다. 다양한 갈래의 사업을 추구하다보면 전문성이 떨어지고 많은 비용을 투입하게 되어 변화를 따라갈 수 없다. 경제성이나 전문성 측면에서 압도적인 비교 우위를 가진 플랫폼들이 변화를 주도하고 계속해서 발전할 수 있다. 소재나 반도체와 같은 제조 관련 플랫폼이 있는가 하면 iOS, 안드로이드계 OS 등의 프로그램도 있고, 여러 가지 기능을 탑재할 수 있는 스마트폰과 같은 기기 수준의 플랫폼도 있다. 이러한 플랫폼들은 사용자들에게 그들이 필요로 하는 서비스를 제공한다. 제품이나 서비스를 제공하는 플랫폼(들)을 사용자와 연결해주는 것이 플랫폼 비즈니스이며 페이스북, 구글, 애플, 알리바바, 에어비앤비, 우버 등의 기업들이 취하고 있는 사업 모델이다. 이러한 플랫폼 비즈니스는 자원을 공유함으로써 비용을 줄이고 최상의 서비스를 제공받는 공유 경제의 기반이 된다. 유럽연합 국가들이 다양한 플랫폼을 구축하고 있는 것이나 기업들이 플랫폼 기업으로의 변화를 추구하고 있는 것도 같은 맥락이다.

4차 산업혁명은 복잡성으로도 표현할 수 있는 다양성, 지속성, 속도를 큰 지주로 한다. 이런 것들을 추구하다보면 효율성이 낮아지거나 대량 수요에 신속하게 대응하지 못하여 비용이 많이 들 수 있는 문제에 부딪힐 수 있다. 이를 해결하는 방안 중의 하나가 능률적인 전문 플랫폼이다. 다양한 플랫폼 기술을 많이 보유한 기업이 지속 성장이 가능한 기업이며, 많은 플랫폼 기업을 보유한 국가가 4차 산업혁명을 주도할 수 있다. 따라서 개인의 계발이나 기업의 기술 개발, 국가의 4차 산업혁명 정책 추진의 초점은 전문 플랫폼을 구축하는 데 맞추어져야 한다. 특히, 국가는 그 나라의 특징적인 4차 산업혁명 체제를 구현하는 데 필요한 다양한 플랫폼들의 체계화를 유도하고 육성해야 한다.

제도의 유연성과 투명성

고정된 사고, 경직된 제도로는 4차 산업혁명 동안의 빠른 변화에 대응하기 어렵다. 시시각각 바뀌는 환경에 대응하기 위해서는 제도와 체계(시스템)가 유연해야 한다. 3차 산업혁명 시대에 정착된 제도와 환경은 유연성이 상당히 부족하기 때문에 4차 산업혁명을 추진하는 데 장애 요인으로 작용할 가능성이 높다. 작업 환경, 비즈니스 환경, 통상 환경 등에서의 급격한 변화는 주체마다 다르게 영향을 미칠 것이므로 주체 간 이해관계가 더욱 복잡해지고 마찰이 빈발할 수 있다. 특히, 자동화 단계를 넘어선 자율화 단계에서는 노동환경이 크게 달라질 것이므로 노동 분야의 유연성을 높이는 것이 대단히 중요하다. 특히, 4차 산업혁명에서는 많은 직업이 사라질 것으로 예측되고 있어서 고용 부문의 유연성을 확보하는 데 큰 고통이 따를 수 있다.

한편, 4차 산업혁명이 진행되면서 새롭게 나타나는 환경을 미리 또는 적시에 반영하여 제도에 담는 것은 대단히 어렵다. 4차 산업혁명을 중단 없이 지속적으로 추진하기 위해서는 잠재적인 이해 당사자를 포함한 다양한 이해 당사자들이 참여하고 투명한 절차를 통하여 의견을 수렴하고 제도화해야 한다. 장기간 이해 당사자들의 지지를 받기 위해서는 제도화 과정에서 반드시 투명성이 확보되어야 한다. 이해 당사자 간의 갈등으로 지속적인 추진이 어려워 4차 산업혁명의 진행이 지연되면 경쟁에서 낙오될 것이 분명하기 때문이다.

4차 산업혁명의 불가측성

4차 산업혁명 시대에는 거의 모든 기술이 극한 수준에 도달하기 때문에 예측하기 어려운 일들이 빈발할 가능성이 높다. 현재는 비용이 대단히 많이 들고 기술의 난이도가 높아 접근하기 어려웠던 기술들도 앞으로는 적은 비용으로 쉽게 접근할 수 있어 첨단 기술을 악용하는 사례가 발생할 수 있다. 또한 기술 간 융합이 더욱 쉬워지고 일반화됨으로써 의외의 기술이 출현하여 이를 통제할 제도적인 방안이 나오기도 전에 나쁜 목적으로 사용될 수도 있다. 블록체인 같은 새로운 보안 체계가 나오고 있지만 사생활을 침해할 수 있는 기술이 출현할 가능성이 높다. 4차 산업혁명이 진행될수록 주도권을 쥐게 되는 국가나 기업의 수가 줄어들고, 이들 극소수의 국가나 기업이 신기술을 독점하게 되면 기술을 악용할 가능성은 높아지고 기술 악용을 통제하기는 더욱 어려워진다. 인간 수준의 인공지능을 장착한 로봇끼리의 통신을 가능하게 하는 기술을 특정 기업이나 국가가 독점하는 것은 상상하기도 싫은 상황임에 틀림없다.

공공 부문이나 국가는 저렴하고 활용이 편리해진 첨단 기술을 나쁜 목적으로 사용하지 못하게 할 기술적·제도적 수단을 갖추어야 한다. 국가 간 사람의 왕래가 잦아지고 물류가 활발해짐에 따라 기술의 악용을 막기 위한 국제적인 노력이 중요하다. 악용될 수 있는 기술은 실체가 있는 물리적인 기술만이 아니고 이미 문제가 되고 있는 악성 컴퓨터 바이러스, 불법 해킹 등 디지털 기술과 같은 문제도 있는 만큼, 4차 산업혁명 시대에는 국가가 더욱 큰 경각심을 가지고 국제적으로 더욱 강력한 협조 체제를 구축해야 한다.

잠재 위험 축소 전략

4차 산업혁명 시대의 국가 간이나 기업 간의 경쟁은 치열할 수밖에 없다. 이 경쟁에서 이겨야 4차 산업혁명 시대에 주도적인 역할을 할 수 있기 때문이다. 궁극적으로는 극히 일부의 국가나 기업이 경쟁에서 승리하여 4차 산업혁명의 열매를 차지할 것이기 때문에 국가와 기업은 경쟁에 사활을 걸 수밖에 없다. 글로벌 리더십이 약한 개별 기업이나 국가가 단독으로 경쟁에 뛰어들어 승리할 가능성은 매우 낮으므로 위험을 최소화할 수 있는 경쟁 전략이 필요하다. 살아남는 것이 강한 것이라는 말을 상기할 필요가 있다. 우리와 상호 보완 관계가 있어서 이익을 공유할 수 있고 승자가 될 수 있는 국가나 기업들과 긴밀한 협력 관계를 구축하는 것이 필요하다. 새로운 표준을 공동으로 취득하여 시장을 확대하고, 특허를 공유하여 시장을 방어하는 전략이 필요하다.

국가 경제력을 능가하는 거대 다국적기업들이 출현하고 있다. 4차 산업혁명은 이들 다국적기업들의 각축장이 될 가능성이 농후하다. 이들은 기술 개발 능력, 운영체제, 가치사슬(시장), 표준 등의 공유를 무기화하여 자신들의 아성을 구축하려 할 것이다. 일부 국가를 제외한 대부분의 국가들은 더욱 거대해진 다국적기업들이 주도하는 흐름을 거부하기 어려울 것이다. 국제적인 협약이나 협정을 통하여 다국적기업들의 영향력을 견제할 필요가 있다.

특히, 나쁜 목적으로 사용될 가능성이 있는 인공지능 기술, 바이오 기술과 같은 기술에 대해서는 국제적인 규약과 통제 시스템을 미리 정비해둘 필요가 있다. 한 예로 아이작 아시모프Isaac Asimov(1920~1992)*가 1942년 제안한 로봇 3원칙**과 같은 국제적인 규칙을 제정하는 것이다. 아시모프가 소설에서 염두에 둔 것은 아마도 사람 수준 이상의 인공지능을 가진 자율로봇이 아니었을까? 스티븐 호킹이 우려했던 인공지능이 가져올지도 모르는 위험성과 같은 것일 것이다. 이러한 위험한 상황을 초래할 가능성이 있는 기술에 대해서는 개별 국가 차원이 아니라 국제 수준에서 여러 나라가 공동으로 기술영향평가를 실시하고 통제가 불가능한 상황에 대비하여 국제 협약을 제정할 필요가 있다.

---

* 미국 작가이며 보스턴 대학 생물화학과 교수를 지냈다. 과학소설 및 대중 과학 작가로 유명하며, 500권 이상의 책을 저술하거나 편집하였다.
** 아시모프의 원칙이라고도 한다. 1942년 발간된 단편 《Runaround》(1950년 컬렉션 I, Robot에 포함)에 소개되었다. 이 책에서 언급한 '서기 2058년에 출간될 로봇 핸드북 56판'에 다음과 같이 세 가지 원칙을 정리하였다.
  - 제1원칙: 로봇은 인간에게 해를 입혀서는 안 된다. 그리고 위험에 처한 인간을 모른 척해서도 안 된다.
  - 제2원칙: 제1원칙에 위배되지 않는 한, 로봇은 인간의 명령에 복종해야 한다.
  - 제3원칙: 제1원칙과 제2원칙에 위배되지 않는 한, 로봇은 로봇 자신을 지켜야 한다.

새로운 지식과
기술 수요에의 대응

1차, 2차, 3차 산업혁명에서 그랬듯이 4차 산업혁명 시대에도 새로운 지식과 기술을 지속적으로 창출하고 공급하는 것은 매우 중요하다. 더욱 빠르게 변화하기 때문에 오히려 더 많은 새로운 지식과 기술이 필요하다. 앞서 언급한 것처럼 개인의 지적 활동만으로 많은 지식과 기술을 빠른 속도로 창출해내는 것은 거의 불가능하다. 이러한 상황에 대응하기 위하여 현재의 연구 개발 패러다임을 전환해야 할 필요가 있다.

과학기술 영역에서 구축해온 다양한 학문 또는 기술 플랫폼들을 체계화하고 효율화해야 한다. 그렇게 함으로써 연구 개발 기간을 혁신적으로 단축하고 비용을 절감하며 성공률을 높일 수 있다. 새로운 지식이나 아이디어가 발굴되었을 때, 이러한 플랫폼을 활용하여 상업적 활용 가능성을 단기간에 확인하고 사업화로 연결할 수 있어야 한다. 따라서 연구 개발을 지원하는 목적을 강력한 경쟁력을 가진 연구 개발 플랫폼을 구축하는 것과 새로운 지식이나 아이디어가 분출할 수 있는 창의적 연구나 융합 연구의 환경을 조성하는 데 두어야 한다.

연구 개발 플랫폼에는 연구원 개개인을 독립적인 지식 창출 플랫폼으로 육성하는 인적 요소와 창출된 지식의 상업적 활용 가능성을 확인하고 사업화를 전문적으로 지원하는 하드웨어적 요소가 있다. 전자는 '인력 양성' 영역으로 다루어온 부분이며, 후자는 그동안 '연구 개발 인프라'로 불러온 부분이다. 인공지능, 빅데이터, 블록체인, 로봇 등 신기술을 산업 전반으로 빠르게 확산시키기 위해서는 전문 인력을 양성하는 일이 시급하다. 연구 개발 인프라는 높은 수준의 플랫폼으로 전문화하여 개발 연구자나 기업의 기술 개발을 낮은 비용으로 신속히 지원할 수 있어야 한다.

4차 산업혁명 영역에서 기초 연구, 응용 연구, 개발 연구와 같은 인위적인 구분은 큰 의미가 없다. 새로운 산업을 창출할 가능성이 있는 신기술이거나 산업 혁신에 기여할 수 있는 혁신 기술인지가 중요하다. 혁신적인 연구 개발 플랫폼을 활용하여 신기술이나 혁신 기술을 단기간에 확인하고 사업화로 연결해야 한다. 플랫폼으로서의 전문 연구원들이 상호 교류를 활발히 하여 기술 융합을 일으키는 등 다양한 융합 기술이 탄생할 수 있는 환경을 조성해야 한다.

국가의 연구 개발 체계는 국가 혁신 체계를 구성하는 중요한 한 부분이지만 유리된 채 운영되는 부분이 많아 연구 개발의 효율성이 낮다는 인식이 팽배해 있다. 4차 산업혁명이 요구하는 속도감 있는 혁신을 위해서는 국가 혁신 체계를 재정비하고 연구 개발 부문을 포함한 구성 요소 간의 관계를 재구축해야 한다. 지금과 같은 느슨하고 유리된 채 운용되는 국가 혁신 체계로는 빠른 속도로 사회 전체의 혁신으로 연결되고 있는 4차 산업혁명의 흐름을 따라잡을 수 없다.

기업가 정신과 창업

새로운 산업혁명이 일어나기 직전의 시기에는 이전의 성장 패러다임이 한계에 이르러 정체 단계에 있다. 이때에는 현재의 기술에 투자하여 얻을 수 있는 이익이 크지 않기 때문에 투자의 매력이 떨어지고, 신기술들에 대한 투자는 큰 위험을 수반하므로 유입되기 어렵다. 미래 산업혁명을 선도하는 기술에 대한 투자 가치는 산업혁명이 가속되는 시점이 되어서야 인식된다. 산업혁명 과도기의 이러한 특징은 역설적으로 과도기를 지혜롭게 넘겨야만 산업혁명의 주체가 될 수 있다는 것을 시사한다.

과도기의 혼란스러운 상황을 돌파하는 데 필요한 파괴적 혁신을 주도하고, 새로운 산업혁명으로 전환하는 데 중요한 역할을 해온 것이 기업가 정신으로 무장한 도전적인 기업가들이다. 이들은 위기를 기회로 생각하며 모험으로 보이는 신기술에 과감히 도전하여 새로운 산업을 창출해왔다. 4차 산업혁명 시대로의 커다란 발걸음을 내딛는 현재 기업가 정신으로 무장한 기업가들의 도전이 필요한 상황이다. 정보통신 산업의 발전으로 창출된 막대한 부가 큰 이익을 낼 투자처를 찾지 못하고 있으며, 새롭게 등장한 유망 기술들은 기존 산업의 연장선상에서 그 가치를 판단할 뿐 전혀 새로운 가치, 산업에 대한 도전은 크게 나타나지 않고 있다. 민간 우주산업 정도를 새로운 도전의 예로 꼽을 수 있다. 기업가 정신이 살아날 수 있는 환경을 구축하고, 도전적인 기업가들이 과감하게 창업을 할 수 있도록 유도해야 한다.

산업과 유리되는 개인과
달라지는 직업 개념

산업 수단이 효율화되고 산업이 고도화될수록 개인은 산업 중심으로부터 점차 멀어져왔다. 사람이 하던 역할의 일부를 기계가 대신하는 요즈음이지만 앞으로는 사람이 하던 역할의 대부분을 자율 기능을 가진 로봇이 수행하게 될 것이다. 지금까지 산업 중심에서 소외되긴 했어도 여전히 중요한 위치에 있던 개인은 4차 산업혁명 시대에는 산업과 거의 유리된 상황에 놓일 것이다. 산업 내에서 개인이 차지하고 있던 위치가 변한다는 것은 곧 직업의 성격이 크게 달라지는 것을 의미한다. 제조업과 서비스업의 구분이 점점 모호해짐에 따라 직업의 의미는 크게 달라질 것이다.

'개인이 사회생활을 영위하고 수입을 목적으로 한 가지 일에 종사하는 지속적인 사회 활동'을 직업의 개념이라고 한다면, 앞으로 크게 달라질 환경에서 지금과 같은 개념의 직업이 유지될 가능성은 매우 낮다. 우선 변화가 빠른 사회에서 '한 가지 일'을 '지속'하기가 쉽지 않다. 모든 생산이 자율화되고 효율화되면 개인이 창출하는 부의 비중보다 시스템이 창출하는 부의 비중이 더 커진다. 개인이 지출하던 비용도 대부분 사회 시스템이 담당하기 때문에 수입을 늘리기 위한 수단으로서의 직업의 의미는 축소된다. 특히, 기술의 생명주기가 매우 짧아지기 때문에 한 가지 일을 십여 년 동안 계속하기는 대단히 어렵다. 3D 프린팅과 같이 개인이 쉽게 활용할 수 있는 생산 기술과 도처에 산재해 있는 전문화된 제조 플랫폼들을 활용함으로써 생산자와 소비자의 경계가 허물어질 것이다. 장소에 구애받을 필요가 없기 때문에 직장과 가정의 구분이 모호해지며 일과 여가활동이 거의 구분되지 않을 것이므로 1인 기업이 큰 부분을 차지할 것이다. 굳이 큰 수익을 올려야 할 필요가 줄어들수록 이러한 변화는 가속될 것이다.

급격히 변하는 환경에서도 개인이 사회 구성원으로서의 정체성을 유지하고 주어진 역할을 보람 있게 수행할 수 있도록, 직업 선택에 필요한 교육을 받을 수 있는 기회를 제공하는 체계를 구축해야 한다. 현재 종사하고 있는 직업이 사라지더라도 새로운 직업을 구하는 데 문제가 없다는 사회적 안정감을 확보해야 한다. 직장 내에서도 직원들을 재교육하는 것이 일반화되어야 한다. 직장 내 재교육이 사회적 측면의 재교육의 일부가 되어야 한다. 근로 활동은 개인의 정체성에 큰 영향을 미치므로 교육 또는 재교육을 받는 기간이 늘어남에 따라 근로 의식이 약해지는 것에 대한 대책이 있어야 한다.

국가 역할의 재정립

1차 산업혁명 시대의 영국은 거의 방임에 가까운 산업 정책을 폈기 때문에 개인 또는 기업이 가장 중요한 주체였고 국가의 역할은 상대적으로 크지 않았다. 대규모 산업이 출현한 2차 산업혁명 이후에는 기업이 가장 중요한 주체가 되었다. 국가는 공정 경쟁, 권리 보호, 통상 규칙 등 산업 발전에 필요한 제도를 정비하고, 기술 개발을 장려하고 지원하였으며, 경쟁력을 창출하는 기반이 되는 사회 인프라를 구축하는 역할을 해왔다. 국가의 역할에는 산업 발전 또는 사회 발전에 필요한 인력을 양성하는 것과 노동환경을 개선하는 제도 정비도 포함된다. 국가가 해온 역할에서 중요한 점은 산업혁명이 진행되면서 사회가 빠르게 변하고 이러한 변화에 수반되어 다양한 문제들이 표출되었을 때 이에 대한 대응 방안을 마련해왔다는 것이다.

2차 산업혁명의 후반부에서 3차 산업혁명 전반부까지의 냉전 시대에는 동서 진영으로 나뉘어 체제 경쟁을 하였다. 개인의 이익보다는 국가나 진영의 이익이 생산성 향상, 경제발전을 추구하는 큰 잣대가 되었으며 산업 발전도 냉전 체제의 영향을 크게 받았다. 국가가 주도한 군비 경쟁의 결과로 항공우주 기술이 발전하였고, 3차 산업혁명을 선도한 컴퓨터 기술, 인터넷 기술이 출현하였다. 3차 산업혁명이 본격화된 이후에는 거대 다국적기업들이 등장하여 산업 혁신을 주도하였다. 급격히 진행된 생산 자동화로 산업에서 개인의 위상은 매우 약화되었다. OECD, G7, G20, G2 등 국가 그룹들을 중심으로 글로벌 통상 질서가 구축되었다.

4차 산업혁명 중에는 글로벌 다국적기업들이 더욱 중요한 주체로서의 위치를 차지할 것이다. 이에 따라 세계를 장악한 다국적기업과 국가 권력 사이의 충돌이 자주 빚어질 것이다. 초연결 비즈니스 환경을 구축한 다국적기업은 각국에서의 사업 환경을 자신에게 유리하게 조성하려 할 것이며, 해당 국가의 이익과 배치될 경우 양자 간에 마찰이 생길 수 있다. 해당국 역시 초연결 환경에서 격리되는 상황을 원하지 않을 것이나 대안을 찾기가 쉽지 않기 때문에 국제 공조를 통하여 해결하고자 할 것이다. 하지만 다국적기업이 강대국의 지지를 받을 경우 많은 국가들이 스스로 문제를 해결하는 것은 결코 쉽지 않다.

중소기업 정책의 딜레마

전체 기업 수의 절대 다수를 차지하는 중소기업들이 독자적인 사업을 영위하는 것이 점점 더 어려워질 수 있다. 대부분의 중소기업은 스스로 글로벌 네트워크를 구축하는 데 한계가 있기 때문에 거대 다국적기업이 제공하는 기술, 표준, 시장(가치사슬)의 우산 아래 놓일 것이다. 하지만 다국적기업이 제공하는 우산 역시 영원히 안전한 지대가 될 수는 없다. 다국적기업 역시 끊임없이 혁신하지 않으면 살아남을 수 없기 때문에 사업 영역이 빠르게 변할 것이다. 따라서 중소기업은 현재의 우산이 걷히더라도 살아남을 수 있는 플랫폼 기업으로서의 역량을 갖추지 못하면 어려운 상황에 놓일 수 있다. 고용과 GDP에서 중소기업이 차지하는 비중을 고려하면 국가는 중소기업의 운명을 거대 경제 주체의 처분에 맡겨둘 수 없다. 대기업과의 협업, 기술 경쟁력 강화 등 전략적인 대응을 적극적으로 할 필요가 있다. 하지만 많은 국가들이 선택할 수 있는 여지는 많지 않다. 글로벌 환경에서 국내 상황에 맞추어 선택한 중소기업 정책이 4차 산업혁명에서의 성공과는 거리가 있을 수 있기 때문이다. 따라서 4차 산업혁명을 선도하고 있는 국가들을 제외하면 중소기업 위주의 정책을 펴는 것이 쉽지 않다.

4차 산업혁명 시대에는 거대 기업의 영향력이 커지는 반면, 중소기업의 입지는 축소될 우려가 있다. 중소기업 간의 마찰, 대기업과의 충돌이 증가할 전망이다. 따라서 기업 간 이해관계를 조정하는 국가의 역할이 더욱 중요해질 것이다. 국가가 전문 지식 없이는 이러한 역할을 수행할 수 없기 때문에 중소기업 관련 정부 조직을 전문화할 필요가 있다.

불평등 축소

1차 산업혁명 이후 지금까지 산업이 발전하면서 평균 소득이 지속적으로 증가해왔지만 소득 계층 간 격차는 계속해서 커져왔다. 소득 계층 간의 불평등이 커짐과 함께 지역 간 불평등, 문화 간 불평등 또한 계속 커져왔다. 이러한 불평등은 단순히 소득 불평등에 그치지 않고 에너지 불평등, 디지털(정보화) 불평등, 문화 불평등, 교육 불평등 등 여러 형태로 나타나고 있고, 불평등의 정도는 더욱 커지고 있다. 이러한 불평등은 사회 집단, 개인, 지역, 세대 간 갈등을 유발하고 있다. 2011년 미국 뉴욕의 월 가에서 일어난 시위 '월 가를 점령하라'는 경제적으로 희망을 잃은 젊은 세대들의 불만이 표출된 사례이다.

4차 산업혁명이 진행됨에 따라 계층 간, 세대 간, 지역 간 불평등은 더욱 커질 가능성이 있다. 4차 산업혁명을 주도하는 국가와 4차 산업혁명의 결과를 받아들이는 국가 간 경제력 차이는 더욱 확대될 것이다. 4차 산업혁명을 주도하는 주체에 경제력이 집중될수록 계층 간, 세대 간, 지역 간 갈등이 빈발할 것이다.

심화되는 불평등에 적극 대처하지 않고 방치하면 계층 간, 세대 간, 지역 간 갈등이 확대되어 사회 불안이 가중되고 4차 산업혁명을 추진하는 데 필요한 사회적 합의를 끌어내는 것이 어려워진다. 주목할 점은 글로벌 환경에서는 불평등이 국내만의 문제가 아니라는 것이다. 국내 문제만으로 인식하고 대응하면 국가의 경쟁력이 떨어져 궁극적으로는 더 큰 불평등이 초래될 수도 있다. 여러 가지 요인이 복잡하게 얽혀 있긴 하지만 불평등은 해결해야 할 숙제이고, 4차 산업혁명이 진행됨에 따라 더욱 심화될 것이 우려되므로 전략적인 접근이 필요하다. 한편으로는 4차 산업혁명이 공유 경제, 순환 경제로 진전될 것으로 예상되고 있어 국가적·국제적 노력이 조화를 이룬다면 이전 시대보다는 불평등이 해소되는 유리한 환경이 조성될 수도 있다.

승자와 패자

사회를 구성하는 주체 간에는 어떤 형태로든 경쟁이 존재하며, 어느 사회에서나 승자와 패자가 있을 수밖에 없다. 그 주체가 개인이든 단체든 국가든 항상 승자와 패자는 있어 왔다. 다만 주체의 종류에 따라, 시기에 따라 승패를 가르는 기준이 다를 뿐이다. 승패는 절대 기준에 따라 나누어지기보다는 상대적인 잣대에 따라 결정된다. 산업혁명에서도 마찬가지이다. 산업혁명에서 승리한 국가는 강대국의 지위를 누려왔다. 산업혁명이 다른 지역, 국가로 전파됨에 따라 많은 국가들이 혜택을 누리긴 하였지만 강대국의 지위를 나누어 갖지는 못하였다. 4차 산업혁명 시대에 승자와 패자는 어떻게 나뉠까? 승자와 패자 간 차이는 이전 산업혁명과 어떻게 달라질까?

4차 산업혁명에서는 승자와 패자 간 차이가 이전의 산업혁명에서보다 더욱 극명하게 갈릴 가능성이 있다. 4차 산업혁명에서는 새로운 패러다임을 주도하는 주체(승자)와 새로운 패러다임을 수용하는 주체(패자) 간에는 기술 확산 이상의 거리감이 있을 것이다. 즉, 4차 산업혁명을 수용하는 입장에 있는 주체는 웬만해서는 4차 산업혁명을 주도하는 주체의 지위에 올라서기 어렵다. 승자는 이미 궤도를 고속으로 달리는 열차를 타고 있는 반면 패자는 지상에서 달리는 열차에 오르려고 하는 형국이다. 열차의 속도가 느릴 때는 손잡이를 잡고 뛰어오를 수도 있겠지만 고속 열차에 뛰어오르는 것은 상상하기 어렵다. 심지어 달리는 고속 열차에는 뛰어오를 문도 없다. 이전 산업혁명에서는 수명 주기를 다한 기술이 미개발국으로 전파되거나 원가절감이 필요한 고급 기술이 저임금 국가로 이전되어 전파되었다. 하지만 4차 산업혁명을 선도하는 기술들은 기술의 난이도가 높고 임금 수준에 영향을 크게 받지 않는 특징이 있으므로 이전의 산업혁명에서와 같이 기술이 전파될 가능성은 매우 낮다. 특히, 선진국들이 4차 산업혁명을 추진하는 배경이 글로벌 리더십을 강화하기 위해서이기 때문에 여러 가지 형태로 기술을 보호하려 할 것이다. 결국 4차 산업혁명이 맺을 과실은 일부 국가의 소수 기업들이 독점할 가능성이 매우 높다. 이러한 예측은 한편으로 세계가 기술과 사업 영역을 공유하는 몇 개의 그룹으로 블록화될 가능성이 있음을 보여 준다.

어느 사회에서나 모든 주체는 승자로 남길 원한다. 풍요로운 물질문명의 혜택을 누리더라도 패자의 위치에 서고 싶은 주체는 없다. 4차 산업혁명의 미래는 아무도 모른다. 다만 어느 누구든, 어느 기업이든, 어느 국가든 4차 산업혁명의 주체가 되고 싶어 한다. 주체가 되기 위해서는 남다른 전략과 노력이 필요하다.

4차 산업혁명 흐름에 대응하는 전략을 세우는 데 참고할 수 있는 몇 가지 퍼즐 조각을 던져보았다. 알고 있는 4차 산업혁명 그림은 직소 zig saw로 분할한 그림의 한 부분이 아니다. 그 자체가 시시각각 변하는 퍼즐 조각이다. 손에 쥐고 맞추어야 할 자리를 찾는 동안에도 변할 수 있는 퍼즐이다. 따라서 이 퍼즐 조각들이 만들어 낼 전략은 다양할 수밖에 없고, 그 전략에 따라 승자가 될 수도 있고 원하지 않지만 패자가 될 수도 있다. 우리가 수립하여 추진하는 4차 산업혁명 대응 전략에 답은 없다. 우리의 역량을 결집하여 선택하고 최선을 다해서 추진해야만 한다.

요약

과거의 산업혁명을 분석하는 것과는 달리 4차 산업혁명이 전개될 방향을 미리 정확하게 예측하는 것은 무리이다. 하지만 예측 없이 대응 전략을 짜는 것은 더욱 무모하다. 이러한 모순적인 상황에서는 거시적인 방향을 예측하고 가변성에 대응할 수 있는 유연한 전략을 짜는 것이 중요하다. 방향 설정이 잘못되면 4차 산업혁명의 대열에서 낙오되는 돌이킬 수 없는 치명적인 결과를 낳고, 처음부터 세밀한 전략을 짜게 되면 새로운 변화에 능동적으로 대처하기 어렵다.

유연한 전략을 짜기 위해서는 그때그때 다양한 조합이 가능한 요소들을 가지고 있어야 한다. 4차 산업혁명의 판이 조금씩 바뀔 때 능동적으로 대응할 수 있는 새로운 조합을 만들어 낼 퍼즐 조각들을 가지고 있어야 한다. 4차 산업혁명이 몇 가지 기술이나 몇몇 사회경제적 인자로 결정되지 않을 것이기 때문에 퍼즐 조각들 역시 한정할 수 없다. 4차 산업혁명 전략을 짜는 데 필요한 퍼즐 조각으로 제시한 플랫폼, 제도, 불가측성, 경쟁과 공조, 지식과 기술, 기업가 정신과 창업, 개인과 기업, 국가와 기업, 불평등, 승자와 패자 등이 각각 4차 산업혁명에서 큰 주제가 될 수 있다. 물론 더 많은 퍼즐 조각들이 있을 수 있고, 4차 산업혁명이 전개되면서 새롭게 관심을 가져야 할 퍼즐 조각들이 나타날 수 있다. 이들 퍼즐 조각들은 각각 독립적이 아니라, 서로 상당한 연관성이 있다. 따라서 이들을 조합하는 방법에 따라 각기 다른 전략이 만들어질 수 있다.

4차 산업혁명 말말말

2017년 미국 캘리포니아의 아실로마에서 열린 컨퍼런스에서 인공지능 개발에 대한 공동의 약속으로, AI와 로봇을 연구하는 데에 있어 '아실로마 인공지능 원칙 23조'가 발표되었다. 세계적인 물리학자 스티븐 호킹(Stephen William Hawking), 테슬라 CEO 일론 머스크(Elon Musk), 구글 딥마인드 CEO인 알파고 개발자 데미스 허사비스(Demis Hassabis), 영화배우 겸 감독 조셉 고든 레빗(Joseph Gordon Levitt) 등 2,000여 명의 유명 인사들이 이 원칙을 지지하였다. 총 23개 항으로 이루어진 원칙에는 'AI의 목표와 행동은 인간의 가치와 일치해야 한다', '자기 복제를 통해 빠르게 성능이 향상된 AI는 엄격한 통제를 받아야 한다' 등의 항목이 들어 있다. 또한 인공지능 기술의 지속적인 발전을 위해 그 혜택을 전 인류가 공유해야 한다고 강조하고 있다.

'사람 중심의 4차 산업혁명'이라고 말들은 하지만 4차 산업혁명으로 과연 사람의 삶이 행복해질까? 4차 산업혁명의 논의에서 '사람'이란 존재는 사라질 직업을 걱정하는 존재로 비추어지고 있으며, 4차 산업혁명에서 주체로서의 위치를 잃어버린 느낌마저 든다.

미래를 여는 나침반 4차 산업혁명 보고서

7장

개인의 4차 산업혁명 대응 전략

'사람 중심의 4차 산업혁명'이라고 말하고 있지만 4차 산업혁명으로 과연 사람의 삶이 행복해질까? 4차 산업혁명의 논의에서 '사람'이란 존재는 사라질 직업을 걱정하는 존재로 비추어지고 있으며, 4차 산업혁명에서 주체로서의 위치를 잃어버린 느낌마저 든다. 2020년을 내다볼 때, 500억 대의 거미줄처럼 연결된 기기와 80억 명의 인간이 대비되는 수치는 매우 상징적이라 할 수 있다. 3차 산업혁명 후반 고도로 자동화된 생산 체계의 영향으로 생산 현장에서 작업자의 이탈이 가속되고 있어, 아마도 4차 산업혁명이 본격 진행될 때에는 실업 문제가 세계적인 화두로 떠오를 것이다. 개인의 고민이 깊어질 수밖에 없다.

능동적인 인간

자율 생산을 특징으로 하는 4차 산업혁명에서 개인의 정체성에 대한 고민은 개인만의 문제가 아니라 사회문제이기도 하다. 지금까지와는 전혀 다른 4차 산업혁명 환경에서 우리가 어쩔 수 없이 받아들일 수밖에 없는 사실과 우리가 스스로 결정할 수 있는 사실에 따라 각각 다른 대응을 할 필요가 있다. 먼저 우리가 받아들여야만 하는 사실은 다음과 같다.

자율로봇이 운전하는 생산 체계에서 인간이 설 땅은 극히 제한적이다. 심지어 전통적으로 사람의 손과 판단력이 많이 필요했던 농업이나 축산업조차도 점점 더 사람이 필요하지 않게 될 것이다. 웬만한 계산이나 설계를 전담하고, 문제를 진단하고 처방을 내리며, 일상 잡무를 처리하는 등의 일에서 로봇은 인간보다 효율적인 방법으로 24시간 동안 쉬지 않고 일할 것이다. 많은 양의 정보를 검색하여 정리하는 일도 사람보다 인공지능이 더 잘할 것이다. 사람이 하기 싫어하는 위험한 일이나 귀찮은 일은 로봇들이 하게 될 것이다. 이밖에도 우리가 받아들여야만 하는 사실은 대단히 많으며, 우리는 급격하게 변화하고 있는 환경을 인정하고 받아들여야 한다. 다만 피해자의 입장에서가 아니라 우리가 필요로 해서 만든 활용자(사용자)의 입장에서 받아들일 수 있어야 한다.

인간이 추진하는 4차 산업혁명이 오히려 인간을 피해자로 만드는 것처럼 보이지만, 4차 산업혁명의 미래는 우리의 결정에 달려 있다는 점을 잊어서는 안 된다. 4차 산업혁명의 모습으로 보여 주는 현재의 그림은 아직 채워지지 않았고 채색되지도 않은 밑그림 정도이다. 인간의 상상력으로, 창의력으로 차례차례 채워가야 할 그림이다. 즉, 사람의 노력으로 창조해가는 것이 4차 산업혁명이다. 그런 의미에서 지금까지와 마찬가지로 사람은 4차 산업혁명의 중심이 될 수 있다. 다만 저절로 되는 것이 아니라 개인 스스로 이제까지와는 다른 전략으로 4차 산업혁명에 대응해야만 한다. 필요에 대응하여 발명품을 만들어 내는 인간, 발명품을 용도 이상으로 활용하는 인간, 발명품을 올바르게 사용하도록 유도하고 나쁜 목적으로 사용하지 않도록 감시하고 통제하는 인간으로서의 정체성을 확고히 해야 한다.

드론, 3D 프린팅과 같이 개인이 활용할 수 있는 신기술에 관심을 가져야 하며 직업 교육, 구인 정보 등 사회가 제공하는 다양한 서비스에 능동적으로 접근해야 한다. 디지털 시대를 사는 개인으로서 정보의 흐름에서 벗어나지 않도록 스스로 정보를 관리하고 자신의 장점을 끊임없이 키우고 노출해야 한다. 무엇보다도 4차 산업혁명 역시 사람에 의한, 사람을 위한 발전이고 자신을 위한 발전이라는 긍정적인 마인드를 가질 필요가 있다.

4차 산업혁명 시대를 사는 개인

4차 산업혁명이라는 거대한 물결 앞에 개인은 한없이 작은 존재로 느껴진다. 그럴수록 능동적으로 대처하며 스스로 정체성을 확립해야 한다. 사회 조직을 구성하는 최소 단위 일원으로서 존재감을 잃지 않아야 한다. 급격한 변화에 뒤처지지 않도록 끊임없는 자기 혁신을 끌어내야 한다.

프로슈머

4차 산업혁명에서 개인은 높은 비율로 이전의 생산에 참여하던 직장인으로서의 개인과 생산된 제품을 소비하는 소비자로서의 개인이 구별되는 것이 아니라, 생산자이면서 동시에 소비자가 되는 이른바 '프로슈머prosumer'*의 성격을 가지게 될 것이다. 프로슈머의 탄생이 가능해진 것은 고도의 전문 지식 없이도 활용할 수 있는 3D 프린팅 등의 생산 기술이 개발되었고, 국가가 건설한 공

---

* 앨빈 토플러(Alvin Toffler)가 1980년 《제3의 물결》에서 처음 소개한 말로, 앞으로 생산자와 소비자 간 구분이 없을 것으로 예견하였다. 기업의 생산자(producer)와 소비자(consumer)를 합성한 말이다. 최근 시스코(Cisco)는 가정과 직장이 거의 구별되지 않는 영역까지 확장하였으며, 프로슈머를 웹 2.0의 제품이나 서비스를 적극적으로 수용하는 사람으로 정의하였다.

공 부문의 인프라가 잘 구축되어 있어 개인이 저비용으로 활용할 수 있게 되었기 때문이다. 언제 어디서나 공급자, 수요자와 연결할 수 있는 인터넷을 포함한 여러 가지 전문적인 플랫폼들이 잘 갖추어져 있어 자신이 주체적으로 이를 활용하여 생산자가 될 수 있다. 물론 자신도 누군가에게 전문적인 도움을 주는 플랫폼의 하나가 될 수 있다.

시스코가 조사한 바에 따르면 2006년 미국 전체 인구의 4.5%인 1,400만 명이 프로슈머인 것으로 추정되었다.[1] 미국 전체 근로자의 약 9.3%가 프로슈머형 근로자이며, 이는 직장 근로자의 약 4분의 1에 해당하는 숫자이다. 프로슈머들은 중요한 기술 사용자들이지만 간단한 솔루션을 원하기 때문에 4차 산업혁명이 그들에게 적합한 환경이 된다. 프로슈머형 근로자의 약 55%는 어떤 형태로든 가정에서 일을 하고 있어서 직장과 가정을 구분하는 것이 큰 의미가 없다.

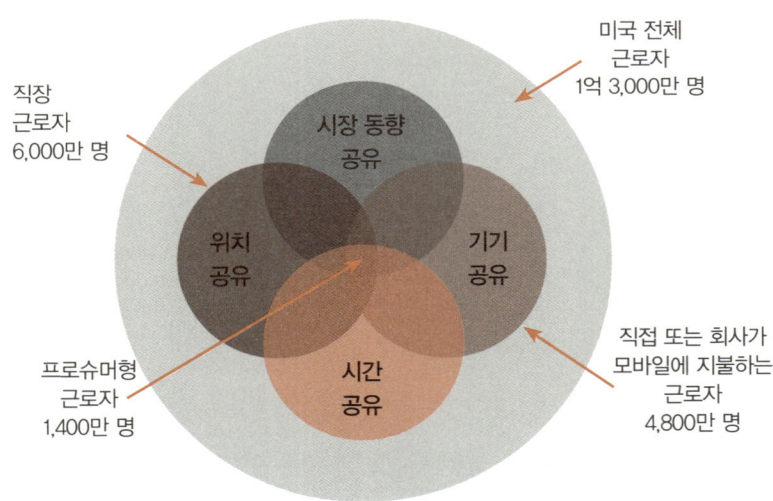

미국의 프로슈머형 근로자[2]

다음 그림은 프로슈머의 특징을 요약하여 나타낸 것이다.

새로운 제품이나 서비스를 수용하는 데 적극적인 프로슈머는 혁신 주체와 초기 다수 사용자 사이에서 새로운 기술, 제품, 서비스가 주력 시장이 되도록 도와주는 역할을 한다. 따라서 프로슈머는 하나의 직업 형태로서뿐만 아니라 4차 산업혁명 시대의 중요한 영역인 혁신 제품이나 서비스의 확산에 중요한 역할을 한다. 기업의 규모가 작을수록 프로슈머의 밀도가 높으므로 소규모 기업의 활동을 촉진하는 사회 시스템을 구축할 필요가 있다.

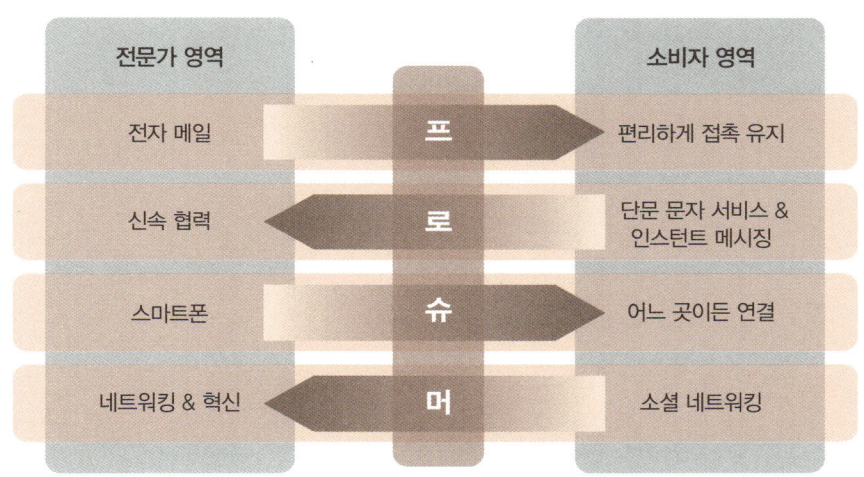

프로슈머의 특징[3]

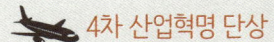 4차 산업혁명 단상

프로슈머에 관한 사실[1]

2006년 12월 시스코의 IBSGInternet Business Solutions Group는 미국의 광대역 소비자를 대상으로 업무 습관, 미디어 사용, 기술을 대하는 태도에 대한 설문 조사와 소비자 간 차이가 초연결 생활connected life 솔루션에 대한 준비에 어떤 영향을 미치는가를 조사했다. 1,000명 이상의 응답자를 대상으로 온라인으로 실시한 이 설문 조사에서 프로슈머로 정의해온 일부 소비자에 관한 다음과 같은 사실이 밝혀졌다.

- 소비자의 55%가 집에서 일을 한다. 집에서 자주 일하는 소비자의 30% 이상은 초연결 생활 솔루션에 관심이 있으며 프로슈머 영역에 속한다.
- 프로슈머는 미국에서 현재 1,400만 달러의 시장을 형성하고 있다.
- 프로슈머가 휴대 전화를 사용하는 영역은 비즈니스 부문에서 가장 높으며, 보통의 소비자보다 25% 더 많이 사용한다.
- 프로슈머는 일반인보다 노트북, 전자 메일, 데스크톱 PC를 더 많이 사용한다.
- 프로슈머는 모바일 라이프 스타일 때문에 랩톱을 데스크톱보다 선호하며, 랩톱을 다른 소비자보다 37% 더 자주 사용한다.
- 프로슈머는 기술을 조기에 채택하며 인스턴트 메시징, 공용 무선 핫스팟, 휴대용 DVD와 비디오 플레이어, MP3 플레이어, 휴대용 게임 장치를 프로슈머가 아닌 사람들보다 평균 20% 이상 많이 사용한다.
- 프로슈머의 65%는 직장, 학교, 가족, 친구에게 항상 접근할 수 있는 것이 중요하다고 보고되었으며, 프로슈머가 아닌 사람들의 경우는 25%가 매우 중요하다고 보고되었다.
- 프로슈머의 58%는 항상 연결되어 있어야 한다고 말한 반면, 프로슈머가 아닌 사람들은

30%가 항상 연결되어 있어야 한다고 말한다.
- 프로슈머들은 가족 중심적이며 기술을 가족 활동에 더 자주 참여하는 방법으로 간주한다.
- 프로슈머의 42%가 직장이나 학교로 출퇴근하는 데 1시간 이상을 소비한다. 이들은 출퇴근 시간을 엔터테인먼트(예를 들어, MP3 플레이어 청취)를 위해 기술을 활용할 수 있는 기회로 보거나 업무 협의나 가족 또는 친구와 커뮤니케이션하는 것으로 보고 있다.
- 프로슈머들은 음악, 영화, 게임 등 보통의 소비자보다 엔터테인먼트에 돈을 쓸 확률이 12% 높다.
- 프로슈머는 원격 가정 보안 모니터링, 집에 저장된 음악 및 비디오 파일의 원격 접속, 가족 구성원이 집에 있든 없든 누구나 사용할 수 있는 가족 캘린더 공유와 같은 멀티스크린 응용 프로그램 등에 일반인보다 관심이 많다.

플랫폼으로서의 개인

4차 산업혁명이 진행될수록 가속되는 혁신 속도를 따라잡아야 하는 것은 기업이나 정부만이 아니다. 개인 역시 변화의 흐름을 타야 한다. 거대한 물결 앞에 개인은 너무 작고 약한 존재로서 개별적으로 대응하기가 쉽지 않아 보인다. 이미 거대한 시스템 속의 일부가 되어버린 개인이 독자적으로 할 수 있는 일은 매우 제한적이다. 즉, 사회 시스템이 개인의 존재에 관해 깊은 관심을 기울이지 않으면 인간은 소외되기 십상이다. 국가나 기업이 개인에 대해 기울여야 하는 관심은 관련 부분에서 언급하기로 하고, 여기서는 주체로서의 개인이 노력해야 하는 부분을 언급하고자 한다.

개인이 주체가 되기 위해서는 좋든 싫든 사회를 구성하는 기본 인자로서 존재 가치를 인정받을 수 있어야 한다. 가정에서는 물론 정부나 기업이 제공하는 학습(교육)의 기회를 활용하여 자기의 역량을 키워야 한다. 자신을 사회 발전에 도움이 되는 플랫폼으로 만들어야 한다. 개인을 플랫폼화한다는 것은 개인이 환경 변화에 능동적으로 대응하여 자신만의 차별화된 역할을 할 수 있는 능력을 가져야 한다는 것을 의미한다. 교육이나 자기 계발을 통하여 자기 주체화 능력, 자기 학습 활동 능력, 네트워크 구축 능력, 자기 설계 능력을 키워야 한다. 사회가 교육받을 기회는 제공할 수 있지만 교육을 통하여 자신을 플랫폼화하는 것은 오롯이 자신의 몫이다.

4차 산업혁명 시대의 변화하는 직업

평생 고용, 전일제와 시간제, 직업과 부업, 노동시간, 노사 관계, 직장과 가정 등 지금까지 직업과 관련하여 사용해온 말들은 이미 의미를 상실하였거나 상실해가고 있다. 대신 동시에 또는 병행하여 여러 명의 고용주와 여러 개의 프로젝트를 수행하고 근무 시간이나 장소를 특별히 정하지 않고 일을 하는 환경이 조성되고 있다. 직업 영역에서 개인은 기술의 발전으로 편해지기보다는 더욱 많은 노력을 해야 하는 부담을 안게 되었다. 개인의 부담을 줄여주기 위한 국가의 역할이 더욱 중요해지고 있으며, 빠르게 변하는 직업환경에 어떻게 효율적으로 대응할 수 있을 것인가가 향후 큰 과제가 될 전망이다.

요구되는 직업 역량의 변화

사회가 발전함에 따라 개인에게 요구되는 역량도 달라질 수밖에 없다. 세계경제포럼 보고서는 2015년과 2020년 사이 핵심 역량core skill의 35%가 달라질 것으로 보고 있다. 복잡한 문제를 해결하는 능력은 2020년에도 가장 중요한 능력이다. 2015년과 2020년 사이 순위가 높아진 항목은 창의성(10위 → 3위), 결정적 사고(4위 → 2위), 판단 및 의사 결정(8위 → 7위) 능력이다. 2015년과 2020년 사이 순위가 낮아진 항목은 협상력(5위 → 9위), 타인과의 조정(2위 → 5위), 인사 관리(3위 → 4위), 서비스 지향(7위 → 8위) 능력이다. 품질 제어(6위)나 능동적 청취(9위)의 역량은 10위권을 벗어난다. 2020년 새롭게 부각되는 역

상위 10대 직업 역량

2015년	2020년	변화(2015 → 2020)
1. 복잡한 문제 해결	1. 복잡한 문제 해결	순위 유지
2. 타인과의 조정	2. 결정적 사고	상승(2단계)
3. 인사 관리	3. 창의성	상승(7단계)
4. 결정적 사고	4. 인사 관리	하락(1단계)
5. 협상력	5. 타인과의 조정	하락(3단계)
6. 품질 제어	6. 정서적 지능	신규 진입
7. 서비스 지향	7. 판단 및 의사 결정	상승(1단계)
8. 판단 및 의사 결정	8. 서비스 지향	하락(1단계)
9. 능동적 청취	9. 협상력	하락(4단계)
10. 창의성	10. 인지적 유연성	신규 진입

량은 정서적 지능(6위)과 인지적 유연성(10위)이다.[4]

직업환경의 변화

 기술이 첨단화됨에 따라 직업환경이 달라지고 있다. 지금까지 첨단 기술은 주로 노동력을 대체하거나 사람이 하는 일을 보조하는 환경을 조성하여 생산성을 높이는 데 기여해왔다. AI 기술이나 클라우드 컴퓨팅, 자율로봇 같은 최근의 첨단 기술은 지금까지와 달리 인지적인 판단이 필요한 작업을 대체하는 환경을 만들고 있다. 인지 기능이 필요한 직업군은 감정노동으로부터 육체노동에 이르는 직업의 전체 영역에서 중간 영역에 해당하므로 이 부분이 축소되는 것은 직업 영역의 양극화를 의미한다. 중간 영역에 종사하던 인력들이 더욱 낮은 임금을 받는 육체노동 영역으로 밀려나고, 구직을 위해 새로운 기술을 습득해야 하는 압박을 받게 된다. 하지만 중간 영역에 있는 인력이 감정노동 영역으로 이동하는 것은 대단히 어렵기 때문에 비대칭적인 양극화가 진행된다. 감정노동 영역에 있는 인력도 육체노동 영역으로 밀려날 수 있기 때문에 부단한 자기 계발과 새로운 기술을 습득해야 한다. 이러한 직업 세계의 지형 변화는 개인이 감당할 수 없으므로 국가 정책으로 다루어져야 한다. 물론 국가 정책이 어떻게 달라지더라도 최종적인 것은 개인의 선택에 달려 있기 때문에 개인이 대비해야 할 부분이 있다.

첨단 기술의 발달로 개인 간 소통 방식이 직접 대면에서 간접 접촉으로, 일 대 일 접촉에서 일 대 다수 또는 다수 대 다수로 바뀌고 있으므로 일을 하는 패턴 역시 바뀌고 있다. 다수의 사람이 가상공간에서 동시에 공동으로 작업하거나 필요에 따라 작업에 참여자가 달라지는 시간 노동이 일반화되고 있다. 하나의 직업 또는 주된 직업과 나머지 활동을 여가나 부업으로 구분하던 것에서 양자 간의 구별이 없어지고, 주어진 시간 동안 필요한 활동에 참여하는 임시직 경제*가 자리 잡아 가고 있다.

직업 영역의 과제

삶의 관점에서 직업은 개인의 정신 건강에 영향을 미치는 중요한 요소 중의 하나이다. 개인의 정신 건강은 사회의 건강성과는 떼려야 뗄 수 없는 관계에 있다. 따라서 미래의 직업환경이 크게 변할 것이므로 풀어야 할 과제도 만만치

---

* 긱 경제(gig economy)라고도 한다. 긱(gig)은 일시적인 일을 뜻하며, 1920년대 미국 재즈클럽에서 그때그때 필요에 따라 연주자를 섭외한 것에서 유래한다.

않다. 변화무쌍한 직업환경에서 개인이 겪게 될 어려움은 세 가지 역설로 요약할 수 있다. 이 3대 역설은 우리가 풀어야 할 숙제이고 지금부터 그 대안을 찾는 데 착수해야 한다.

첫째는 지능화의 역설이다. 디지털화하고 AI나 클라우드 컴퓨팅, 빅데이터 기술 등 사회를 구성하는 여러 시스템을 지능화하는 이유는 생산성과 지속가능성을 높이고 인간을 인간답게 하기 위해서이다. 하지만 지능화가 진행될수록 개인이 가지고 있는 전문성은 점점 더 빛을 잃게 되고, 더 나아가 전문성을 갖추는 것 자체가 어려워진다. 결국 지능화는 여러 영역에서 인간이 설 땅을 잃게 만든다. 인간은 본능적으로 생존에 민감할 수밖에 없다. 자신이 가지고 있다고 생각한 경쟁력이 자신의 생존을 보장할 수 없을지도 모른다는 의문을 갖는 순간 불안을 느낄 수밖에 없다. 과도한 지능화와 같은 극단적인 상황을 상정하기 이전에 지능화의 역설에 주목할 필요가 있다.

둘째는 네트워크화의 역설이다. 정보통신 기술이 발전하면서 거의 모든 개인이 장소나 시간에 관계없이 실시간으로 연결되는 세상에 살고 있다. 이러한 정보통신 기술의 발전으로 개인이 한 번에 접촉할 수 있는 대상은 한 명으로부터 수천, 수만 명 이상으로 늘어났다. 사회적 연결이 중요한 존재인 인간이 거미줄처럼 엮인 관계로부터 자신의 존재감을 충분히 확인할 수 있는 환경이 구축된 것이다. 하지만 이미 우리가 경험하고 있듯이 인간은 정반대 상황에 부딪히고 있다. 사람 간의 대화는 점점 줄어들고, 상호 간 거리가 멀어지고 있으며, 사회로부터 유리되는 개인이 늘고 있다. 사회적 존재감이 높아지는 것이 아니라 소셜 미디어에 불안감을 느끼는 사람들이 늘고 있다. 인간은 필요한 정보를 편리하게 기계적으로 주고받으면 되는 자율로봇과 같은 존재가 아니다. 그때그때 필요한 정보만 주고받는 것이 아니라 필요가 전혀 없어 보이는 정보를 함께 주고받아야 하는 복합적이고도 정서적인 살아 있는 존재이다. 정말 지능이 뛰어난 AI가 본다면 인간은 비생산적이고 불합리한 존재일지도 모른다.

셋째는 자율화의 역설이다. 4차 산업혁명에서 말하는 자율화는 인간의 개입을 최소로 하는 자율 운영 체계를 말한다. 이러한 자율화가 사회 전반으로 확산되었을 때 부딪히는 부분이 사람(작업자)의 자율 의사 혹은 자기 결정권과 관련된 영역이다. 자유의사에 따라 판단하고 결정해야 함에도 불구하고 오히려 의사 결정 과정에서 주체가 되지 못하고 소외되거나 역할이 축소될 가능성이 높다. 자율화 전반을 지배하는 극히 일부가 대부분의 의사를 결정하여 주체로서의 인간을 도구화할 수 있는 위험성이 있다.

직업 선택의 역설

4차 산업혁명이 진행되면서 고용 환경이 변하고 있어 전형적인 직업으로부터 이탈하는 사람이 늘어날 것이다. 개인은 새로운 직업을 구하는 과정에서 두 가지 상반된 환경에 놓이게 된다. 국가는 개인이 직업을 구하는 데 도움이 될 수 있도록 재교육을 포함한 직업교육, 현장이나 온라인에서의 학습 프로그램, 온라인 강좌, 온라인 모임 등 다양한 수단을 공공 부문에 구축할 것이다. 온라인 또는 디지털 경력 관리 시스템과 같은 데이터베이스를 구축하여 운용할 것이다. 개인은 구직을 위해 매우 다양하고 전문화된 자원들을 활용할 것이다. 이로 인해 이전 직업에서의 업무 수행 결과, 전문 지식이나 전문 역량, 대인 관계,

습관 등 개인 정보 역시 상당 부분이 공개될 것이다. 개인 정보 보호가 더욱 엄격해지겠지만 공공적인 수단을 통하여 구직 활동을 돕기 위해서는 개인 정보의 일부를 활용할 수밖에 없다.

개인 정보의 공개로, 약간이라도 불리한 요소가 있는 개인은 직장을 구하는 데 어려움이 커질 수 있다. 개인의 습관이나 태도, 개인의 온라인 평판에 관한 정보가 직업을 구하는 데 영향을 미치는 상황은 개인의 행동을 제약할 수 있다. 이상적으로는 구직자의 역량과 구직자가 원하는 근무 시간, 장소, 보수 등 요구 조건에 맞는 직장이나 업무를 연결해주면 되지만 단순한 정보 매칭으로 성사되지 않는 경우가 많이 생길 수 있다. 불리한 정보로 직업을 전혀 갖지 못하는 경우도 생길 수 있다. 즉, 개인이 직업을 구하는 데 도움을 받을 수 있는 기관이나 제도는 많은 반면 자신의 정보가 새로운 직장을 구하는 데 걸림돌이 되거나 그런 환경이 개인의 활동에 제약이 될 수 있다. 20년간 컴퓨터를 이용하여 구직 활동을 지원한 사례를 분석한 결과를 보면 57건 중 단지 4건만이 성공한 것으로 나타났다.[5] 아직까지는 구직자와 잠재 고용주, 현업에 종사하고 있는 사람과 새로운 직업 기회를 디지털 수단으로 이어주는 것이 그렇게 용이하지 않다.

직장과 여가(work vs. nonwork)

전통적인 시각에서는 직장 내에서의 활동과 직장 외에서의 활동은 확연히 구분된다. 여가 활동은 직장과 무관하거나 큰 관련성이 없었다. 하지만 스마트폰이나 태블릿 PC, 웨어러블 인터넷 등 모바일 기기 사용이 일반화됨에 따라 개인이나 소규모 사업장이 늘어나고, 직장과 여가의 구분이 점점 더 모호해지고 있다. 직장 외에서의 활동이 직장 내에서의 활동과 점점 더 밀접하게 연결되고 있는 것이다. 앞으로 직장 내에서의 활동보다 직장 외에서의 활동이 개인의 성장에 더욱 큰 영향을 미칠 것이다. 여가 활동과 자신이 가진 전문성을 어떻게 연결할 것인가가 중요해지고, 여가 활동을 경력 관리에 어떻게 활용할 것인가가 중요해질 것이다.

개인의 몫

4차 산업혁명 시대에 직업환경이 아무리 변하고 직업 영역에서 공공 부문의 역할이 강화된다고 하더라도 직업의 문제를 푸는 것의 상당한 부분은 개인의 몫이다. 디지털 시대에 진입하면서 빠르게 변하는 직업환경은 개인을 불안하게 하고 있지만 개인이 선택할 수 있는 폭을 넓히는 역할을 하고 있다. 사회적 지원이 체계적이고 전폭적으로 이루어진다고 하더라도 본인이 할 수 없거나 의지가 없다면 전문 역량을 키워주거나 네트워킹을 도와주는 것이 효과가 없다. 개인 성향이나 전후 사정을 고려한 지원이나 장애 요소를 감안한 지원 등에 따라 효과도 다르게 나타날 수 있다. 어쨌든 강한 자기 옹호나 결과에 대한 긍정적인 기대가 있어야 네트워킹이나 학습과 같은 경력 관리 활동이 효과를 낼 수 있다.

개인은 정규교육 과정이나 평생교육을 통하여 여러 전문 영역과 조직에 걸쳐 네트워크를 구축해야 한다. 새로운 기술에 대응하여 자신의 전문 역량을 지속적으로 키워나가야 한다. 자신을 경쟁력 있는 상품으로 만들기 위하여 자기 관리를 철저히 해야 하며 자기 고용의 의식을 가져야 한다.

기술이 발전하고 산업이 첨단화될수록 인간이 하는 역할이 줄어들고 개인이 사회로부터 유리되는 것처럼 보이지만, 인간(개인)은 언제나 그 중심에 있었다. 이전의 산업혁명에서도 노동 조건의 악화, 기계 도입으로 인한 직업 감소와 같은 문제가 있었지만, 구매력 향상으로 인한 시장 확대(새로운 직업 및 일자리 창출), 제도의 개선 등 새로운 패러다임이 형성됨으로써 발전을 이어갈 수 있었다. 4차 산업혁명 동안에는 여러 산업 부문에서 인공지능을 활용하는 자율화가 진행되므로 인간의 역할이 줄어들 것으로 보인다. 이에 따라 비인간화된 산업구조가 문제가 될 것이다.

 새로운 4차 산업혁명 패러다임에서 개인의 정체성을 어떻게 설정할 것인가는 대단히 중요한 이슈이다. 따라서 국가나 기업을 포함한 사회 전반에서 큰 관심을 가져야 한다. 사회 여러 부문의 제도를 통하여 개인의 정체성을 확고히 정의하고, 대다수의 개인이 사회로부터 유리되는 상황을 방지해야 한다. 4차 산업혁명에서는 사회경제 패러다임이 전환됨에 따라 직업환경이 크게 변하게 될 것이다. 따라서 4차 산업혁명 시대를 살아가는 개인 역시 그 환경에 적응하고 능동적으로 대응해갈 수밖에 없다. 개인은 변화되는 직업환경을 이해하고 대응해야 한다. 여러 가지 제도를 적극 활용하여 프로슈머나 플랫폼으로서의 자신의 입지를 구축해야 한다.

출처
Source

1) William Gerhardt, "Prosumers: A New Growth Opportunity", Cisco Internet Business Solutions Group(IBSG), March 2008.
2) "Is the Consumer Ready? Consumer Connected Life Trends(U.S.)", Cisco IBSG, 2007.
3) Cisco IBSG Connected Life Market Watch Survey, 2009.(일부 재구성)
4) "The Future of Jobs Report", World Economic Forum
5) S.C. Whiston, Y. Li, N. Goodrich Mitts, L, Wright, "Effectiveness of Career Choice Interventions: A Meta-analytic Replication and Extension", Journal of Vocational Behavior, 100, pp.175~184, 2017.

기업들에게 4차 산업혁명은 정글 속에서 벌어지는 서바이벌 게임처럼 무한 경쟁을 하는 각축장과 다름없다. 경쟁에서 승리하면 모든 것을 독차지할 수 있지만, 실패하면 사라지거나 승자의 일방적인 지배를 받는다.

The Fourth Industrial Revolution

미래를 여는 나침반 4차 산업혁명 보고서

8장

기업의 4차 산업혁명 대응 전략

기업은 산업혁명을 실제로 끌고 가는 주체이다. 기술 개발 정책이나 인력 개발 정책 등 여러 정책들은 기업만을 위해 추진하지는 않지만 기업 정책 또는 산업 정책으로 귀결된다. 기업은 안정적인 삶을 영위하는 데 필요한 수입을 가져다주는 고용을 창출하며, 무엇보다 사회 발전에 필요한 편리성과 재화를 생산하기 때문이다. 기업 활동은 민간 부문의 활동이지만 사회적 역할을 수행하는 측면에서 매우 중요하다. 4차 산업혁명에서도 기업의 역할은 여전히 중요하며 기업 정책 또는 산업 정책의 핵심 부분이라고 할 수 있다.

하지만 기업들에게 4차 산업혁명은 정글 속에서 벌어지는 서바이벌 게임처럼 무한 경쟁을 하는 각축장과 다름없다. 경쟁에서 승리하면 모든 것을 독차지할 수 있지만, 실패하면 사라지거나 승자의 일방적인 지배를 받는다. 따라서 국가나 사회는 체제를 유지하는 데 필요한 재화와 도구를 만들어 내는 기업들이 경쟁에서 살아남을 수 있도록 유리한 환경을 조성해야 한다. 이전 산업혁명 때와는 전혀 다르게 사회 환경과 산업 환경이 매우 빠르게 변하고 있어 기업들이 적절하게 대응하는 것이 쉽지 않다. 4차 산업혁명을 견인하는 데에 중요한 역할을 하는 중소기업들이 빠른 변화에 능동적으로 대응하는 데 어려움을 겪고 있다.

점점 고착되어가는 글로벌 가치사슬의 영향으로 특정 영역의 기술이나 시장을 공유하는 기업들 간 유대가 강화되고 있다.* 이러한 그룹화는 기술력을 가진 중소기업들이 새로운 시장에 진입하는 것을 가로막는 장벽이 되고 있다. 4차 산업혁명이 진행되는 동안 특정 기술이나 시장에서 이해를 공유하는 기업

* 수직 통합된 가치사슬(공급 사슬) 간의 경쟁이 일어나고 있다.

군들이 나타나고 있으며 기업군 간 경쟁이 심화될 것이다. 직업이 양극화되는 것처럼 산업 영역에서도 양극화가 진행될 것이다. 자체적인 디지털화 능력이 있거나 디지털화 능력을 보유한 기업군과 자체 디지털화 능력이 부족하여 디지털화하기 어려운 기업군으로 나뉘게 될 것이다. 후자의 기업들은 시간이 지날수록 속도 경쟁에서 밀려 점점 더 나쁜 상황에 내몰리게 될 것이고, 전자의 기업들도 안주하게 되면 점차 후자의 위치로 떨어지게 될 것이다. 4차 산업혁명이 가져올 변화에 적극 대응하는 기업 전략이 필요하다.

디지털 문화 정착

누차 이야기한 것처럼 4차 산업혁명은 완전 디지털화, 디지털혁명의 완성이 중심어이다. 디지털화는 활용 수단으로서의 디지털 기술을 말하는 것이 아니다. 새로운 문화를 만드는 바탕으로서의 디지털 기술이기 때문에 생산 영역이나 물류 영역뿐만 아니라 인력 관리, 고객 관리, 재무 관리 등 경영 영역에 이르기까지 기업의 모든 영역에 디지털 문화를 정착시켜야 한다. 기업들이 디지털화를 추진하여 비용을 줄이고 생산성을 높이는 사례가 많이 보고되고 있다. CEO를 대상으로 한 설문 조사에서, 대부분의 CEO들은 디지털화가 반드시 필요한 것으로 인식하고 있다. 그러나 정작 자신의 회사는 아직 디지털화 수준이 높지 않다고 대답한 CEO가 반이 넘는다. 디지털화를 해야 한다는 것에는 거의 모든 사람이 동의하지만 세부 실천 내용이나 과정에 대해서는 그렇지 못하다.

생산 라인을 디지털화하면 작업자의 수가 줄어들 수 있으므로 직원들이 꺼릴 수 있다. 모바일 기기를 이용하거나 더욱 자동화된 설비를 사용하기 위하여 새로운 교육을 받아야 하는 것도 직원들이 꺼리는 이유이다. 디지털화는 비용이 많이 들고 직원들의 인식을 바꾸는 데에 시간이 걸리므로, 단기간에 추진하기보다는 성과를 쉽고 빠르게 확인할 수 있는 영역부터 추진하여 내부 인식을 빨리 바꾸는 것이 필요하다.

축적된 데이터를 디지털화하고 빅데이터 기술을 이용하여 가공함으로써 유효 데이터의 비중을 높여야 한다. 즉, 데이터를 자산으로 만들어야 한다. 디지털화를 빨리 이루어 생산되는 모든 디지털 정보를 기업 경영에 효과적으로 활용해야 한다.

플랫폼화

글로벌화의 진전으로 제품 생산의 가치사슬이 글로벌화되었다. 글로벌 가치사슬을 주도하고 있는 다국적기업이나 초대기업들이 누리는 혜택은 세계 여러 곳으로부터 가장 좋은 제품(부품)을 가장 저렴하게 공급받을 수 있다는 것과 새로운 제품을 가장 짧은 기간 내에 시장에 내놓을 수 있다는 것이다. 이러한 일이 가능한 것은 새로운 수요가 생겼을 때 품질이 안정한 제품을 가장 싸게 만들 수 있고, 단시간에 대응할 수 있는 플랫폼 기업들이 가치사슬로 연결되어 있기 때문이다. 스마트폰이나 항공기, 자동차 등 수많은 부품들을 조립하여 만드는 첨단 제품들의 생산 과정은 예외 없이 글로벌 가치사슬에 연결되어 있고, 여기에는 수많은 플랫폼 기업들이 포함되어 있다.

글로벌 가치사슬에 속한 플랫폼 기업들은 새로운 제품 개발 정보를 사전에 입수하거나 시장 동향을 미리 알 수 있기 때문에 다른 기업들보다 유리한 입장에 설 수 있다. 플랫폼 기업이 되기 위해서는 비즈니스 영역을 확실히 설정하고, 비즈니스 영역과 일치하는 기업 이미지를 잠재 고객들에게 심어야 한다. 플랫폼 기업들에게 중요한 것은 기업의 이미지를 각인시키는 과정에서나 그 이후에도 차별화된 전문성을 계속해서 발전시키는 것이다. 고객들에게 그들이 필요로 하는 가치를 제공할 수 있는 능력을 보유하고 있다는 것을 보여 주어야 한다. 또한 기업이 보유하고 있는 전문성이 계속해서 발전할 수 있다는 것과 미래의 새로운 수요에 신속히 대응할 수 있다는 것을 보여 주어야 한다. 글로벌 가치사슬을 장악하고 있는 주인공들은 그들의 이익을 장기적으로 극대화시켜줄 역량을 갖춘 플랫폼 기업들을 원하기 때문이다. 보유하고 있는 디지털 정보는 잠재 고객들에게 회사의 역량을 보여 주는 효과적인 수단이 될 것이다. 따라서 고객의 예비 수요를 디지털로 구현하고 자신이 기여할 수 있는 가치를 지속적으로 보여 주어야 한다.

네트워크 구축

기업은 가치사슬로 연결된 기업들 사이에 구축한 네트워크 외에도 다양한 네트워크를 구축해야 한다. 기업의 경쟁력은 네트워크에서 나온다고 해도 지나친 말이 아닐 정도로 네트워크 구축은 중요하다. 아이러니컬하게도 소셜 네트워크가 일반화되면 될수록 실질적인 네트워크가 갖는 중요성은 더욱 커지고 있다. 접하는 정보의 양이 늘어날수록 의미가 없거나 사실이 아닌 정보의 양도 함께 늘어나기 때문이다. 지식(기술) 네트워크, 인력 네트워크, 시장 네트워크(현재의 비즈니스 영역이 아닌 잠재 시장)를 통하여 현재의 비즈니스 영역을 확장하거나 글로벌 가치사슬을 강화할 수 있는 계획을 수립할 수 있어야 한다. 기업의 눈에 쉽게 보이는 네트워크는 이미 경쟁업체도 알고 있는 네트워크일 가능성이 크다. 여러 가지 네트워크를 이중 또는 삼중으로 연결하고 수평 가치사슬과 수직 가치사슬을 통합하면 새로운 사업 기회가 보일 수 있다. 네트워크 형성이 중요한 또 다른 이유는 새로운 제품을 기획하여 실행에 옮길 때 짧은 기간 내에 성과를 낼 수 있는 최적의 협력 네트워크를 구성할 수 있기 때문이다.

 외부 네트워크의 연결뿐만 아니라 내부 네트워크를 거미줄처럼 엮는 것은 더욱 중요하다. 선형으로 연결되어 있던 개발, 생산, 영업, 경영 부문이 다양한 패턴으로 상호 연결되어 효율성 있게 작동해야만 경쟁력을 갖출 수 있다. 상호 간 연결보다는 다면적인 협업에 가까운 복잡한 형태의 연결이면서 유연하고 민첩하게 작동할 수 있게 해야 한다. 기업 활동이 하나의 공간 내에서 이루어지기 어려우므로 실시간 부문 간 의사소통이 가능한 네트워크를 구축해야 한다. 이 네트워크는 효율적으로 연결될 수 있는 통신 수단만을 의미하는 것이 아니라, 구성원 간 망설임 없이 실시간 소통할 수 있는 분위기가 갖추어진 환경을 말한다. 부정적인 의견까지도 신속하게 수렴되고 의사 결정이 합리적이고 민첩하게 이루어지는 환경을 구축해야 한다.

하드웨어 요소와 소프트웨어 요소의 융합

기업마다 강점이 있는 영역이 있게 마련이다. 제조 부문에 경쟁력이 있는 회사가 있는가 하면 영업 부문에 경쟁력이 있는 회사가 있다. 제조 공정 분야에 강점이 있는 회사가 있는가 하면 제조 공정을 해석하고 그에 필요한 소프트웨어를 개발하는 분야에 강점이 있는 회사가 있다. 앞서 미국의 GE와 구글, 독일의 지멘스를 예로 들었지만, 거대 시설이나 장비 등 하드웨어 요소에 기반을 둔 회사들은 소프트웨어 영역으로 진출하고 이 분야의 경쟁력을 키우려 하고 있다. 반면에 구글이나 시스코와 같은 소프트웨어나 통신 부문에 기반을 둔 회사들은 하드웨어 영역으로 진출하고 있다.

하드웨어 기반의 기업과 소프트웨어 기반의 기업이 서로 정반대 방향으로 영역을 확장하고 있는 이유는 4차 산업혁명 시대의 특징인 정보가 가진 가치 때문이다. 하드웨어 자체가 디지털화되면 생산되는 디지털 데이터를 자체 관리할 수 있다. 데이터의 가치를 더욱 높이기 위해서는 상당한 수준의 소프트웨어 역량을 키워야 한다. 외부 소프트웨어 기업의 도움을 받아 데이터의 가치를 높이는 것에는 한계가 있고, 가장 중요한 가치를 가지고 있는 데이터가 외부로 유출되는 것을 완전히 피할 수는 없다. 즉, 자신이 생산한 데이터로 다른 기업이 돈을 버는 일이 생기는 것이다. 소프트웨어 기반의 기업들은 소프트웨어에 가치를 부가할 수 있는 데이터가 그들의 비즈니스 대상이다. 그런 데이터를 가지고 있는 기업들이 데이터를 스스로 수집하고 관리한다면 소프트웨어 기업들은 설 땅을 잃게 된다. 따라서 그들이 가지고 있는 소프트웨어 기반과 융합할 수 있는 하드웨어 기반의 기업을 소유하는 것이 필요하다. 이들에게 하드웨어 기반의 기업은 자신의 소프트웨어 제품을 개발하는 데 필요한 데이터를 생산하고 개발한 소프트웨어를 시험해보는 테스트베드 역할을 하며, 독자적인 비즈니스를 할 수 있는 존재로서의 의미를 갖는다.

기업들은 규모나 업종에 상관없이 하드웨어 요소와 소프트웨어 요소를 융합하지 않으면 안 된다. 물론 같은 수준으로 두 가지를 인위적으로 결합할 필요는 없다. 자신이 강점을 가지고 있는 부분을 기반으로 다른 부분을 융합하는 것이 합리적이다. 물론 융합 이후의 과정에 따라 기업의 중점 분야가 바뀔 수도 있다. 이때 기업이 가진 디지털 데이터의 가치를 극대화하는 것에 초점을 맞추어야 한다. 이러한 융합을 성공적으로 실행하기 위해서는 보완해야 할 분야의 전문 인력을 확보하는 것이 매우 중요하다. 채용한 전문 인력이 기존 사업 영역에 있는 전문 인력과 공동의 과제를 수행할 수 있는 체제를 갖추어야 한다. 특히, 제조업 기반의 기업들에서 디지털화의 단계가 낮을수록 소프트웨어 전문 인력을 활용하는 데 어려움을 겪는 경우가 많으므로 협업 환경을 구축하는 것이 매우 중요하다.

가치 중심 경영으로의 혁신

이윤 창출

기업의 기본 기능은 이익 창출이다. 이익 창출의 기본은 최소의 투자로 최대의 이익을 얻는 것이다. 이익은 기업의 생존 여부를 결정하는 핵심 요소이다. 기업은 이익을 남기지 못하는 사업을 접기 마련이며, 이익을 남기지 못하는 기업은 문을 닫을 수밖에 없다. 4차 산업혁명 시대에도 이익을 추구하는 기업의 본질은 변하지 않는다. 다만 기업이 활동하는 환경이 변하기 때문에 이익을 남기는 방법이나 이익을 계산하는 방법이 지금까지와는 달라질 것이다. 맞춤형 생산, 현장 생산, 즉시 생산 등 생산 방식이 크게 변하고, 디지털 경제, 공유 경제, 순환 경제 등 새로운 경제 패러다임으로 전환되어 이익의 형태나 이익을 얻는 방법이 달라질 수밖에 없다. 따라서 기업의 가치 기준도 달라질 수밖에 없으며, 기업의 가치 기준을 전환하기 위하여 기업 경영 전반을 혁신해야 한다.

지금까지의 이익 중심의 경영에서 가치 중심의 경영으로 옮겨가야 한다. 직접적이고 단기적인 고수익을 추구하는 실적 중심의 전략에서 간접적이고 장기적인 이익을 추구하는 가치 중심의 전략으로 옮겨가야 한다. 제품 판매 기업에서 가치 제공 기업으로 이미지를 변화시켜야 한다. 기술 경쟁력 중심으로부터 문화 경쟁력 중심으로 전환해야 한다. 현재 가치 중심에서 미래 비전 중심으로 인식을 전환할 필요가 있다.

인력 관리

직장의 개념이 달라지고 있으므로 이에 대응하여 인력 관리 정책도 변해야 한다. 여러 가지 일에 종사하는 전문 인력이 늘어나고 있으므로 일반 직장에서도 시간제 직원을 활용하는 일이 중요해질 것이다. 이에 따라 직장 내 다양한 전문성을 가진 시간제 직원들의 비율이 점점 더 늘어날 것이다.* 지금과 달리 시간제 직원들이 맡는 임무가 점점 더 기업의 핵심 분야로 옮아가게 될 것이다. 시간제 인력이 더 이상 보조 역할을 하는 인력이 아니라 기업이 관리해야 할 중요한 인적자원이 될 것이다. 따라서 시간제 인력을 단순히 활용만 하는 것이 아니라 그들의 역량을 높이는 부분에도 적극 투자해야 한다. 한편, 기업은 전일제 인력의 관리에도 유연성을 발휘할 필요가 있다. 동시에 여러 업무를 수행할 수 있게 함은 물론 때에 따라서는 다른 직장에서 일정 수준 이하의 시간제 직업을 가질 수 있도록 허용할 필요도 있다. 근무 장소에 구애받지 않는 환경이 구축됨에 따라 자율적이되 생산적인 성과 관리 시스템을 구축해야 한다. 직원들이 직장에 소속감을 가지게 하는 것은 점점 더 힘들어지는 반면 직장에 대한 소속감을 높이는 것은 점점 더 중요해질 것이다.

정보 관리

4차 산업혁명 시대에서 디지털화된 정보는 기업의 자산이다. 제품, 생산, 물류

---

* 임시직 경제 또는 긱 경제(gig economy)라고 한다. 인건비를 줄이기 위하여 저가의 인력을 일정 시간 활용하는 현재의 임시 고용과 달리 특화된 분야의 전문 인력을 기업이 필요한 만큼 활용하여 단위 비용은 많이 들지만 전체 비용은 줄이는 고용 형태를 말한다. 또한 전문 인력은 전문성을 살려 여러 직장에서 일할 수 있으므로 높은 소득을 올릴 수 있다.

및 판매, 고객 반응 등의 영역에 걸친 다양한 정보는 물론 직원과 고객의 정보는 집중하여 관리해야 할 자산이다. 고객과의 소통이나 네트워크상의 파트너와의 협력에 필요한 정보와 기업 비밀에 해당하는 정보를 구분하여 관리해야 한다. 기업 비밀에 속하는 정보의 범위를 너무 폭넓게 잡으면 기업의 투명성이 훼손되어 고객이나 파트너와의 소통이 어려워질 우려가 있다. 초연결 네트워크 사회에서 웬만한 정보는 이미 공개된 것이나 다름없으므로 핵심 정보를 체계적으로 분리하여 관리할 필요가 있다. 특히, 수직으로 통합된 공급 사슬 체계 내에서의 원활한 정보 교류는 해당 공급 사슬의 경쟁력을 높이기 위해서 필수이다. 기업 단독으로 비밀 정보를 관리하는 체계와 함께 협력 네트워크 전체가 핵심 정보를 공동으로 관리할 수 있는 체계를 만들어야 한다.

기업군별 대응 전략

대기업

글로벌 대기업이나 다국적기업은 관련 산업의 판도를 바꾸는 게임 체인저 또는 트렌드 메이커로서의 역할을 한다. 이들은 산업적으로 큰 비전을 제시하고, 신기술을 기반으로 새로운 가치사슬을 만들어 내고 성장시킨다. 대기업은 스스로 신기술을 개발하기도 하지만 공공 부문이 개발한 기술이나 중소기업들이 개발한 기술을 활용하는 신기술의 수요처 역할을 하며, 대규모 기술혁신을 완성하는 종결자로서의 역할을 한다. 따라서 대기업들은 신기술 개발을 촉진하는 기능을 강화해야 하며, 중소기업들이 신기술이나 신제품을 개발할 수 있는 분위기를 만들어야 한다. 이는 대기업들이 손해를 감수하면서 중소기업들을 돕는 것이 아니라 빠르게 변하는 시장, 기술에 대응하는 데 필요한 바탕을 만드는 것이다. 이러한 환경에서 중소기업들은 대기업이 주도하는 공급 사슬에 합류하여 신기술 개발에 몰두할 수 있다. 특히, 수요처에서 생산하여 즉시 공급하는 체제가 일반화되면, 가치사슬로 연결된 중소기업들은 단순한 부품 공급처나 신기술 제공자의 위치를 넘어 현지 생산 또는 공급 기지로서의 역할을 하는 훌륭한 조력자가 될 수 있다.

규모가 큰 대기업들이 신사업을 결정할 때 선택의 기준으로 적용하는 규모의 경제를 4차 산업혁명 환경에 어떻게 대응시킬 것인가가 대기업들이 직면하고 있는 문제이다. 즉, 분산 제조, 맞춤 제조, 즉시 제조와 같은 새로운 산업 환경은 일정 규모 이상의 이익을 창출해야만 하는 대기업이 대응하기 어려운 부분이다. 세계적인 기업인 GE가 회사 내부의 의사 결정 구조를 스타트업처럼 바꾸고 있는 것도 같은 맥락에서 이해할 수 있다.

4차 산업혁명 시대의 큰 특징은 개별 기업 간 경쟁을 넘어 수직으로 통합된 공급 사슬 간 경쟁이 일반화되고 치열해지고 있다는 것이다. 수직 통합 공급 사슬을 선도하는 것은 다국적기업이나 글로벌 대기업들이다. 모바일폰이 지배하던 시장에 스마트폰이 등장하면서 노키아가 선도하던 공급 사슬 체계가 무너지고 애플이 주도하는 새로운 공급 사슬 체계가 자리 잡았다. 삼성이 또 다른 스마트폰 공급 사슬을 구축하여 애플과 경쟁하고 있고, 중국의 여러 스마트폰 제조업체들이 새로운 공급 사슬을 만들어 시장을 나누어 가지고 있다. 태양광 산업, 전기 자동차 산업 등 여러 영역에서 수직 통합형 공급 사슬 간 경쟁이 심화되고 있다. 대기업들은 자신이 구축한 수직 통합 공급 사슬 체계의 경쟁력을 높이는 것은 물론 신개념의 제품을 만들어 새로운 공급 사슬을 계속 만들어 가야 한다.

수직으로 통합된 가치사슬의 경쟁력은 연결되어 있는 기업들의 기술 경쟁력에 달려 있다. 최종 제품의 품질이나 가격을 실제로 결정하는 것은 공급 사슬상에 있는 기업들이다. 공급 사슬을 주도하는 기업은 그 자체로서 세계시장에서 플랫폼이 될 수 있는 기업들을 공급 사슬에 참여시켜야 한다. 수평적으로는 수직 통합 공급 사슬상의 기업들이 규모의 경제를 달성하거나 시장 지배력을 키울 수 있도록 기업 통합이나 기업 간 협력의 바탕을 마련해야 한다. 이러한 수평 통합에 대한 지원은 대기업의 협력 범위가 중소기업까지 확대될 수 있는 계기가 되므로, 기업의 실질적인 영향력을 키우는 것은 물론 기업의 사회적 기여나 이미지 제고에도 도움이 될 수 있다.

중견기업

상당한 규모이면서 전문화된 영역을 보유하고 있는 중견기업들은 자체 시장을 가지고 있으며 동시에 글로벌 대기업이나 다국적기업의 실질적인 파트너이다. 또한 중견기업은 수직으로 통합된 공급 사슬을 구성하는 중요한 요소이다. 독자적인 공급 사슬 체계를 가지고 있는 중소기업들이 실질적인 동반자의 역할을 하고 있다. 중견기업 역시 글로벌 가치사슬의 변화에 민감하게 대응할 수밖에 없으므로 전략이 필요하다. 전문 영역을 보유하고 있지만 규모의 경제를 운용하기 어려운 중견기업은 가치사슬의 수평적 통합을 통해 전문 영역의 범위를 넓히는 동시에 기업의 규모를 키워야 한다. 규모의 경제를 운용할 수 있는 중견기업은 글로벌 가치사슬을 주도하는 대기업과의 협력이 가능한 플랫폼 기업으로서의 위치를 굳혀야 한다. 규모가 큰 것만으로 대기업의 파트너가 될 수는 없다. 신제품(부품)을 지속적으로 개발할 능력이 있고 신뢰할 수 있는 제품을 대량으로 공급할 수 있는 역량을 갖추어야 한다.

중견기업은 자신의 고유 영역에서의 기술 개발에는 어려움이 크지 않지만 새로운 영역의 기술을 개발하기에는 역량이 부족한 경우가 많다. 대기업처럼 전문가들을 채용하여 새로운 기술 개발을 추진할 만큼 재원이 충분하지 않다. 자체 노력만으로 신기술을 개발하고 플랫폼 기업이 되는 데는 한계가 있는 경우가 많다. 따라서 중견기업은 대학이나 공공 연구소와 같은 공공 부문의 주체들과의 중장기적인 협력을 추진할 필요가 있다. 이러한 협력을 통하여 신기술의 실현 가능성, 시장 창출 가능성을 확인하는 것과 함께 인력을 훈련시키거나 새로운 인력을 확보하여 새로운 영역을 개척하는 데 필요한 기반을 다져야 한다. 대학이나 연구소 등 공공 부문으로서도 중견기업 정도의 역량을 갖춘 파트너와 협력하는 것이 효과적이므로 성공적인 기술 개발 성과를 창출할 수 있는 여지가 많다.

중견기업은 기술 경쟁과 원가 경쟁을 동시에 치러야 하는 어려운 구간을 통과하고 살아남아야만 플랫폼 기업의 위치에 설 수 있다. 기술 경쟁에 집중하다 보면 성장 정체에 직면할 수 있고, 원가 경쟁을 위해 투자를 늘리면 기술 경쟁력을 향상시키는 일이 지연될 수 있다. 앞서 언급한 공공 부문과 공동으로 기술을 개발하는 것은 기술 경쟁력을 지속적으로 키워가는 전략의 하나가 될 수 있다. 여러 중소기업과의 협력을 통하여 원가를 축소하고 신제품의 개발 기간을 단축해야 한다. 따라서 중견기업 나름의 수직 통합 공급 사슬을 구축하고 연결된 중소기업들이 자신의 역량을 키울 수 있도록 지원해야 한다.

중소기업

새로운 4차 산업혁명 패러다임에서 중소기업은 가장 중요한 영역인 동시에 고민할 부분이 많은 영역이다. 가장 중요하다는 의미는 맞춤형 생산이나 현장 생산에서 큰 역할을 하게 될 1인 기업으로부터 소수의 인원으로 구성된 중소기업이 맡게 될 영역이 확대되어 산업의 중요한 부분을 차지하게 될 것이라는 말이다. 새로운 아이디어에서 출발한 혁신적인 중소기업들은 중견기업으로 성장하는 바탕이 되며, 플랫폼 기업으로 성장할 수 있는 토양이자 자양분이다. 고민할 부분이 많다는 의미는 효율적인 생산 시스템, 세분화된 물류 시스템, 쉬워진 잠재 고객의 반응 확인 등 중소기업이 시장을 진입하는 데 넘어야 할 장벽이 낮아졌음에도 불구하고 중소기업이 설 땅이 점점 더 줄어들고 있다는 말이다. 개별 주문에 대응하는 개인용 소비 제품과 같이 가치사슬의 영향을 적게 받는 중소기업 영역을 제외한 부분에서는 중소기업 스스로 선택할 수 있는 폭이 점점 좁아지고 있다. 이러한 추세는 전문성이나 재정이 취약한 중소기업의 생존 기간을 급격히 단축시킬 것이다. 그럼에도 불구하고 앞서 말한 대로 중소기업 영역은 산업 육성이나 고용 창출은 물론 기술혁신을 이루는 뿌리의 역할을 하기 때문에 중요한 영역으로 남을 수밖에 없다.

중소기업은 4차 산업혁명 시대에도 특정 기술 분야에서 특화된 정체성을 갖고 혁신을 촉발하는 역할을 할 것이다. 시험 제품을 제작하고 제작된 제품의 기능을 테스트하는 주체가 될 것이다. 소수의 중소기업들은 작지만 강한 경쟁력을 가지고 명품으로 세계시장을 지배할 것이다. 따라서 중소기업은 특별한 영역에서 특화된 경쟁력을 갖추는 데 집중해야 한다. 단순히 가격 경쟁을 해야 하는 영역에서는 살아남을 수 없다. 시제품을 제작하거나 특수한 시험이나 평가를 하거나 특별한 스토리를 담은 제품을 만드는 등 경쟁력을 갖춘 독자적인 영역을 가지고 있어야 하며 스스로 진화할 수 있어야 한다.

대기업이나 중견기업과 연결되어 가치사슬의 영향을 많이 받는 기술 중심의 중소기업은 자신의 고유한 영역을 계속 유지하기가 녹록치 않다. 신기술을 개발하는 전문기업과 같이 특정 영역에서 차별화된 경쟁력을 갖거나 수평적 통합을 이루어 중견기업으로 성장함으로써 중소기업의 한계를 벗어나야 한다. 내부 역량이 부족한 중소기업이 스스로 이러한 목적을 달성하는 것이 쉽지 않으므로 국가가 지원하는 다양한 프로그램들을 적극 활용하는 것이 필요하다. 물론 국가도 중소기업이 안고 있는 문제를 정확히 파악하고 도움이 될 수 있는 체계적인 지원 방안을 마련해야 한다.

중소기업이 선택할 수 있는 또 다른 방안은 수평적 통합의 대상이 되어 중견기업이나 대기업에 합병되는 길을 선택하는 것이다. 하나의 중소기업이 수평적 통합의 대상이 된다는 것은 다른 중소기업 내지 중견기업 또는 대기업이 시장을 확대하거나 기술력을 강화하여 더욱 큰 효과를 볼 수 있는 기술이나 시장(고객)을 보유하고 있다는 것을 의미한다. 기업 스스로의 활동을 통해서 창출하는 이익보다 통합을 통하여 얻을 수 있는 이익이 더 클 경우이다. 기업 간 통합의 문제는 기업들이 결정할 몫이지만 국가는 경쟁력을 갖춘 기업을 육성하는 차원에서 효과적인 지원 체제를 마련할 필요가 있다. 중소기업에게나 중견기업, 대기업 모두에게 이롭고 국가 경제가 선순환의 효과를 보게 된다면 정책의 효과는 활발한 창업으로 이어질 것이다.

예비 창업자 및 창업기업

첨단 산업의 발전이 가속되는 환경에서 창업은 새로운 혁신이 시작되는 출발점이다. 산업혁명의 전환기에는 혁신을 유도할 창업의 필요성이 큰 반면 경제적으로 기술적으로 불확실성이 매우 크므로 창업을 기피하는 경향이 두드러진다. 이러한 어려운 환경을 뚫고 나가는 사람들이 기업가 정신으로 무장한 창업자들이다. 산업이 발달한 국가들은 창업의 중요성과 창업자들의 역할을 잘 알고 있기에 이들에게 보다 나은 창업 환경을 제공하고 창업이 성공할 수 있는 여건을 조성하기 위하여 애쓰고 있다. 특히, 예비 창업자들의 창업 의지를 살려주고 창업 실패를 줄이기 위한 특별한 프로그램들을 만들어 지원하고 있다.[*]

창업을 꿈꾸는 예비 창업자나 창업기업은 국가가 제공하는 여러 가지 프로그램을 적극 활용하여 창업 실패의 위험을 줄이는 것이 필요하다. 특히, 하나의 프로그램만이 아니라 패키지화된 지원이나 관련된 여러 가지 프로그램을 활용하는 것이 중요하다. 실제로 정부는 창업가가 갖추어야 할 소양을 교육하

[*] 미국 국립과학재단(NSF)이 운영하는 I-corps 프로그램이 대표적이다.

는 것에서부터 기술이나 시장의 경쟁력 분석, 제품 디자인(설계), 시제품 제조, 시장 개척, 시제품의 성능이나 신뢰성 평가, 세제 혜택 및 자금 융자, 경영 자문 등 다양한 프로그램을 운영하고 있다. 특히, 각국이 지속 가능한 경쟁력을 확보하기 위해서 관심을 가지고 있는 기술 기반의 혁신형 창업* 부문에는 다양한 지원 제도가 있으므로 체계적으로 활용하면 위험 부담을 크게 줄이고 창업 성공에 이르는 기간도 크게 줄일 수 있다.

제품의 수명 주기가 극도로 짧아지고 기술의 변화가 빠른 환경에서 창업에 소요되는 기간을 줄이는 것은 창업 성공과 직결된다. 아무리 혁신적인 제품이라도 적절한 시기에 시장에 내놓지 못하면 시장(고객)은 기다리지 않는다. 신제품이 시장에서 좋은 반응을 얻는 경우에도 고객이 떠나지 않게 해야 하므로 적극적인 투자 유치, 경영 자문 요청 등 공공 부문의 지원을 적극 활용하여 빠른 변화를 주어야 한다. 새로운 제품의 명멸만큼이나 기업의 부침도 심하기 때문에 수평 통합 가치사슬상에서 기업 간 협업이나 합병을 적극 검토할 필요가 있다. 대기업이나 중견기업에 합병됨으로써 대규모 시장이 열리거나 더욱 혁신적인 제품이 만들어지는 경우도 많이 있다. 이러한 기업합병은 창업기업의 한계를 뛰어넘는 방안이 될 수 있다. 합병으로 창업자 자신이 큰 사업 부문을 맡을 수도 있고, 초기 창업자는 기업합병으로 얻은 재원을 이용하여 또 다른 창업을 할 수도 있다. 스스로 성장해가는 길을 선택하든 다른 기업에 합병되는 길을 선택하든 창업기업은 스스로의 가치를 외부에 알리는 일을 적극적으로 수행함으로써 자신의 가치를 인정받아야 한다.

* 우리나라의 혁신형 창업은 선진국의 30~50% 수준으로 낮은 편이다.

요약

기업가를 포함한 기업은 4차 산업혁명의 주인공이다. 4차 산업혁명 동안 기업이 부딪혀야 할 환경은 그리 녹록치 않다. 기업은 자신이 차지하고 있는 위치를 어느 순간 잃게 될지 모르는 무한 경쟁에 노출되어 있다. 이러한 무한 경쟁에서 기업이 살아남기 위해서는 광속으로 달라지는 환경 변화에 능동적으로 대응하여 우월한 경쟁력을 갖추는 수밖에 없다. 기업들은 생산 시설이나 물류, 서비스의 단순한 디지털화를 넘어 기업 문화로서의 디지털이 자리 잡도록 해야 한다. 단순한 수단으로서의 디지털 데이터가 아니라 하드웨어와 소프트웨어가 구별되지 않는 데이터 자체가 기업 활동의 전부가 되어야 한다.

무한 경쟁 시대에 장기간 홀로 살아남을 수 있는 기업은 많지 않다. 기업이 살아남고 발전하기 위해서는 글로벌 네트워크상에서 스스로가 플랫폼으로서 다른 기업 또는 국가 경제에 필요한 존재임을 증명해 보여야 한다. 새로운 패러다임에 맞는 기업 형태를 갖추기 위하여 이윤 창출 구조를 전환하고 정보 관리 시스템을 바꾸는 적극적인 경영 혁신이 필요하다. 대기업이나 중견기업, 중소기업, 창업기업은 자신에 맞는 생존 전략, 발전 전략을 짜서 새로운 패러다임에 대응해야 한다. 기업은 4차 산업혁명에 대응하는 국가 전략의 핵심을 이루는 부분이다. 기업은 정부 정책에 큰 영향을 받을 수밖에 없으므로 정부 정책을 효과적으로 활용하고 정부와 긴밀한 교류를 유지하는 것이 매우 중요하다.

4차 산업혁명 말말말

일반상대성 이론에서 부피가 0이 되고 밀도가 무한대가 되면 블랙홀이 되어 질량체가 붕괴한다는 '특이점(singularity)'이라는 과학 이론이 있다. 이에 빗대어 세계적인 미래학자 레이 커즈와일(Ray Kurzweil)은 인공지능과 같은 과학기술이 비약적으로 발전해 인간의 지능을 뛰어넘는 시점을 '기술 특이점(Technological singularity)'이라고 말하였다.

우리나라는 메모리 반도체 제조 중심의 초정밀 제조 공정 기술, 스마트폰·디스플레이·자동차 등의 첨단 제품 생산 공정 기술, 자동화 기술에서 세계 최고 수준이다. 또한 첨단 제품을 제조하는 데 필요한 공정 설계 기술과 공정 설비를 제작하는 최고의 기술이 있다. 이러한 제조 역량을 4차 산업혁명을 선도하는 디딤돌인 플랫폼으로 만들어야 한다.

The Fourth Industrial Revolution

미래를 여는 나침반 4차 산업혁명 보고서

9장

국가의 4차 산업혁명 대응 전략

개인이나 기업은 어디까지나 국가의 테두리 안에서 활동하는 주체들이다. 따라서 개인과 기업의 활동은 국가가 어떤 정책을 펴느냐에 따라 영향을 크게 받는다. 국가는 개인과 기업이 높은 생산성을 나타낼 때 크게 발전하므로 개인과 기업이 능률적으로 활동할 수 있는 환경을 만들어 주어야 한다. 개인이나 기업은 단기적인 이익에 집중할 수밖에 없지만 국가는 장기적인 계획을 세워 개인, 기업을 포함한 국가 전체의 부를 영속적으로 창출하는 것을 추구한다. 따라서 국가가 미래 경쟁력을 확보하기 위하여 실행이 가능한 전략을 수립하는 것은 국가의 장래에 매우 중요하며 국가의 의무이기도 하다.

4차 산업혁명 시대로의 전환기라고 할 수 있는 요즘 같은 과도기에는 국가의 미래를 결정할 올바른 전략을 수립하고 효과적으로 추진하는 것에 더욱 많은 관심을 가지고 노력할 필요가 있다. 국가가 수립하는 전략에는 국가의 미래 비전, 달성하고자 하는 목표, 목표 달성에 필요한 전략, 단계별·주체별 추진 내용과 추진 방안 등 여러 가지가 담겨야 한다. 하지만 4차 산업혁명을 정확히 예측하기가 어렵기 때문에 그에 대응하는 것이 쉽지 않다. 국가 전략에 포함되는 요소들 역시 나라별 환경에 따라 각각 다르기 때문에 최고 선진국의 전략이라고 하더라도 모든 나라에 적용되기는 어렵다. 따라서 국가마다 자신이 놓여 있는 환경에서 실행할 수 있는 성공 전략을 짤 수밖에 없다.

유럽 국가들이 추진하고 있는
4차 산업혁명에서 얻는 교훈

인더스트리 4.0에 착수함으로써 4차 산업혁명 경쟁에 불을 댕긴 독일을 포함한 유럽 국가들이 그동안 추진해온 사례를 통하여 국가가 4차 산업혁명 전략을 수립할 때 염두에 두어야 할 항목을 가늠해볼 수 있다.[1] 4차 산업혁명을 추진하는 계획에서 제조업이나 중소기업을 대상 영역으로 삼는 국가가 대부분이지만 제조업은 물론 서비스업까지 전체를 대상 영역으로 하는 국가도 있다. 많은 나라들이 기술을 확산시키는 데 주목하는 반면 이탈리아는 연구 개발에 초점을 맞추고 있으며, 스페인은 연구 개발과 기술 확산에 초점을 맞추고 있다. 4차 산업혁명을 추진하는 전략의 초점이 새로운 기술을 개발하는 것보다 기술을 확산시키는 것에 맞추어져 있다는 것에 주목할 필요가 있다. 새로운 기술을 개발하지 않는다는 것이 아니라, 이미 확보하고 있는 기술을 다른 기술과 융합하거나 새로운 분야에 적용하여 4차 산업혁명 추진에 필요한 산업적 목표를 달성하는 것에 더 큰 비중을 둔다는 의미이다.

집중하고 있는 기술이나 산업 영역은 나라별로 매우 다양하다. 4차 산업혁명과 연관이 있는 기술이나 산업 영역을 포괄적으로 다루는 나라들은 이탈리아, 네덜란드, 스웨덴, 체코 등이다. 이들보다 첨단 산업의 비중이 높은 나라들인 독일, 프랑스, 영국, 스페인 등은 자신들이 강점으로 보유하고 있는 기술이나 산업 영역에 집중하고 있다. 이들이 집중하고 있는 기술이나 산업 영역을 보면 나라별 접근 방식을 추정할 수 있다. 독일과 스페인은 CPS, IoT, 디지털 플랫폼, 빅데이터 등 4차 산업혁명의 특징을 결정하는 핵심 기술 영역에 집중함으로써 전체 국가 역량을 강화하는 데 초점을 맞추고 있다. 영국은 우주항공, 자동차, 화학, 원자력, 제약, 전자 등 경쟁력을 가지고 있거나 육성해야 하는 몇몇 전략 영역에 집중하는 방식을 택하여 확실한 경쟁력을 확보하고자 하고 있다. 프랑스는 4차 산업혁명의 핵심 영역과 전략 영역을 병행하여 추진하는 접근 방법을 취하고 있다.

4차 산업혁명 추진을 위하여 정부가 지원하는 방식으로는 공공 부문과 민간 부문이 공동으로 투자하는 혼합 형태가 가장 일반적이며, 공공 부문이 단독으로 투자하는 경우가 다음으로 많다. 이러한 4차 산업혁명 프로그램을 국가 차원에서 추진하는 데에는 산업계의 활발한 참여나 산업계의 수요, 지역 자치단체(지방정부)의 적극적인 추진, 국가 주도의 공공 재원이 큰 역할을 하고 있으며, 서로 다른 주체들 간의 협력이 모든 국가에서 공통으로 큰 역할을 한다.

한편, 이러한 국가 프로그램을 추진하는 데 있어서 장애가 되는 요소들도 나타나고 있다. 다양한 그룹들 간의 서로 다른 이해관계와 그룹 간 역량 차이가 갈등을 유발하기도 하므로 이해 당사자 간 균형을 유지하는 것이 대단히 중요하다. 4차 산업혁명이 진행되는 데 큰 역할을 담당해야 하는 중소기업의 참여가 저조하여 추진에 어려움을 겪는 나라도 있다. 국가적인 역량이나 재원이 부족하여 4차 산업혁명을 추진하는 데 장애 요인으로 작용하는 경우도 있다.

국가 차원의 4차 산업혁명 프로그램을 통하여 정책 대상과 집중할 기술이나 산업 영역, 전략의 초점, 지원 방식이 결정되어 추진되더라도 국가가 가용할 수 있는 자원에 대한 분석이 미흡하거나 자원의 배분이 체계적이지 못하면 추진 과정에서 예상치 못한 어려움에 봉착할 수 있다. 따라서 국가(정부)는 4차 산업혁명을 추진하기 위한 계획을 수립할 때 다양한 채널을 가동하여 이해 당사자 간의 이견을 해소하거나 견해차를 좁혀 의견을 통합하고 역량의 차이가 있는 이해 당사자 간 균형을 맞추어야 한다. 이해 당사자 간 의견이 일치하지 않은 상태에서는 계획을 실행하더라도 추진 동력을 확보하기 어렵다. 중요한 점은 어느 정도 의견이 수렴된 후 출발하더라도 4차 산업혁명이 진행되면서 이해 당사자 간 이해관계가 달라질 수 있기 때문에 지속적으로 이견을 조정해가는 과정이 필수라는 것이다. 특히, 4차 산업혁명을 추진하는 데 필요한 역량이나 환경 변화, 재원 조달에 대한 분석이 부족한 상태에서 무리하게 계획을 수립했을 경우 중소기업이나 대기업 등 핵심 주체들이 소극적으로 대응하거나 역량 부족, 재원 부족으로 난관에 부딪힐 수 있다.

주요 영역별 대응 전략

우리나라 경제는 2016년 GDP 기준으로 세계 11위, 교역 규모 기준으로 세계 9위의 자리를 차지하고 있다. 이러한 우리 경제의 위상은 우리의 국제 경쟁력이 약한 부분도 많지만 강한 경쟁력을 가진 부분이 많다는 것을 의미한다. 우리가 4차 산업혁명에 대응하는 전략은 4차 산업혁명이 가져올 일반적인 전망에서 출발하는 선언적인 것이 아니라 우리의 환경을 충실히 반영하는 구체적인 것이어야 한다. 동시에 세계 10위권 내에 있는 국가들과 경쟁하여 우위를 확보할 수 있는 전략이어야 한다. 물론 10위권 밖에 있는 국가가 경쟁자로 부상할 가능성도 고려한 전략이어야 한다. 우리나라의 경제 위상과 함께 우리의 4차 산업혁명 대응 수준이 세계 25위 정도라는 것을 염두에 두어야 한다.

    4차 산업혁명을 만들어 가는 과정에서, 우리가 가진 것을 더욱 확산시켜가는 전략과 우리의 현재 역량으로는 확보하기 어려우나 반드시 확보해야만 하는 것들을 키워가는 전략을 구분하여 체계화해야 한다. 유럽의 여러 나라들이 새로운 기술을 개발하는 데 전략의 초점을 두기보다는 기술의 확산, 즉 보유하고 있는 기술을 확산시키는 것에 집중하고 있는 것을 참고할 필요가 있다. 보유하고 있는 기술을 확산시키는 것은 기술이 적용되는 범위를 확장하는 것만이 아니라 기술 간 융합을 유도하여 새로운 기술을 만들어 내는 것을 포함한다. 4차 산업혁명 초기를 선도해갈 다수의 기술이 이미 알려져 있다. 우리의 우선적인 전략은 선도 기술별 우리의 수준을 세계적인 수준으로 높이는 방안에 초점을 맞추어야 한다. 또한 4차 산업혁명은 향후 30여 년에 걸쳐 진행될 패러다임의 전환이므로 지속 가능한 동력을 제공할 기반을 굳건히 할 필요가 있다.

지켜야 할 자산

우리나라는 지난 40여 년간 급속한 산업화를 이룩하는 과정에서 세계 수준의 강한 제조업 기반을 구축하였다. 그동안 첨단 소재 기술과 장비 기술이 부족하여 많은 어려움을 겪기도 하였지만 선진국과의 격차를 많이 좁혀놓았다. 높은 수준의 고등교육을 통하여 양성한 많은 고급 인력이 선진국과의 격차를 좁히고 산업화를 달성하는 데 크게 기여하였다. 메모리 반도체 제조를 중심으로 하는 초정밀 제조 공정 기술은 세계 최고 수준이다. 스마트폰·디스플레이·자동차 등 첨단 제품을 생산하는 공정 기술 역시 세계 최고 수준이며, 자동화 비율도 세계 최고 수준이다. 우리는 첨단 제품을 제조하는 데 필요한 공정 설계 기술과 공정 설비를 제작하는 기술을 가지고 있다. 이러한 제조 역량을 뒷받침하는 고급 인력과 첨단 소재 기술을 확보하고 있다. 세계적으로 경쟁력이 있는 우리의 제조 역량을 4차 산업혁명을 선도하는 국가로 발전하는 디딤돌이 될 플랫폼으로 활용해야 한다.

경쟁력 있는 제조 플랫폼은 4차 산업혁명을 추진하는 데 있어서 가장 중요한 부분이다. 4차 산업혁명이 요구하는 초고속, 초대용량, 초연결의 기능을 가진 새로운 인프라를 구축하는 데 필요한 제품들의 수요에 대응하는 산업 기반이기 때문이다. 우리나라의 초정밀 공정 기술 플랫폼인 반도체 제조 기술은 반도체 소자를 제조하는 영역뿐만 아니라 AI 전용칩이나 IoT용 센서를 제작하는 데도 활용되는 등 이용 범위가 대단히 넓다. 반도체 제조 기술을 발전시키면서 확보한 소자의 설계와 제작에 필요한 공정 기술, 공정을 구성하는 장비 기술, 다양한 노하우를 가진 고급 인력을 여러 분야로 확산시킬 수 있다. 초정밀 가공 기술 플랫폼을 활용하여 대형 파운드리 서비스나 소형 특수 파운드리 서비스를 활성화함으로써 4차 산업혁명의 다양한 요구에 대응하는 유용한 생산수단으로 발전시킬 수 있다. 이러한 플랫폼을 이용하여 국내 비즈니스는 물론 글로벌 비즈니스도 가능하다. 삼성전자나 SK 하이닉스가 보유하고 있는 기술 기반을 4차 산업혁명 관련 전체 영역으로 확산시킬 수 있는 다양한 가치사슬을 적극적으로 만들 필요가 있다.

반도체 제조 기술은 세대교체가 빠르기 때문에 그때마다 대체되는 장비의 수명도 짧다. 반도체 제조 라인에 들어가는 장비들은 대부분 가격이 비싸다. 따라서 교체된 장비는 국내외의 후발업체에 팔리거나 일부는 다른 용도로 사용된다. 대체된 장비가 외국의 후발업체에 팔리는 경우 이미 교체된 기술이기는 하지만 일부 공정 기술(노하우)이 함께 빠져나가는 것을 피할 수 없다. 이렇게 대체되는 장비를 구입하여 활용하는 데 소요되는 비용을 지원하거나 장비를 이용한 창업을 지원하면, 기술이 유출되는 것을 방지하고 반도체 제조 기술이 다른 영역으로 확산되는 효과를 만들어 낼 수 있다. 반도체 장비를 활용하는 사업에서 하나의 기업이 비용을 충당하기 어려운 경우에는 여러 기업이 공동으로 활용할 수 있도록 기업 연합체를 지원할 수도 있다.

반도체 제조 기술은 첨단 공정 기술을 바탕으로 한다. 첨단 공정 장비와 함께 축적된 경험을 가진 전문 인력이 중요한 역할을 한다. 장기간 경험을 축적한 인력들은 많은 노하우를 보유하고 있다. 이러한 노하우는 반도체 제조 공정에만 유용하지 않다. IoT용 센서를 제조하거나 정밀가공이 필요한 바이오 영역의 수많은 진단 기기 개발 등에 활용할 수 있다. 따라서 반도체 제조 기업에서 퇴직하는 경험이 풍부한 인력은 후발 반도체 제조 기업들은 물론 관련 기술을 이용하는 기업들에게 매우 귀중한 존재들이다. 우리나라가 양성한 많은 반도체 인력을 중국의 기업들이 활용하고 있는 것은 잘 알려진 사실이다.* 이러한 경험 있는 인력들이 외국의 경쟁 기업으로 가지 않고 전문성을 활용하여 창업

---

* 우리에게는 역설적으로 경계해야 할 말이지만, '가장 효율적인 기술 이전은 지식(기술)을 가진 사람을 이전하는 것'이라는 사실을 잊어서는 안 된다.

할 수 있도록 지원하는 것은 국가적으로 매우 중요하다. 이들 퇴직 전문 인력들이 교체 장비를 활용하여 소형 팹fab*을 만들 수 있도록 지원한다면 더욱 큰 효과가 있을 것이다.**

반도체 제조 공정은 물론 자동차, 스마트폰, 이차전지 등의 제조 공정 또한 세계 최고 수준으로 자동화되어 있다. 우리나라는 세계에서 산업용 로봇 밀도가 가장 높은 나라이다. 2016년 기준 우리나라는 근로자 1만 명당 475대의 로봇을 사용하고 있어서 세계에서 가장 높은 사용 비율을 보이고 있다. 일본 214대, 독일 181대, 스웨덴 164대에 비해서 월등히 높다. 생산 자동화 부문에서 글로벌 기업들이 공정 장비나 이에 들어가는 특수 부품을 장악하고 있기는 하지만 우리의 기업들 역시 설비 자동화 부문에 상당한 기술 경쟁력을 갖추고 있다. 특히, 디스플레이, 가전제품, 자동차 등 첨단 산업을 육성하는 과정에서 우리 기업들의 자동화 역량이 크게 향상되었다. 한편, 이러한 첨단 산업 부문은 우리나라 제조 플랫폼의 수요 기반이 되고 있어서 우리가 국제 경쟁력을 갖추는 데 도움이 되고 있다.

육성해야 할 것들

우리나라는 4차 산업혁명에서 중요한 영역인 AI, 빅데이터, 클라우드 컴퓨팅 등 데이터 처리와 관련 있는 분야의 기술 기반이 취약하다. 4차 산업혁명은 디

---

* fabrication facility의 준말로 반도체 제조 공장을 말한다.
** 핀란드의 삼성전자라고 할 수 있는 노키아가 몰락한 후 침체된 핀란드 경제를 노키아 출신 우수한 인재들이 창업으로 되살린 것을 염두에 둘 필요가 있다. 이들 인재들이 외국으로 유출되었다면 핀란드 경제는 더욱 어려워졌을 것이다.

지털화를 기반으로 하기 때문에 데이터와 관련된 기술은 반드시 확보해야 하는 영역이다. 선진국들 역시 이들 기술의 중요성을 인식하고 적극적으로 투자하고 있으므로 뒤처진 우리가 자체의 노력만으로 선진국을 따라가기 어려울 수 있다. 선진국이나 선진업체가 이런 기술을 우리에게 이전해줄 가능성은 매우 낮기 때문에 관련 기술을 확보하기 위해 전략적으로 접근해야 한다. 데이터 처리와 관련이 있는 소프트웨어 분야들은 하드웨어 기술의 발전을 필요로 한다. 하드웨어 기술이 발전하기 위해서는 고성능 소자나 센서, 전용칩 등 요소 기술의 발전이 필요하다. 우리가 경쟁력을 가지고 있는 강점 분야가 이러한 하드웨어 요소 기술 분야이므로 우리의 강점을 지렛대로 삼아 선진국과 기술 협력을 추진할 필요가 있다. 이미 몇몇 기업이 선진업체와 기술 협력을 하고 있지만 다양한 분야의 기업들이 필요한 요소 기술을 선진업체와 공동으로 개발할 수 있도록 정책적인 지원을 확대할 필요가 있다.

AI 활용 플랫폼 확대

대용량의 서버를 사용하는 AI 외에도 음성이나 대상물의 형태나 움직임을 인식하는 것과 같은 주어진 기능을 수행하는 특수 목적의 소형 AI를 활용하는 영역이 급격히 확대될 전망이다. 우리는 AI를 설계하는 역량이 부족하다. 반면에 설계된 AI 칩을 제조하는 데 필요한 소자 제조 공정과 패키징 공정 등에 있어서 강한 경쟁력을 가지고 있다. 이러한 칩 제조 기술을 바탕으로 오랫동안 AI 관련 기술을 개발해온 선진업체들과 협력하여 가전제품, 자동차, 헬스 케어 등 여러 분야에 소요되는 AI 전용칩을 생산하여 세계시장에 공동 진출할 수 있다. 이러한 협력을 통하여 우리가 취약한 AI 칩을 설계하는 기술을 습득할 수 있다. 이미 선진업체와 우리나라 업체들 간 이러한 협력 관계가 나타나고 있어 협력 개발이 활성화될 수 있도록 적극 지원해야 한다. 앞서 언급한 특화된 기능을 수행하는 소형 전문 팹들이 활성화되면 우리나라는 다양한 특수 칩을 경쟁력 있게 제조할 수 있는 플랫폼 강국이 될 수 있으며, 궁극적으로 AI 기술 강국이 될 수 있다.

빅데이터 이용 네트워크 구축

빅데이터는 제조업 부문은 물론 의료, 보건, 물류(판매), 교육, 인프라 운영 등 사회 전반으로 빠르게 확산되고 있다. 빅데이터 부문의 핵심 이슈는 영역별로 많은 양의 유효 데이터를 확보하는 일이다. 체계적으로 수집된 정보는 빅데이터의 가치를 높여주고 빅데이터 기술이 발전하는 바탕이 된다. 선진업체들도 독자적으로 제품을 완성하여 팔기 어렵다. 잠재 고객들이 가지고 있는 데이터를 이용하여 맞춤형 제품을 만들고 제품의 완성도를 높여갈 수밖에 없으므로 선진업체 역시 고객들과의 협력이 긴요하다. 의료 부문의 다국적기업들이 우리나라가 보유하고 있는 의료 정보에 관심을 가지고 있는 것도 같은 맥락이다. 빅데이터 기술을 보유하고 있는 선진업체와 빅데이터를 보유하고 있는 고객 간 협력 관계는 빅데이터를 이용하는 네트워크를 구성하는 기반이 된다.* 빅데이터 기술을 가진 선진업체에게 우리가 가진 데이터를 제공하여 우리가 활용할 수 있는 빅데이터 체계를 구축할 수 있게 하는 전략적 협력을 강화해야 한

---

* 정보의 양이 많다는 의미로 빅데이터란 용어를 사용한 것이다. 가공되지 않고 단순히 저장되어 있는 형태가 많으며, 이를 유효한 정보로 가공하기 위해서도 빅데이터 기술이 필요하다.

다. 이를 통하여 우리는 빅데이터를 활용하는 네트워크의 일원이 되는 동시에 우리에게 부족한 빅데이터 기술을 습득할 수 있다.

자율화에 필요한 핵심 기술 확보

평창 동계 올림픽에서 주목을 끈 1,218대의 드론을 이용한 군집 쇼는 구글의 작품이다. 여러 대의 드론을 한 대의 컴퓨터로 조정하기 위해서는 드론 간 통신 기술은 물론 위치 제어, 속도 제어 등 복잡한 알고리즘을 소화할 수 있어야 한다. 사람을 대체하여 여러 대의 로봇이 작업할 때도 마찬가지 기술이 필요하다. 이 기술들은 자율로봇, 자율주행 자동차에도 활용될 수 있다. 기기 간 실시간 통신 기술, IoT로 수집되는 막대한 양의 정보를 온라인상에서 실시간 계산하는 클라우드 컴퓨팅 기술, 처리된 정보를 실시간 환류(피드백)하여 동작시키는 기술 등 우리에게 부족하거나 표준이나 양식을 공유할 필요가 있는 부분은 적극적으로 선진업체와 협력하여 습득해야 한다.

우리는 자율화 기기에 소요되는 부품을 공급하는 과정을 통해서나 우리가 필요한 기능이 탑재된 자율 기기를 구입하는 과정에서 선진업체와 공동 개발을 추진하여 필요한 기술들을 습득해야 한다.

글로벌 리더(기업)와의 파트너십 강화

2020년 500억 개의 기기가 온라인으로 연결될 것으로 예측되고 있다. 온라인으로 연결된 기기들이 제각각의 운영 체계를 가지고 있다고 가정해보자. 기기들이 공통된 언어를 사용하지 않거나 다른 언어(명령)를 번역할 수 있는 기능

(호환성)이 없다면 각각의 기기는 개발 시 사용한 언어로만 동작시킬 수 있을 것이다. 여러 나라들이 처음부터 공통의 명령어 체계를 만들어놓고 기기를 개발하기 시작하는 것이 아니라 선도업체들이 독자적으로 명령어 체계를 개발하고 고객들이 그들의 제품을 사용함으로써 각각의 명령어 체계가 보급된다. 비용 절감이나 효율성을 높여야 하는 것과 같이 관련 업계가 공감하는 부분이 생겼을 때 필요에 의해 업계 표준 또는 세계 표준을 정하게 된다. 기술의 보급 속도가 빨라지고, 특히 몇몇 업체들이 기술을 주도하는 경우 선도업체들의 이해관계에 따라 명령어 체계 간의 경쟁이 오랫동안 지속될 수 있다. 연간 수억 대가 팔리고 세계적으로 사용되는 스마트폰 산업에서 iOS(애플사의 운영 체계)와 안드로이드(구글의 운영 체계) 진영 간의 관계는 서로 다른 명령어 체계를 사용하는 전형적인 사례이다. 세계를 선도하는 업체들이 표준을 만들어 가는 흐름에 참여하여 체계를 공유하지 못하면, 후발 기업은 호환성을 가진 제품을 만들 수 없으므로 첨단 제품을 제조하여 판매할 수 없게 된다. 따라서 새로운 시장 판도를 만드는 역할을 하는 선진업체, 글로벌 가치사슬을 주도하는 업체들과 전략적 협력 관계를 구축하여 그들의 운영 체계를 공유하고 그 운영 체계가 표준으로 자리 잡을 수 있도록 협력할 필요가 있다.

국제 표준 또는 규제 네트워크 활동 강화

지금도 그렇지만 4차 산업혁명에서 국제 표준이 갖는 중요성은 새삼 강조할 필요가 없을 만큼 중요하다. 기술 발전이 급격히 빨라지면서 표준을 선점하기 위한 경쟁이 더욱 치열해지고 있다. 제품(기술)의 수명 주기가 길 때에는 국제적 논의나 이해 당사자(기업) 간 협의를 거쳐 국제 표준을 제정할 수 있는 여유가 많았다. 하지만 기술이 발전하는 속도가 매우 빠르고 제품의 수명 주기가 점점 짧아지면서 기술이 이미 상당한 수준으로 확산된 후에야 국제 표준 제정에 관한 논의를 하는 경우가 많아졌다. 이 때문에 국제 표준으로 채택되지 못한 기술(제품)은 엄청난 피해를 입을 수밖에 없다. 스마트폰 운영 체계의 경우처럼 기술을 선도하는 업체를 중심으로 독자 영역이 확장되어 국제 표준을 제정하는 것이 매우 어려워지는 경우도 발생한다. 선진업체나 선진국들은 작업 환경이나 환경 부하 등 여러 가지 표준과 거리가 있는 조건을 내걸어 후발업체나 개발도상국들의 진입을 막는 방법으로 자신들의 이익을 방어할 수도 있다. 우리나라는 경제 위상에 비하여 국제 표준 활동에 소극적이다. 이제부터라도 정부나 기업들은 국제 표준 활동에 적극 참여하여 선진국이나 선진업체들의 움직임이나 기술 동향을 면밀하게 살펴야 한다.

기술 이전과 사업화를 촉진하는 정책 확대

국내에서 개발된 공공 부문의 기술을 민간에 이전하여 사업화하는 것은 정부가 당연히 해야 할 일이다. 속도가 중요한 4차 산업혁명에서 우리나라 기업들이 필요로 하는 모든 기술을 국내에서 개발하는 것은 불가능하다. 따라서 해외로부터의 기술 이전을 활성화해야 하며, 특히 우리의 경쟁력이 취약한 영역은 기술 이전을 유도할 수 있는 정책 방안을 찾아야 한다. 주요 핵심 기술을 보유한 외국 기업이 국내로 진출할 경우 보유 기술을 이전할 수 있도록 제도적으로 유도해야 한다. 특히, 정부 정책이 실효를 거둘 수 있는 공공 부문에 선진국 또는 선진업체들이 진출할 경우 핵심 기술의 이전을 지금보다 더욱 강하게 요구할 필요가 있다. 선진국들이나 선진업체들은 다른 나라가 단지 자신들의 시장이기를 바랄 뿐 그들의 파트너로 받아들이기는 쉽지 않기 때문에 기술 이전이 자연스럽게 이루어지기는 힘들다. 우리가 구매자의 입장에서 기술 이전을 요구하는 것도 한 방법이지만, 앞서 이야기한 것처럼 우리가 가진 강점을 지렛대로 활용하여 실질적인 협력을 유도하는 것이 바람직하다. 이는 선진업체가 우리나라와의 협력을 선택할 수 있는 폭을 넓히는 데 도움이 되기 때문이다.

강화해야 할 부분들

경쟁력 있는 플랫폼 육성

거듭 말하는 것이지만 4차 산업혁명을 관통하는 가장 중요한 주제어는 '속도'이다. 계속해서 가속되어온 속도는 이제 한 사람의 전문가나 하나의 조직이 노력하여 대응할 수 있는 수준을 넘어섰다. 마치 '속도'라는 호랑이 등에 탄 것처럼 한 번 떨어지면 영원히 도태되어 버리는 상황이 되었다. 이렇게 기술이나 산업이 광속으로 발전하는 시기에 주목받고 있는 영역이 '플랫폼'이다.

플랫폼이란 어떤 일을 하는 데 필요한 기반이나 토대, 서로 접촉하는 데 필요한 공간이나 수단을 말한다. 플랫폼을 통해서 의사소통을 할 수 있고, 참여하여 기여하는 만큼 혜택을 받을 수 있으며, 때론 기대 이상의 이익을 얻을 수도 있다. 플랫폼은 인터넷, 디지털과 같은 가상의 플랫폼으로부터 철도, 항만, 공항과 같은 사회 인프라까지 매우 다양하다. 스스로 발전하여 지속적인 경쟁력을 창출할 수 있는 기술 영역, 산업계가 필요로 하는 솔루션을 제공할 수 있는 연구원이나 연구 기관도 플랫폼이다. 즉, 특화된 영역에서 차별화된 전문성을 보유하고 있는 개인이나 조직, 체계가 플랫폼이다. 이러한 플랫폼들은 새로운 수요가 발생했을 때 특화된 전문성을 발휘하여 즉각 대응할 수 있다. 이 때문에 4차 산업혁명 시대가 필요로 하는 속도를 따라잡을 수 있는 가장 효과적인 수단이다. 선진국들이 보유하고 있는 다양한 형태의 플랫폼들을 보면 경쟁력을 끌어내는 원천으로서의 플랫폼이 가지고 있는 중요성을 알 수 있다. 플랫폼을 속도 경쟁의 원천으로 고려할 때 놓치지 말아야 할 것은 플랫폼의 본질이다. 본질은 조직이나 체계를 구축하는 데 있는 것이 아니라 구축된 조직이나 체계가 가지고 있는 차별화된 전문 역량이다.

국가는 속도 경쟁에 대응하는 방안의 하나로 다양한 영역에 많은 플랫폼들을 육성해야 한다. 플랫폼을 육성하기 위해서는 상당한 기간에 걸쳐 큰 규모의 재원을 투입해야 한다. 적정 규모 이상의 재원을 투입해야 하는 것은 물론이고 경쟁력 있는 전문성을 확보하는 데 시간이 필요하다. 따라서 플랫폼을 육성하는 영역 역시 전략적 선택이 필요하다. 육성할 플랫폼 간의 우선순위, 추진할 주체, 재원의 확보 방안, 최소 수준의 도달 목표* 등을 선택해야 한다. 이런 선택에는 이해 당사자 간 합의가 반드시 필요하며 합의 과정을 거쳐야만 추진에 필요한 동력을 확보할 수 있다. 우리가 경험하고 있는 플랫폼 형태의 사업, 주로 인프라 사업을 추진하는 과정에서 나타나는 문제점들은 대부분 접근 과정에서의 미흡함에서 오는 경우가 대부분이다. 인력 양성과 물려 있는 인력 수급

---

* 규모(조직)나 역량이 어느 수준에 도달하기 전까지는 플랫폼으로서의 역할을 제대로 하지 못하기 때문에 어느 한계 이상이 될 때까지 지원해야 한다.

계획, 연구 개발 인프라 등 다른 부분들도 예외는 아니다. 이러한 문제들의 상당 부분은 미래 수요 규모를 잘못 예측한 데에서 오는 것이지만, 적정 수준 미만의 재원을 투입하였거나 수요가 발생할 시기를 너무 짧게 예측한 것에도 원인이 있다. 그동안 우리가 추진했던 플랫폼 관련 여러 사업들이 의미 있는 성과를 내는 데 한계를 보인 것은, 플랫폼이 수행해야 할 기능과 이에 합당한 재원을 투입하는 것에 중점을 두기보다는, 외부로 나타나는 조직이나 시스템을 구축하는 것에 목적을 두었기 때문일 수 있다.

굳이 4차 산업혁명을 추진하기 위해서가 아니더라도 관련 부문의 효율을 높이기 위해서나 새롭게 등장할 수요에 빠르게 대응하기 위해서 이미 구축되어 있는 플랫폼들의 역량을 높이는 것이 필요하다. 새로 등장하는 산업이나 유망기술의 산업화를 지원하는 데 필요한 플랫폼들을 구축하고, 글로벌 경쟁력을 갖는 수준 이상으로 역량을 키워야 한다.

소재 기술 개발 역량 강화

4차 산업혁명이 진행되는 동안 선도 기술들 간의 활발한 융합으로 기술 발전 속도는 더욱 빨라질 것이다. 전반적으로 기술이 발전하겠지만, 기술 발전을 가로막을 가능성이 있는 영역도 있다. 많은 전문가들이 공감하는 걸림돌 분야가 소재 기술 분야이다. 컴퓨팅 기술의 도움을 받고 물리화학적인 데이터를 이용하여 새로운 소재를 개발하고, 축적된 소재 물성이나 공정에 관한 데이터를 바탕으로 빅데이터를 이용하여 최적의 물성이나 공정을 구현함으로써, 소재 기술 역시 지금의 발전 속도보다 빨라질 것이다. 그러나 소재 기술의 성격상 기술 개발에 성공할 가능성이 대단히 낮으며, 개발에 성공하는 기술도 산업화까지 장기간이 소요될 수밖에 없다. 개발에 장기간이 소요되고 투자 위험도가 높음에도 소재 기술 개발 역량을 키워야 하는 분명한 이유가 있다. 4차 산업혁명이 필요로 하는 새로운 특성을 제공하는 것이 새로운 소재이고, 새로운 소재 기술의 지속적인 공급 없이는 4차 산업혁명의 발전이 지연될 수밖에 없기 때문이다. 하나의 새로운 원천 소재가 개발되어 산업에 활용되기까지 대략 20년 이상 걸린다. 미국, 일본, 독일 등 선진국들은 4차 산업혁명이 화두가 되기 전부터 소재 개발 기간을 획기적으로 단축하고 성공 가능성을 높이기 위하여 국가 차원의 프로젝트를 추진해왔다. 미국이 추진하고 있는 소재 게놈 프로젝트Materials Genome Initiative, MGI*가 대표

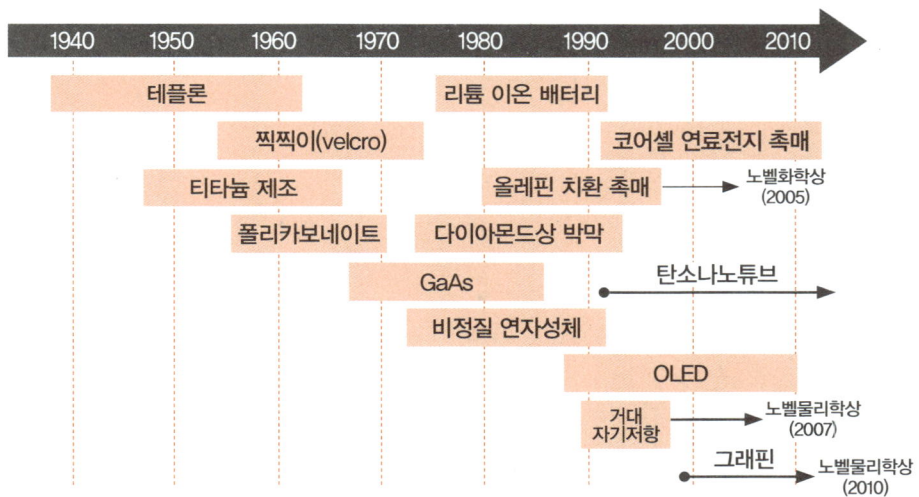

소재 기술의 개발 사례(발명에서부터 사업화까지 걸린 기간)

* 이 프로젝트는 2011년 시작되었다. 소재 개발 기간을 반으로 단축하고, 비용을 획기적으로 절감하며, 성공 가능성을 높이는 것에 목표를 두고 있다. 소재 관련 데이터를 체계화하고 계산 과학을 이용하여 새로운 소재와 공정을 설계하는 기술을 개발하고 있다.

적이다. 축적된 과학 정보와 향상된 컴퓨팅 능력으로 새로운 소재를 설계하는 수준에 도달하였지만, 새로운 소재를 개발하는 데는 여전히 큰 비용과 긴 시간이 필요하다. 소재 개발에는 장기간 동안 경험을 축적한 전문가가 가진 통찰력과 직관이 큰 역할을 하며, 때로는 우연*으로 보이는 행운도 따라야 한다.

우리나라는 선진국들이 앞서 개발해놓은 소재 기술을 발전시켜 급격한 성장을 하는 혜택을 누릴 수 있었다. 우리는 우수한 인력을 바탕으로 소재 공정 기술, 제조 기술을 개량하고 혁신시켜 경쟁력을 키워왔다. 1980년대 이후 대일 무역 역조의 상당 부분을 차지했던 소재 수입 문제를 해결하기 위하여 소재 및 부품 기술 개발에 집중해왔다. 그 결과 소재 및 부품 부문의 무역수지가 개선되어 현재 흑자를 보이고 있다. 하지만 첨단 소재는 여전히 선진국의 기술에 의존하고 있는 부분이 많다. 최근 들어 제품의 수명 주기가 극도로 짧아지면서 새로운 소재 기술 개발에 대한 요구가 더욱 강해지고 있다. 선진국들에 비해 첨단 소재를 개발할 수 있는 능력이 부족하더라도 우리가 새로운 소재 개발 역량을 키우는 데 더욱 노력해야 하는 이유는 첨단 산업의 경쟁력을 결정하는 것이 소재 기술이기 때문이다. 이전처럼 선진국이 개발한 소재 기술을 활용하여 경제 발전을 지속하는 것은 불가능하다.

어느 시기든 전략적으로 중요한 소재는 항상 있어 왔다. 전략 소재를 가진 국가나 기업은 항상 유리한 입장에 있었다. 철 기술을 먼저 가진 국가는 주변 국가들을 지배할 수 있었고, 인디고 염료와 폴리카보네이트 소재를 가진 BASF는 세

---

* 연구 과정에서 당초의 목적과는 관련이 없는, 우연히 발견된 성과를 말한다. 스테인리스강이나 포스트잇은 잘 알려진 예이며, 의약품에서도 여러 가지 예를 찾을 수 있다.

계시장을 가질 수 있었다. 4차 산업혁명 시대에도 전략적인 의미를 가진 소재들이 출현할 것이다. 산업용 제품이나 일반 소비 제품과 달리 소재는 필요에 따라 그때그때 개발할 수 없다는 데 문제가 있다. 우리도 미국이 추진하고 있는 MGI처럼 소재 기술 개발 전반을 재점검하여, 소재 기술 개발 전략을 정비하고 개발 자원을 체계적으로 배분할 필요가 있다. 소재 정보를 디지털화하고 디지털 소재 정보를 연구자나 개발자들이 공유하여 새로운 소재 개발을 가속할 수 있다. 그러기 위해서는 소재 기술 개발 패러다임을 전환해야 한다. 즉, 30여 년 축적된 소재 기술 지식과 인프라를 디지털화하여 경험적이고 실험적인 개발 방법에서 빅데이터 기술과 고성능 컴퓨팅 기술을 이용하여 새로운 소재를 찾는 방법으로 전환해야 한다. 또한 유망한 새로운 소재가 발굴되었을 때 산업화까지 소요되는 시간을 획기적으로 줄일 수 있도록 소재 기술 개발 인프라를 재정비해야 한다.

신개념 공정 기술 개발 지원

3D 프린팅이 세상을 바꿔가는 속도는 전문가들도 놀랄 만큼 빠르고, 3D 프린팅이 사용되지 않은 곳을 찾기 어려울 만큼 그 사용은 광범위하다. 3D 프린팅은 새로운 개념의 제조 공정이 세상을 얼마나 바꿀 수 있는지를 보여 주는 전형적인 예이다. 3D 프린팅 역시 갑자기 개발된 기술은 아니며, 1980년대부터 쾌속조형Rapid Prototyping, RP 또는 스테레오리소그래피Stereolithography, SLA라는 이름으로 개발되어 제한된 용도로 활용되어왔었다. 활용 범위가 넓지 않던 3D 프린팅 기술은 고분자 수지 기술, 프린팅 장비 기술과 만나 대상으로 할 수 있

는 소재의 폭이 넓어지고, 소수 다품종의 제품을 맞춤식으로 생산해야 하는 추세와 맞물리면서 응용 범위가 폭발적으로 넓어졌다. 이제는 바이오 소재를 이용하여 생체 기관을 제작하는 단계까지 진전되고 있다. 3D 프린팅은 새로운 제품을 제조하는 것뿐만 아니라, 설비를 점검하는 현장에서 고장 난 부품을 즉시 보수하는 영역에까지 활용되고 있다. 4차 산업혁명 시대를 대표하는 생산 방식으로 자리 잡아 가고 있는 것이다.

    3D 프린팅 외에도 개발 중에 있거나 성숙도가 높은 새로운 공정 기술들에 주목할 필요가 있다. 예를 들어, 인쇄전자 기술이 유망한 새로운 공정 기술의 후보이다. 잉크젯과 같은 인쇄 기술로 전자회로를 그리고 각종 전자소자를 배치하여 구동이 가능한 전자 제품을 만들 수 있는 수준에 도달하였다. 이미 RFID 태그용 안테나나 피부 부착 패치형 바이오센서 등을 제작하는 데 활용되고 있다. 전자회로를 그리는 데 값비싼 은 잉크 대신 구리 잉크를 사용할 수 있고, 투명 폴리이미드 필름 등 새로운 소재 기술이 접목되고 있다. 이처럼 전자 부품이나 전자 시스템을 값이 싼 인쇄 공정으로 제작하게 되면 새로운 산업을 창출하는 신개념 공정이 탄생할 것이다. 상대적으로 비싼 가격 때문에 활용할 수 없었던 1회용 칩(소자)이나 모듈이 매우 싼 값으로 제조될 것이므로 새로운 시장을 창출할 것이다. 또한 인쇄전자 기술은 플라스틱 필름은 물론이고 종이나 천(옷감) 같은 소재를 바탕으로 쓸 수 있어, 평면뿐만 아니라 곡면 표면에도 자유롭게 전자회로를 그려넣게 될 것이다. 여기에 현재는 딱딱한 고체로 되어 있는 각종 소자들이 크기가 작아지거나 유연해지면 인쇄전자 기술은 더욱 영역을 확대할 수 있을 것이다. 이미 시장에 선보인 마이크로 LED 기술도 인쇄전

자 기술의 한 영역이며 웨어러블 인터넷도 인쇄전자 기술이 활용될 영역이다.

그 외에도 소재, 장비, 공정 설계 기술이 융합하여 지금까지 사용해오던 방법으로는 해결할 수 없었던 문제를 해결하는 새로운 공정 기술이 계속해서 출현할 것이다. 공정을 더욱 단순화하여 신뢰도는 향상시키고, 소재나 에너지는 최소로 사용하며, 고도의 전문성 없이도 적은 비용으로 쉽게 사용할 수 있게 하는 방향으로 새로운 공정 기술이 개발될 것이다.

우리나라는 새로운 공정 기술이 출현했을 때 그 기술을 실현해볼 수 있는 테스트베드로서의 좋은 환경을 갖추고 있다. 새로운 공정 기술을 적용해볼 수 있는 첨단 산업이 있으며, 새로운 공정 기술을 쉽게 수용할 수 있는 제조 플랫폼이 잘 갖추어져 있다. 세계적으로 초기 개발 단계에 있는 신공정들을 적극적으로 수용하는 연구를 지원할 필요가 있다. 새로운 공정 기술은 소재 기술이나 장비 기술 등이 융합되어 개발되므로, 가능성이 확인되는 단계에 따라 여러 전문 분야와 산학연을 아우르는 대형 컨소시엄을 구성하여 개발 속도를 높일 필요가 있다.

제품-서비스 융합 촉진

우리나라는 아직까지 25%를 상회하는 제조업 비중을 유지하고 있는 나라이다. ICT 강국이라고 하지만 ICT용 하드웨어 제품의 비중이 높은 나라이다. 2008년 세계 금융 위기 이후 제조업이 다시 주목받고 있지만 이전의 제조업과는 다른 형태의 제조업으로 전환되고 있다. 제조업이 바로 서비스업이 되는 경향*이 두드러지게 나타나고 있다. 발전소를 건설해주고 수입을 얻는 것이 아니

---

* 서비스화(servicification)라고 한다.

라 발전소를 지은 후 전기를 팔아 수입을 얻는다. 항공기 엔진을 파는 것이 아니라 비행 거리나 비행 시간을 수익 모델로 한다. 이러한 경향은 지금까지 서비스업으로 분류되어왔던 영역이 더욱 분화될 것이라는 것을 의미한다. 구글이 자율주행차 사업을 시작하고 여러 업종의 제조 기업을 사들이는 것이나 GE나 지멘스 같은 회사들이 소프트웨어 영역으로 확장해가는 것도 이러한 경향에 대응하는 움직임으로 볼 수 있다.

현재 진행되고 있는 서비스화가 휴렛패커드의 잉크젯 사업 모델과 다른 점은 단순히 소모성 부품을 서비스하여 수익을 얻는 것이 아니라 데이터를 기반으로 서로의 이익을 공유한다는 것이다. 항공기 엔진을 제작하는 롤스로이스는 항공기에 엔진을 자기 부담으로 달아주고 항공기 운항 정도에 따라 수익을 얻는다. 항공기를 운용하는 항공사는 롤스로이스로부터 엔진 상태를 최상으로 유지하는 서비스를 제공받음으로써 대형 사고를 방지하고, 엔진을 유지하고 보수하는 데 들어가는 비용을 줄임으로써 이익을 얻는다. 엔진을 소유하고 있는 롤스로이스도 대형 사고가 날 경우 큰 피해를 입기 때문에 엔진 상태를 최상으로 유지하는 데 최선을 다한다.

이러한 서비스화가 가능한 이유는 모든 부품이나 완성품에 인터넷에 연결될 수 있는 다양한 센서들이 장착되어 현재의 상태를 실시간 확인하고 이상 유무를 판단할 수 있기 때문이다.* 빅데이터와 AI를 본격적으로 활용하면 사회간접자본, 대형 설비나 구조물, 고속 또는 대형 수송 기기 등에서부터 유아용 완

---

* 서비스화는 단순히 제품을 이용하여 부가적인 서비스를 제공하는 것이 아니라, 제품이 서비스를 제공하는 수단이며, 생산자와 고객을 실시간 연결해주고 이익을 공유하게 해주는 수단이 되는 것을 말한다.

구나 재활용 로봇까지 전 영역으로 확대될 것이다. 또한 서비스화는 구입이나 유지하는 데 큰 비용을 지출할 필요를 느끼지 못하므로 공유 경제로의 전환을 촉진할 것이다.

우리는 그동안 서비스와 제품을 분리된 것으로 보고 서비스보다는 제품에 중심을 두어왔다. 이제는 변하는 사업 모델을 받아들여야 하며 단순 제조업에서 벗어나는 노력을 해야 한다. 한계 '제로'에 이를 만큼 제조 기술이 고도화된 상황에서 단순 제조만으로는 현재의 수익 구조를 유지하기 힘들다. 현재 우리가 해외에서 성공을 거두고 있는 해수 담수화 사업, 원자력발전 사업 등의 사업 모델을 제조업의 다른 부문으로 확대하는 정책을 펴야 한다. 서비스화는 글로벌 가치사슬이 갖추어진 영역에서 효과적이기 때문에 우리가 경쟁력을 보유하고 있는 영역에서 적극적으로 추진될 수 있도록 지원을 확대해야 한다.

기업가 정신 고양

기술혁명이나 산업혁명 전환기에 기존 기술 영역은 추가 투자로 얻을 수 있는 이익률이 낮아 투자할 매력이 적다. 또한 새로 등장한 기술은 성숙도가 낮아 효율적이지 못하고 성공을 낙관할 수 없으므로 큰 투자를 유인하기 어렵다. 이러한 전환기에는 위기를 기회로 생각하는 모험가들이 신기술에 도전하여 새로운 산업을 일으키게 된다. 이때에 창업을 꿈꾸는 사람들이나 새로운 분야에 투자하여 큰 이익을 얻고 싶은 사람들의 모험심에만 의존할 것이 아니라 이들의 모험심을 자극할 수 있는 분위기를 조성해야 한다. 4차 산업혁명 시대에는 플랫폼 영역과 같이 비교적 대규모 투자가 필요한 영역과 함께 새로운 아이디어로 쉽게 창업하여 큰 수익을 만들어 낼 수 있는 적은 투자가 필요한 영역도 많다. 거의 대부분의 제조 기술이 고도로 성숙되어 있어서 적은 비용으로 설비를 갖출 수 있고, 나만이 갖고 싶어 하는 제품과 같이 맞춤형 생산을 필요로 하는 경향이 커지고 있으므로, 소규모 창업이 더욱 촉진될 수 있는 환경을 갖추어야 한다.

예비 창업자를 위한 교육, 크라우드 펀딩, 플랫폼 비즈니스와 같은 새로운 체계의 활성화, 창업을 개인의 영역이 아닌 국가의 영역으로 보는 인식 전환 등 4차 산업혁명 시기에 맞는 창업 지원 정책을 마련할 필요가 있다. 시제품 제작에 필요한 공공 인프라의 활용을 지원하고, 기업 활동 전반에 걸쳐 세금을 감면하고, 개발된 제품을 공공 부문에서 우선 구매하여 시장 창출을 지원하는 구체적인 정책이 필요하다. 특히, 창업에서 최종 성공 여부는 창업 전 준비 단계에서 결정되는 경우가 많다. 따라서 사업화하려는 기술이나 목표로 하는 시장에 대한 체계적인 분석, 개념 단계의 시제품에 대한 시장(고객) 반응 조사, 관련 기술 및 재원의 조달 경로 등 사업화 준비에 필요한 일련의 과정을 지원할 수 있는 체계를 갖추어야 한다.

기술 보호 강화

4차 산업혁명은 생산 체제의 완전한 디지털화로 시작하여 사회 전반에 디지털 문화가 자리 잡는 것으로 완성될 것이다. 따라서 4차 산업혁명을 진행시키고 다른 기업이나 국가와의 경쟁에서 우위에 설 수 있는 방법은 독자적이고 창의적인 기술을 보유하고 산업화하는 것이다. 이미 선진국의 대학이나 연구소 등 지식을 창출하는 기관들이 연구 결과를 논문으로 발표하기 전 지식재산권 확보가 필요한 대상인지를 심사하고 있다. 기업들은 자신이 가진 기술이나 제품을 지식재산권 다툼으로부터 지키기 위하여 많은 수의 특허를 보유하거나 관련이 있는 특허를 매입하고 있다. 다양한 특허를 보유하고 있는 특허 괴물*들이 기업들이 가진 지식재산권의 빈틈을 노리고 있다. 국가마다 특허 제도를 운영하는 방식에 차이가 있어 품질이 다른 특허들이 특허 분쟁을 낳기도 한다. 특히, 선진국 정확히는 글로벌 영향력이 큰 국가가 낮은 품질의 특허를 보유할 경우 특허 분쟁이 증가하고 약소국이나 중소기업이 피해를 입는다. 소수의 특허를 가진 개인 발명자나 중소기업이 넓은 범위에 걸쳐 직간접으로 연결되어 있는 다수의 특허를 가진 대기업이나 중견기업, 특허 괴물로부터 자신이 가진 지식재산권을 방어하기 어렵다. 특허 소송에 많은 비용이 들고 최종 판결까지 장기간이 소요되기 때문에 재정 형편이 좋지 못한 중소기업들은 시장을 내어주거나 사업을 포기하는 경우가 많다.[2]

국가는 특허 품질을 일정하게 할 수 있는 특허 제도 운영 방안을 국제적으로 논의하는 일에 나서야 한다. 지식재산권을 방어할 수 있는 역량이 부족한 중소기업이 특허 소송에 휘말렸을 때 중소기업을 보호해줄 수 있는 체계를 확대하고, 재정적인 이유로 소송을 포기하지 않도록 지원을 강화해야 한다. 보다 적극적인 방법으로는 관련 특허들을 다른 기업들이 생산하기 전에 특허 기술을 빠르게 사업화하여 시장을 선점할 수 있게 해야 한다. 기술을 보호하는 효과가 극대화되도록 특허 기술의 조기 사업화 지원을 확대해야 한다. 특히, 제품의 수명 주기가 점점 짧아지고 있어서 조기에 사업화하는 것이 더욱 중요해

---

* 보유한 특허를 이용하여, 특허권을 침해한 기업에게 특허 소송만으로 수익을 얻는 특허 전문 기업을 말한다.

지고 있다. 정부 지원으로 개발된 특허 기술을 공공재화하여 개발자가 아닌 기업이나 개인도 사업화할 수 있도록 해야 한다. 국가는 특허화된 기술을 보호하는 것뿐만 아니라 노하우, 설계 등 넓은 의미의 지식재산권 전반을 보호하여 국내 산업이나 기업이 피해를 입지 않게 해야 한다. 개인이나 중소기업들이 하는 기업 활동에 제약이 되는 요소를 제거하고 공정한 경쟁을 유도해야 한다. 선진국이나 글로벌 기업이 국내시장을 독점할 수 없도록 제도화할 필요가 있다.

지속 가능한 발전을 위하여

4차 산업혁명이 우리에게 단순히 이익만을 가져다주지 않을 것은 분명하다. 어떤 것은 대가를 지불하고서라도 지켜야 하고, 어떤 것은 나타나지 못하도록 미리 철저히 차단해야 한다. 굳이 4차 산업혁명과 연관지어 말하지 않더라도 누구나 마음만 먹으면 첨단 기술에 쉽고 값싸게 접근할 수 있는 시대가 되었다. 몇몇 기술을 조합하거나 융합하여 새로운 시도를 해보는 것도 매우 쉬워졌다. 따라서 생각지도 못했던 의외의 기술이 의외의 장소에서 누군가에 의해 출현할 가능성은 얼마든지 있다. 이런 기술이 부도덕한 목적이나 반사회적인 의도로 사용되는 것을 막을 수 있는 기술적인 대안과 함께 제도적인 대안이 있어야 한다. 국가나 다국적기업, 대기업 등 영향력이 큰 조직들은 물론 개인이나 단체들이 신기술을 나쁜 목적으로 사용할 수 없도록 차단하는 장치가 필요하다.

세계가 하나가 된 글로벌 환경에서는 국가 간 경계가 큰 의미가 없으므로 첨단 기술이 악용되는 것을 막는 것은 한 국가만의 일이 아니다. 더욱 체계화되고 긴밀한 국제 공조가 절실히 필요하다. 국가 간 복잡하게 얽혀 있는 이해관계 사이의 빈틈을 이용하여 첨단 기술을 악용하는 사례가 발생하지 않도록 국제적인 합의를 끌어내는 노력을 더욱 강화해야 한다.

첨단 기술을 합리적이고 정당하며 투명하게 사용하는 것은 4차 산업혁명 시대가 필요로 하는 가장 중요한 항목이다. 선언적인 의미가 아니라 국내는 물론 국제적으로 상당한 수준의 구속력이 있는 규정을 제정하여 운용하는 것이 필요하다. 우리에게 혜택을 주는 4차 산업혁명의 환경이 다른 한편으로는 지구 한 곳에서 발생한 사건으로 세계가 피해를 입을 수 있는 일이 쉽게 일어날 수 있는 환경으로 작용하기 때문이다.

불평등 축소

1차 산업혁명 이후 불평등, 특히 소득 격차는 지속적으로 확대되었으며, 오늘날 사회 불안을 야기하는 주요 원인 중의 하나가 되었다. 사회계층 간, 지역 간에는 소득 격차를 포함하여 여러 가지 불평등이 존재한다. 이러한 불평등이 계속 유지되거나 더욱 확대될 경우 사회 불안이 가중될 것이라는 우려를 낳고 있고 이미 현실로 나타나고 있다. 특별한 노력을 기울이지 않는다면 4차 산업혁명 중 이러한 불평등은 더욱 확대될 가능성이 크다. 정보를 가진 주체는 그 정보를 이용하여 더 많은 정보를 얻게 될 것이기 때문에 영향력을 더욱 키울 수 있다. 수많은 기기와 사람들이 거미줄처럼 연결되어 있는 네트워크를 지배하는 주체는 가히 빅브라더라고 불러도 될 만큼 큰 힘을 가질 수도 있다. 발달한 소셜 미디어는 양날의 칼이 되어 정보를 지배하는 자의 무기가 될 수도 있고, 복잡다단한 의견들을 단시간에 수렴할 수 있게 도움을 주는 도구가 될 수도 있다. 전자가 되기는 쉽지만, 후자처럼 순기능을 할 것이라고 기대하기는 쉽지 않으므로 정부의 개입을 포함한 대책이 있어야 한다. 경제적 기득권을 가진 주체들이 높은 효율성을 가진 생산수단을 독점하여 이전보다 더 많은 수익을 손쉽게 창출할 수 있게 됨으로써 경제에서 차지하는 영향력이 점점 더 커질 수 있다.

지속 가능 발전을 위한 기술 개발

선진국에서 나타나고 있는 고령화와 인구 감소 추세에도 불구하고 도시화는 오히려 가속되고 있다. 도시 스스로 선순환 체제가 되도록 에너지와 자원의 사용 효율을 극대화하는 일에 노력이 집중되고 있다. 특히, 우리나라는 고령화가 급속도로 진행되고 있기 때문에 고령 사회에서 발전을 지속할 수 있는 환경을 만들어 내야 한다. 생산 연령의 범위를 넓히고 고령 인구가 산업에 직접 참여할 수 있는 체제를 갖추어야 한다. 작업장의 규격이나 사고를 방지할 수 있는 시스템을 고령 인력에 맞도록 개선하는 데 재정을 투입해야 한다. 재정 투입으로 생산에 참여하는 고령 인력이 늘어나면 재정을 개선하는 선순환 구조가 형성될 것이다.

수질이나 대기질은 건강 사회를 만드는 데 중요한 요소이다. 2차, 3차 오염을 일으키지 않는 기술 개발에 투자를 늘려야 한다. 신재생에너지로 감당이 가능한 수질과 대기질 개선 기술을 개발해야 한다. 도시의 폐기물을 극적으로 줄이기 위하여 총량을 설정하고 달성할 수 있는 기술을 개발해야 한다. 폐기물의 재활용 비율을 높이기 위하여 재사용 내지 재활용할 수 있는 성분 설계, 부품 설계를 의무화해야 한다. 수입되는 제품에도 같은 규정을 적용하며 국제적인 규정을 만들어 확산시킬 필요도 있다.

평생교육 체계 구축

직업에 대한 미래 전망을 보면, 평생 한두 가지 직업을 가지는 시대는 지났다고 보는 것이 타당하다. 동시에 여러 개의 직업을 가지는 것이 일반적이다. 그런데 직업을 바꿀 때마다 필요한 지식이나 현장 경험(숙련)을 어떻게 해결할 수 있을까? 직업이 없는 기간을 어떻게 관리할까? 직업을 가지고자 하는 의지가 전혀 없는 사람들에 대한 대책은 무엇인가? 이처럼 우리가 던질 수 있는 염려로 가득한 질문은 부지기수로 많다.

4차 산업혁명 초기 직업의 수가 줄어들거나 고용이 대폭 줄어들 것이라는 우려 가득한 전망은 4차 산업혁명을 선도하는 기술들이 불러올 직업의 양극화에 뿌리를 두고 있다. 고도의 정신노동이 필요한 직업에서부터 극히 단순한 반복적인 육체노동만으로 충분한 직업까지를 직업 영역으로 보면, 데이터를 기반으로 하거나 적절한 숙련도를 요구하는 노동이 중심이 되는 영역이 직업의 수나 고용 인력이 가장 많은 중간 부분을 차지한다. 이러한 중간 영역에서 이탈한 인력이 이동할 수 있는 방향은 첨단 기술로 대체가 어려운 고도의 정신노동 영역이나 정형화되기 어려운 고난도의 숙련을 필요로 하는 부분이다. 즉,

웬만한 중간 영역은 대부분 자율 기기로 대체됨으로써 사람들은 직업의 수나 고용량이 많지 않은 양극단으로 밀려나게 된다. 따라서 중간 영역으로부터 이탈하는 사람들이 새로운 직업에 종사할 수 있도록 재교육하는 체계를 구축해야 하며, 궁극적으로는 양극단 영역에 종사할 수 있는 인력을 체계적으로 양성해야 한다.

4차 산업혁명이 진전되면서 극단적으로 효율화된 생산 체계 덕분에 사회 구성원을 경제적으로 부양하는 데 필요한 재화를 만들어 내는 데에는 그리 큰 문제가 없을 것이다. 미래의 직업과 관련하여 국가가 할 일은 사회 구성원들이 평생 학습을 할 수 있는 체계를 만들어야 한다. 언제든 어느 수준의 구성원이든 경제적인 부담 없이 자기가 원하는 교육을 받을 수 있게 해야 한다. 정부의 역할만으로 개인이 생애에 걸쳐 필요한 교육을 모두 감당하기 어려우므로 민간 부문의 참여를 유도하여 효율성을 높일 수 있는 방안을 찾아야 한다. 프로슈머를 비롯하여 개인 기업, 시간 노동자 등 직업이 다양해짐에 따라 수요와 공급을 연결하는 것이 쉽지 않을 수 있다. 개인의 만족도를 높이고 인권 침해의 부작용을 막기 위하여 직업 정보를 체계적으로 관리하고 운용하는 공공 중심의 체제를 만들어야 한다.

유연하고 효율적인 규제 체계 구축

정부가 빠르게 변하는 사회에 대응하여 효과적으로 통제하고 관리할 수 있는 시스템을 갖추는 것은 불가능에 가깝다. 서로 다른 집단 간의 이해관계를 조정하는 데 많은 노력과 기간이 투입되는 것은 물론이고, 규제의 필요성은 이미 문제의 상당 부분이 노출된 다음에 생기기 때문이다. 섣부른 선제적인 규제는 자칫 엉뚱한 결과를 가져오기 때문에 예측을 근거로 한 규제를 함부로 제정할 수도 없다.

현재 우리가 가지고 있는 규제에 대한 생각을 전환할 필요가 있다. 불합리하거나 공공의 이익을 해칠지도 모르는 행위를 예방하고자 미리 완벽한 규정을 만들려고 할 것이 아니라, 강제력이 없는 낮은 수준의 가이드라인에서부터 출발할 필요가 있다. 규제의 필요성이 현실화됨에 따라 점차 규제의 강제력을 높여가는 유연한 접근이 필요하다. 드론을 예로 들어보자. 드론을 악용하여 사생활을 침해하는 사례가 늘고 있는 것에 대응하여 일반 공간에서 드론을 사용하는 것을 전면 금지한다면 어떻게 될까? 드론을 이용하여 물건을 배달하거나 공공의 이익을 해치는 불법 행위를 단속하는 것이 불가능할 것이고, 드론 기술이 폭넓게 확산되지 못하기 때문에 드론 기술의 발전이 둔화될 것이다. 드론(기술)을 악용하는 것을 막는 것이 규제의 핵심이며 드론 기술 자체의 악용 가능성이 문제는 아니다.

신기술이 가져다줄 순기능을 해치지 않으면서 신기술이 불러올 수 있는 부정적인 요소를 방지하기 위해서는 적절한 시점에 적절한 수준의 규제 장치를 만들어야 한다. 규제를 필요로 하는 시점과 수준을 결정하기 위해서는 신기술의 발전 단계와 관련 동향을 지속적으로 모니터링해야 한다. 국가는 주요 기술에 대하여 행하도록 되어 있는 기술영향평가 제도를 바탕으로 기술이 성숙되어 산업화가 진행되고 있는 기술이나 새롭게 태동하는 유망 기술들을 체계적으로 모니터링해야 한다. 그렇게 함으로써 너무 늦게 규제를 시작하여 피해를 키우거나 너무 성급하거나 과도한 규제로 유망한 신기술의 싹을 자르는 일이 없도록 해야 한다. 현실을 최대한 반영한 합리적인 규제를 제정하고 적용하기 위해서 상황을 정확히 판단할 수 있는 유연하고 체계적인 전문 시스템을 갖추어야 한다.

신기술의 효과적인 공급 체계 구축

인터넷, 빅데이터, 인공지능, 드론, 3D 프린팅 등 얼핏보면 4차 산업혁명을 이끌어 가는 기술들이 모두 갖추어지고 성숙된 것처럼 보인다. 그러나 이들은 4차 산업혁명 시대를 구성하는 뼈대의 일부일 뿐 앞으로 수많은 새로운 기술들이 등장하게 될 것이다. 새로운 기술 간 융합으로 또 다른 새로운 기술들이 나타날 것이며, 융합하는 데 필요한 기술도 많이 개발될 것이다. 지금까지도 기술 개발은 점점 가속되어왔지만 4차 산업혁명 동안 더욱 빠른 기술 개발이 필요할 것이다.

국가(정부)는 신기술의 수요자가 될 필요가 있다. 정부의 조달 업무를 활용하여 혁신적인 제품들을 우선 구매함으로써 새로운 시장을 창출하고 신기술이 사업화될 수 있는 기회를 제공할 수 있다. 신기술이 제품화되어 시장화되기까지 소요되는 기간을 크게 단축함으로써 시장을 선점하는 효과를 거둘 수 있다.

소수의 연구자나 연구 기관이 4차 산업혁명 진전에 필요한 모든 신기술을 개발하여 신속하게 공급할 수는 없으므로 국가 혁신 체계National Innovation System, NIS 전반을 정비할 필요가 있다. 기초 연구와 응용 연구, 응용 연구와 개발 연구 간 구분이 모호해지고 기술 융합이 다양하게 이루어지는 환경에 대응하여 국가 경제를 혁신하는 데 필요한 신기술이 지속적으로 개발되고 활용될 수 있는 효율성을 갖추어야 한다. 한정된 연구 자원을 가장 효율적으로 배분하고 관리할 수 있어야 한다. 중앙정부와 지방자치단체 간 협력 체계가 갖추어져 역할의 균형을 이루고 지역의 특화된 산업이 세계적인 경쟁력을 갖출 수 있어야 한다. 정부와 민간, 산학연, 연구관리 기관 등 국가 혁신 체계를 구축하는 구성 요소들이 4차 산업혁명이 요구하는 속도와 전방위적인 변화에 대응할 수 있는 기술, 인력, 인프라의 공급 원천으로서의 역할을 할 수 있도록 연계를 강화해야 한다.

산업구조 개편/고도화

현재의 산업구조는 중화학공업을 일으키던 시대에서 시작하여 전자, 자동차, 디스플레이 등 현재의 주력 산업을 육성하는 동안 구축된 것이다. 그동안 우리 경제의 디딤돌이 되었던 저임금의 장점도 사라지고, 선진국과 비교하여 상대적으로 낮은 생산성이 우리 경제를 압박하고 있다. 많은 기업들이 임금이 낮은 중국, 베트남, 인도로 빠져나가고 있다. 20여 년간 큰 변화 없이 우리 경제를 받쳐온 주력 산업의 경쟁력도 빠르게 약화되고 있다. 우리의 산업구조를 조정해야 한다는 필요성이 계속해서 제기되어왔고 몇 차례의 시도가 있었지만 실제로 크게 달라진 부분은 없다.

4차 산업혁명과 관련된 정책 기조 역시 주력 산업에 변화를 주거나 새로운 주력 산업을 육성하는 것과 같은 산업구조를 혁신하는 정책이 아니다. 주력 산업을 그대로 유지한 채 AI나 빅데이터 기술 등 신기술을 도입하여 공장을 스마트화하거나 로봇 산업이나 자율주행 자동차 산업과 같은 신산업을 육성하는 정책을 펴고 있다. 4차 산업혁명이 진행되면서 펼쳐질 산업 패러다임의 전환에 대응할 산업구조를 어떻게 가져갈 것인가에 대한 근본적인 논의는 많지 않다. 4차 산업혁명을 다루는 많은 문헌들은 4차 산업혁명 시대의 산업이 지금의 산업과는 상당히 다를 것으로 예측하고 있다. 새로운 산업구조로의 전환이 늦어지거나 산업구조를 잘못 설정할 경우 새로운 산업의 발전 속도가 경쟁국들보다 떨어져 우리 경제의 위상이 추락할 수도 있다. 대량생산을 통한 원가절감, 대량 공급 중심의 물류 체계, 공급자 중심의 제품 개발 체계, 에너지 사용 효율이 낮은 생산 기술 등을 기본으로 하는 현재의 산업구조를 소량 맞춤형 생산 체계, 최단 시간 내 납품이 가능한 현지 생산과 즉시 생산 체계, 에너지와 자원의 소모를 최소화한 친환경 생산이 가능한 체계로 가급적 빨리 전환해야 한다. 산업구조를 바꾸는 데는 많은 비용과 시간, 기술이 필요하기 때문에 짧은 기간 동안에 추진하기는 어려우며 한정된 자원을 효과적으로 사용할 수 있는 전략이 필요하다.

요약

개인이나 기업 등 사회 전반의 활동을 아우르는 것이 국가이다. 따라서 국가가 선택하는 미래 전략은 사회 전반의 미래를 결정한다. 정부가 4차 산업혁명 정책을 수립함에 있어 신중함과 고도의 전략성이 요구되는 이유이다. 국가 전략을 다듬어가는 과정에서 우리보다 앞서 전략을 수립하여 추진하고 있는 선진국을 벤치마킹할 필요가 있다. 우리나라가 가진 역량을 종합적으로 평가하고 실현 가능한 전략을 수립해야 한다. 우리가 가진 것을 발전적으로 활용하여 자원화하고 우리에게 필요한 것은 적극적으로 확보하는 접근이 필요하다. 그동안 국가적으로 추진해온 분야들 중 더욱 강화할 필요가 있는 분야에는 역량을 집중 투입할 필요가 있다.

4차 산업혁명은 향후 30년 이상 지속될 패러다임 전환이다. 국가는 이 기간 동안 흔들림 없이 지속적으로 추진하는 데 필요한 의지와 동력이 있어야 한다. 도중에 추진 동력을 잃게 되면 4차 산업혁명 대열에서 이탈하게 된다. 사회적 합의를 무너뜨릴 수 있는 불평등의 축소, 지속 발전에 필요한 신기술의 개발 및 효과적인 공급, 미래에 대한 불안감을 줄여줄 평생교육 체계 구축, 새로운 패러다임에 대응한 산업구조의 개편 등 국가의 역할을 실수 없이 수행할 수 있는 체제를 구축하여 운용해야 한다. 빠르게 변하는 상황을 실시간 파악하고 환류하여 국가는 물론 기업, 개인 등 사회 전체가 유연하게 대처할 수 있도록 해야 한다.

4차 산업혁명이 가져올 경제적인 혜택은 개인, 기업, 사회가 누리게 되겠지만 성과의 총합은 국가 경쟁력으로 나타날 것이다. 따라서 국가는 4차 산업혁명을 추진하는 최고의 책임 주체로서의 역할을 다해야 한다.

출처
Source

1) "Key Lessons from National Industry 4.0 Policy Initiatives in Europe", Digital Transformation Monitor, European Commission, May 2017.

2) 박종구, "나노기술 산업화와 지식재산권", 나노기술 산업동향 보고서, 나노융합2020사업단, 2013.

마치며

4차 산업혁명의 시대를 사는 우리들

복잡하게 느꼈을 수도 있고 지루해했을 수도 있는 내용을 끝까지 읽은 여러분에게 경의를 표한다.

'시작하며'에서 말한 것처럼 처음부터 저자는 여러분을 가르치거나 4차 산업혁명에 대해 여러분이 궁금해할 부분에 답을 드리고 싶은 생각은 없었다. 여러분 스스로 4차 산업혁명의 모습을 그려보고 그 속에 서 있는 자신의 모습을 상상해볼 수 있게 만드는 것이 저자의 의도였다. 여러분은 이 책을 읽으면서 저자가 보이지 않게 슬쩍 제껴둔 여백을 보았는가? 살짝만 드러낸 키워드들을 통해서 아니면 몇 가지 키워드들을 꿰어서 많은 상상을 할 수 있었을 것으로 믿는다. 여러분 스스로 4차 산업혁명에 대한 답을 찾아 분량이 적은 이 책의 뒷부분을 한껏 채울 수 있고 새로운 세 번째 부분을 만들 수도 있다. 여러분이 만들어 내는 수많은 시나리오들 중의 일부는 현실이 될 것이다. 그렇게 4차 산업혁명은 조금씩 여러분 앞에 모습을 드러낼 것이다.

우리 앞에 놓인 상황이 녹록치 않더라도 역사의 가르침을 잊지 말자. 역사에서 희망적인 인자들이 결합되어 나타난 발전은 찾아보기 쉽지 않다. 오히려 필요(니즈)를 충족하기 위하여 장애 요인들을 하나씩 제거해가면서 발전해간 사례가 대부분이다. 문제는 발전 과정에 경쟁이 있는 경우이다. 경쟁하는 집단보다 먼저 장애 요소를 극복하고 솔루션을 찾아야만 승자의 역사를 쓸 수 있다. 또 하나 중요한 것은 어려운 상황에서도 희망을 버리지 않는 긍정적인 마인드, 불굴의 의지가 있었기에 가능했던 큰 발전을 심심찮게 찾아볼 수 있다는 점이다. 상황이 좋지 않다고 미래의 희망을 버리면 발전을 기대할 수 없다.

역사적으로 그렇듯이 항상 어려움은 있어 왔고 위기는 한편으로 기회였다. 잘못된 선택이 가져오는 결과는 다른 나라의 사람들에게는 교훈이 되겠지만 당사자들에게는 기회와 미래가 없어지는 것이다. 우리가 어떤 4차 산업혁명 시대를 살 것인가는 지금부터, 다소 늦은 감도 있지만, 우리의 선택에 달려 있다. 매우 현실적으로 분석하고 얼음처럼 냉정한 선택이 필요하다. 우리의 주력 산업들이 우리 경제를 부양할 능력이 있을 때 우리는 발판을 마련해야만 한다. 현실성이 부족한 구호보다는 하나라도 구체화할 수 있는 실천이 필요하며, 현재의 단기적인 만족을 위한 타협보다는 사회적 합의를 이끌어 내는 어려운 선택을 하는 지혜와 용기가 필요하다. 훌륭한 몇 사람 또는 집단이 찾아내는 정답을 구하기보다는 대다수가 동의하는 방향을 찾는 노력이 필요하다. 방향이 틀리면 영영 헤어나지 못하고 대다수가 동의하지 않으면 지속하기 어렵기 때문이다. 늦은 감이 있어 서두르고 싶더라도 다양한 이해 집단은 물론 일반 국민과의 소통과 토론을 거쳐 향후 수십 년간 흔들림 없이 추진해갈 방향을 설정해야 한다. 대다수가 동의하는 청사진이 있어야 한다.

우리는 서서히 드러나는 4차 산업혁명 판도의 경계를 넘어가고 있다. 4차 산업혁명을 주도하는 그룹들로부터 배척당할 수도 있지만 그들의 파트너가 될 수도 있다. 4차 산업혁명을 주도할 그룹을 파악하고 전략적인 제휴를 강화해야 한다. 최종 승리를 장담할 수 없는 전쟁에서 전투에 목숨을 걸 필요는 없다. 세계 최고가 될 수 있는 산업을 발굴하여 키워야 한다. 그런 산업이 눈에 띄지 않으면 선진국과 제휴를 할 수 있는 산업이라도 발굴하여 육성해야 한다. 우리가 가진 모든 것을 활용해야 한다. 신기술을 시험해볼 수 있는 역량을 가진 테스트베드로서의 위치를 활용하고, 지정학적인 여건을 지혜롭게 활용해야 한다.

4차 산업혁명의 미래는 아무도 모른다. 걱정되는 이야기도 많고 확실해 보이는 것도 거의 없는 4차 산업혁명 시대를 살아가야 한다. 이제 시시각각 변하는 4차 산업혁명의 퍼즐 조각들을 하나하나 맞추어가야 한다. 결과를 예측할 수 없는 4차 산업혁명 시대에 막 발을 들여놓은 여러분에게 이 책이 조금이나마 도움이 되었기를 바란다.

2018년 11월

박종구 씀